Theory and Application of Collaborative Passenger Flow Control in Urban Rail Transit Network

城市轨道交通路网客流协同管控理论与应用

豆飞 贾利民 徐会杰 魏运 著

北京理工大学出版社
BEIJING INSTITUTE OF TECHNOLOGY PRESS

版权专有　侵权必究

图书在版编目（CIP）数据

城市轨道交通路网客流协同管控理论与应用/豆飞等著. —北京：北京理工大学出版社，2021.1

ISBN 978-7-5682-9335-8

Ⅰ. ①城…　Ⅱ. ①豆…　Ⅲ. ①城市铁路-交通网-旅客运输-运营管理-研究　Ⅳ. ①U239.5

中国版本图书馆 CIP 数据核字（2020）第 252998 号

出版发行 /	北京理工大学出版社有限责任公司	
社　　址 /	北京市海淀区中关村南大街 5 号	
邮　　编 /	100081	
电　　话 /	（010）68914775（总编室）	
	（010）82562903（教材售后服务热线）	
	（010）68948351（其他图书服务热线）	
网　　址 /	http：//www.bitpress.com.cn	
经　　销 /	全国各地新华书店	
印　　刷 /	三河市华骏印务包装有限公司	
开　　本 /	710 毫米 × 1000 毫米　1/16	
印　　张 /	13	
彩　　插 /	2	责任编辑 / 徐艳君
字　　数 /	227 千字	文案编辑 / 徐艳君
版　　次 /	2021 年 1 月第 1 版　2021 年 1 月第 1 次印刷	责任校对 / 周瑞红
定　　价 /	56.00 元	责任印制 / 李志强

图书出现印装质量问题，请拨打售后服务热线，本社负责调换

前　言

随着我国城市轨道交通建设步伐的不断加快，在网络结构、线路形式、客流需求和行车组织方法等方面呈现出多样化和复杂化特点。城市轨道交通逐步迈入网络化、信息化和智能化时代，物联网、工业互联网、大数据、云计算、人工智能已经为实现智慧城市轨道交通提供了现实可能性。

近年来，我国城市轨道交通处于快速发展时期，截至 2019 年年底，我国内地共有 40 个城市开通城市轨道交通运营线路 208 条，运营线路总长度达到 6 736.2 km。其中，地铁运营线路 5 180.6 km，占比 76.9%；其他制式城市轨道交通运营线路 1 555.6 km，占比 23.1%。北京城市轨道交通开创了中国城市轨道交通的历史，经历了从无到有、从缓慢到跨越、从线到网的发展历程，从 1971 年最初的 1 条线 21 km、16 个车站、年客运量 828 万人次，发展到 2019 年年底的 23 条线、699 km、405 个车站、年客运量 39.62 亿人次的城市轨道交通网络。目前，我国上海市、广州市和深圳市等城市轨道交通网络也处在快速的建设和发展阶段。

城市轨道交通路网规模的扩大引发客流需求不断增长，客流需求与运输能力的矛盾逐步凸显，尤其在早晚高峰时段，客流方向性明显，部分区段长期高负荷运营。如何实现高效、安全的运营管理成为城市轨道交通运营公司关注的焦点。

本书作者长期从事城市轨道交通路网运营管理研究和实践，针对实际工作中遇到的问题，形成理论方法和解决方案，取得了一定的创新成果，这些成果构成了本书的主要内容。本书在城市轨道交通路网运营管理领域首次将客流、管控及其相互作用作为一个完整的动态系统，并以实现主动式运营管理为目的，从城市轨道交通路网运营特点和管控需求出发，研究了城市轨道交通大客流特点、分类、成因和传播机理，并据此形成了包括车站级客流管控方法体系、路网级客流主动管控理论体系、路网客流管控方案评估体系等在内的以客流管控为主要措施的城市轨道交通路网运营管理解决方案。

在网络化、数字化和智能化技术大发展的今天，信息技术和数据科技与城市轨道交通全面深度融合为城市轨道交通路网运营管理从响应（被动）式模式向主动式模式的变革提供了技术基础和可能性，同时，也是提升城市轨道交通服务水平、安全水平和综合效能的具有革命意义的发展路径。本书作为沿此路径进行理论和技术探索的初步成果总结，希望能为形成对我国城市轨道交通路网运营管理具有普适意义的新模式和在数字化、网络化、智能化技术条件下进一步提升城市轨道交通路网运营管理水平起到抛砖引玉的作用。

本书在编写过程中得到了北京市地铁运营有限公司、北京市地铁运营有限公司技术创新研究院、北京地铁运营技术研发中心、北京交通大学、北京建筑大学等单位的大力支持。同时，北京交通大学姚向明副教授、北京建筑大学姚德臣副教授参与了部分章节的编写工作，北京地铁运营技术研发中心刘浩然、芦毅、吴倩对本书的撰写提出了许多宝贵建议。对此一并致以衷心的感谢。

本书反映的理论和技术内容必然存在瑕疵，不当之处也请读者不吝赐教。

著　者

目 录

1 绪论 …………………………………………………………………… 001
   1.1 概述 ……………………………………………………………… 002
   1.2 既有研究基础 …………………………………………………… 006
      1.2.1 客流管控方案编制方法研究现状 ……………………… 007
      1.2.2 缓解拥挤的实践措施 …………………………………… 009
      1.2.3 客流管控方案效果评价方法研究现状 ………………… 011
   1.3 客流管控方案编制方法 ………………………………………… 011
      1.3.1 经验分析方法 …………………………………………… 012
      1.3.2 数学规划方法 …………………………………………… 012
      1.3.3 仿真方法 ………………………………………………… 013
      1.3.4 启发式控制策略 ………………………………………… 013
   1.4 既有研究小结 …………………………………………………… 013
   1.5 本书内容结构 …………………………………………………… 014

2 典型城市轨道交通常态客流管控模式 …………………………… 017
   2.1 北京城市轨道交通常态客流管控措施 ………………………… 018
      2.2.1 客流管控方案分析 ……………………………………… 018
      2.1.2 客流管控组织形式 ……………………………………… 023
      2.1.3 客流管控方案制定 ……………………………………… 024
   2.2 上海城市轨道交通常态客流管控措施 ………………………… 025

2.2.1　客流管控方案分析 ·· 025
　　　2.2.2　客流管控组织形式 ·· 026
　　　2.2.3　客流管控方案制定 ·· 026
　2.3　广州城市轨道交通常态客流管控措施 ·· 027
　　　2.3.1　客流管控方案分析 ·· 027
　　　2.3.2　客流管控组织形式 ·· 028
　　　2.3.3　客流管控方案制定 ·· 029
　2.4　常态客流管控模式总结分析 ·· 029
　　　2.4.1　客流管控依据 ·· 029
　　　2.4.2　关注点及客流管控目标 ·· 029
　　　2.4.3　客流管控效果 ·· 030
　　　2.4.4　客流管控特征 ·· 030
　　　2.4.5　客流管控存在的问题 ·· 031
　2.5　小结 ·· 032

3　城市轨道交通大客流分类、成因与传播 ·· 035
　3.1　城市轨道交通大客流分类及成因 ·· 037
　　　3.1.1　基于诱因的大客流分类及特点 ·· 037
　　　3.1.2　大客流产生原因 ·· 044
　3.2　城市轨道交通大客流传播过程与影响因素 ···································· 046
　　　3.2.1　城市轨道交通大客流在车站与区间传播机理 ···························· 046
　　　3.2.2　城市轨道交通大客流传播影响因素 ···································· 047
　3.3　小结 ·· 048

4　城市轨道交通客流管控基础理论 ·· 049
　4.1　客流管控内涵 ·· 051
　　　4.1.1　客流管控定义 ·· 051
　　　4.1.2　客流管控目的 ·· 052
　　　4.1.3　客流管控原理 ·· 053
　　　4.1.4　客流管控影响因素 ·· 053
　　　4.1.5　客流管控措施 ·· 055
　　　4.1.6　客流管控分类 ·· 058
　　　4.1.7　客流管控方案制定 ·· 059
　　　4.1.8　客流管控措施实施原则 ·· 060

目 录

- 4.2 客流管控方案制定的影响因素 ... 061
  - 4.2.1 客流需求 ... 061
  - 4.2.2 站台承载能力 ... 061
  - 4.2.3 线路客运输送能力 ... 061
  - 4.2.4 车站设施设备通行能力 ... 062
  - 4.2.5 车站外部交通环境 ... 063
  - 4.2.6 运营管理组织形式 ... 063
  - 4.2.7 相邻车站客流输送压力 ... 063
- 4.3 小结 ... 064

5 城市轨道交通车站客流管控理论体系 ... 065
- 5.1 车站设施设备分类及车站客流状态等级划分 ... 067
  - 5.1.1 车站设施设备分类 ... 067
  - 5.1.2 车站客流状态等级划分 ... 068
- 5.2 车站设施网络客流状态分析 ... 072
- 5.3 矩阵式客流管控触发判别及相应措施体系 ... 073
  - 5.3.1 矩阵式分级客流管控判别分析 ... 073
  - 5.3.2 矩阵式分级客流管控措施体系 ... 074
- 5.4 车站客流状态预测模型 ... 075
  - 5.4.1 基于云模型的车站客流状态辨识模型 ... 075
  - 5.4.2 基于马尔科夫状态转移的客流状态预测模型 ... 079
- 5.5 车站客流管控措施触发判别方法 ... 079
- 5.6 车站客流管控仿真方法 ... 083
  - 5.6.1 仿真方法验证流程 ... 083
  - 5.6.2 仿真对象车站建模 ... 084
  - 5.6.3 客流管控仿真分析 ... 089
- 5.7 车站客流状态预测与管控措施仿真评估 ... 101
  - 5.7.1 车站客流状态预测分析 ... 101
  - 5.7.2 车站客流管控措施及仿真评估 ... 104
- 5.8 小结 ... 110

6 城市轨道交通路网客流主动管控方法 ... 111
- 6.1 算法概述 ... 112
  - 6.1.1 算法需求 ... 112

  6.1.2　算法思想——"溯源" …………………………………… 112

6.2　动态客流分布状态及流量关系 …………………………………… 115

  6.2.1　可行路径集搜索 ………………………………………… 115

  6.2.2　乘客路径选择 …………………………………………… 116

  6.2.3　路网时空推演 …………………………………………… 117

  6.2.4　流量时空关联关系 ……………………………………… 118

6.3　运输能力瓶颈区间辨识 …………………………………………… 119

  6.3.1　客运输送能力计算 ……………………………………… 119

  6.3.2　换乘通道通过能力 ……………………………………… 121

  6.3.3　能力瓶颈区间辨识 ……………………………………… 121

6.4　能力瓶颈区间疏解算法 …………………………………………… 122

  6.4.1　单瓶颈区间疏解策略 …………………………………… 122

  6.4.2　多瓶颈区间疏解策略 …………………………………… 125

6.5　路网协同管控策略生成方法 ……………………………………… 126

  6.5.1　车站客流管控方案 ……………………………………… 126

  6.5.2　路网客流管控方案编制流程 …………………………… 127

  6.5.3　客流管控时段长度设置 ………………………………… 128

6.6　小结 ………………………………………………………………… 131

7　城市轨道交通客流管控方案评估体系 ……………………………… 133

7.1　路网客流管控方案评估原则 ……………………………………… 134

  7.1.1　客流管控时段的确定 …………………………………… 134

  7.1.2　管控点的确定 …………………………………………… 135

  7.1.3　客流管控措施的制定 …………………………………… 136

7.2　路网客流管控方案的评估与优化 ………………………………… 136

  7.2.1　客流管控方案评估指标体系构建 ……………………… 136

  7.2.2　客流管控方案评估与优化方法 ………………………… 141

7.3　基于客流管控指数的管控方案评估方法 ………………………… 143

  7.3.1　客流管控评估需求 ……………………………………… 143

  7.3.2　客流管控指数内涵 ……………………………………… 144

  7.3.3　客流管控指数计算 ……………………………………… 145

  7.3.4　客流管控指数特点 ……………………………………… 150

  7.3.5　基于客流管控指数的管控方案评估方法 ……………… 151

7.4　客流管控方案评估案例分析 ……………………………………… 153

		7.4.1	评估方法验证流程 ……………………………………	153
		7.4.2	评估案例 1 ………………………………………………	154
		7.4.3	评估案例 2 ………………………………………………	167
	7.5	小结	………………………………………………………………	177
8	城市轨道交通路网协同管控决策支持系统 ……………………………			179
	8.1	系统架构及数据需求 ……………………………………………		180
		8.1.1	系统架构设计 ……………………………………	180
		8.1.2	基础数据需求 ……………………………………	181
	8.2	系统功能介绍 ………………………………………………………		185
		8.2.1	客流管控方案编制 ………………………………	185
		8.2.2	客流管控方案评估 ………………………………	189
	8.3	小结	………………………………………………………………	193

参考文献 ………………………………………………………………… 194

1 绪 论

1.1 概　　述

随着城市轨道交通的快速建设和发展，我国大部分城市轨道交通已逐步进入网络化规划、建设和运营时代，在网络结构、线路形式、客流需求和行车组织方法等方面呈现出多样化和复杂化特点。城市轨道交通在整个城市交通系统中发挥着至关重要的作用。

城市轨道交通路网规模的扩大引发客流需求不断增长，客流需求与运输能力的矛盾逐步凸显，尤其在早晚高峰时段，客流方向性明显，部分区段长期高负荷运营。当前，我国城市轨道交通处于快速发展时期，北京市轨道交通、上海市轨道交通运营线路总里程均超过 600 km，日均客运量超过千万人次，早晚高峰时段部分线路区间处于超负荷状态且列车满载率超过 120%。城市轨道交通运营企业为保障运营安全，早晚高峰时段部分车站不得不采取客流管控措施。截止到 2019 年 12 月，北京城市轨道交通常态限流车站数量达 67 个，其中 5 号线工作日常态限流车站更是多达 10 个以上。除常态早晚高峰时段外，节假日、集会展览、大型体育赛事等大型活动同样会导致时段性客流量激增，运营部门不得不及时调整运营计划，满足乘客出行需求。

城市轨道交通系统内的客流拥挤成为城市轨道交通常态早晚高峰时段面临的突出问题。如何降低高密度客流条件下运营安全风险，提升站内及列车客运服务水平成为运营管理中亟须解决的现实难题。缓解客流拥挤的途径主要从两方面开展：一是加大运输能力供给；二是在时间和空间上进行需求管理和调控。由于城市轨道交通新线建设周期长，固定设施设备通过能力限制，运力资源有限，短时期内难以大幅度提高线路客流输送能力，因此，从需求管理角度对路网客流进行协同调控成为当前普遍采取的措施。

城市轨道交通系统客流管控包含两种途径：第一个途径是通过多种客流管控的方式，使线网中的客流匹配于由列车时刻表决定的车流（列车运行计划）；第二种途径是改变车流（列车运行计划），使车流匹配于客流。为了最大限度地减少服务的不确定性，第二种途径除非在客流时空结构发生稳定且重大的变化时才采用，也就是变更列车运行计划（列车时刻表）。一般情况下，更多地采用第一种途径，即客流管控方式，以便在保证基本的服务水平条件下，做到安全性和效率的均衡。第二种途径我们称为战略性管控措施，而第一种途径则是战术性管控措施，更适用于日常的运营管理。常态管控模式就是限流，通过对需求侧的管理，达到战术管控目的。

城市轨道交通系统在需求侧进行客流管理的主要措施为限流，限流的目的是在确定性的运力安排条件下，消除客流的不确定性对运营安全的不利影响。

北京城市轨道交通是国内第一家实行早晚高峰客流管控常态化的运营企业。2011年4月，正式公布1号线和八通线共计17个车站的常态客流管控方案。至今，北京城市轨道交通常态客流管控已实施9年，对运营安全保障发挥了巨大作用。然而，随着路网的不断扩大，客流需求急剧增长，路网客流管控站点也随之剧增。2017年12月，北京城市轨道交通全路网高峰常态客流管控车站数达97个，其中北京市地铁运营有限公司（以下简称北京地铁）所辖线路客流管控车站总数为74个，京港地铁客流管控车站总数为23个。如图1-1所示。

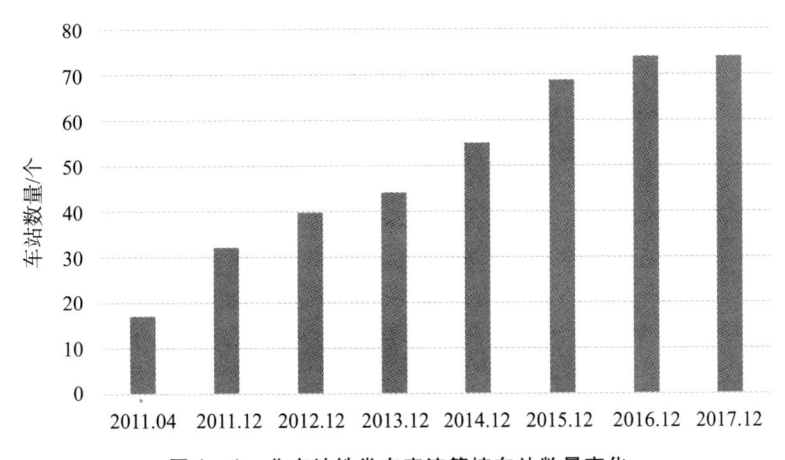

图1-1 北京地铁常态客流管控车站数量变化

城市轨道交通路网客流协同管控理论与应用

  城市轨道交通运营企业科学合理地制定车站客流管控组织方案、引导路网客流出行，对缓解突发大客流拥挤、保障运营安全、提高出行服务水平具有重要意义。目前，城市轨道交通常态客流管控车站以及管控时段缺乏科学化和精细化管理，路网各常态客流管控车站未按照不同日期制定相应的早晚高峰管控时段，并且早高峰管控时段大多在 7：00—9：00，晚高峰管控时段大多在 17：00—19：00。同时，在城市轨道交通路网客流管控车站精细化管理方面仍缺乏路网客流管控方案的阶段性评估，无法对目前路网各客流管控车站的管控时段和管控强度进行管控效果评估。如何在大规模城市轨道交通网络复杂客流条件下科学编制客流管控方案，成为学术界和运营管理者的关注重点。研究并实现常态客流管控车站的科学化和精细化管理是当前实际运营管理工作的近期目标。

  城市轨道交通路网客流管控方案科学与否不仅直接影响运营安全，而且对客运服务水平产生重要影响。如果路网客流管控强度过大，将导致乘客在车站延误时间过长、服务水平下降，甚至可能导致列车运力浪费；如果路网客流管控强度过小，路网客流短时间内激增势必增加运营安全风险。城市轨道交通路网客流管控方案编制是一项复杂的科学问题，其难点在于：

  ①路网客流内在时空分布规律复杂多变，复杂程度随路网规模扩大而增大；

  ②路网各车站空间布局、通过能力、客流组织形式不同，需结合各站具体结构特点制定具体方案；

  ③需从网络系统层面考虑路网协同客流管控方案，局部方案难以达到最优；

  ④全路网客流波动及运力提升引起供需结构的变化，客流管控方案需不断调整与优化才能使得供需达到平衡；

  ⑤路网中相同大客流条件下的客流管控方案可存在多种可行方案，并非唯一。

  虽然客流管控技术已成功应用多年，但截至目前尚未形成统一的理论体系、客流管控标准、客流管控方案编制方法，实际中主要依靠管理者经验来制定和实施客流管控措施。其存在的不足有：

  ①决策者大多根据局部线路、局部车站的客流状态制定客流管控方案，缺乏全局性考虑；

  ②既有客流管控方案仅包含客流管控车站及客流管控起止时间，缺乏客流管控强度的量化参考，使得值班站长在实施客流管控措施时缺乏明确指导依据；

  ③总公司与车站层在制定客流管控方案时存在博弈，即使车站客流拥挤得以缓解，车站依然不愿取消客流管控，而总公司难以对每一个车站的客流状态准确把握，导致客流管控方案并未与实际客流的波动变化保持一致；

  ④缺乏科学的计算方法来制定、评估、优化客流管控方案。

1 绪　论

在当前背景下，有必要对客流管控问题展开深入研究。研究的总体目标包括：

①构建一套科学的常态客流管控方案编制算法，为客流管控方案编制提供计算方法；

②建立实用化的量化指标对管控效果予以评估，为客流管控方案的阶段性调整提供辅助决策；

③以理论研究成果为基础，开发实用化的客流管控方案优化系统，实现客流管控方案编制与客流管控方案评估自动化。

本书针对客流管控方案分为两个不同阶段：一是客流管控方案实施前的编制阶段，以客流分布状态为基础，从路网总体层面出发构建协同客流管控方案，细化客流管控方案（包含客流管控车站、时间及强度），从而更好地指导客流管控方案的实施；二是客流管控方案实施后的评价阶段，对已实施客流管控方案进行量化评估，通过该评估能够准确捕捉各车站客流与能力间的协调匹配关系和变化趋势，为后续客流管控方案的阶段性调整提供趋势性指导意见。

本书的研究意义体现在以下几方面：

①实现客流管控方案的科学化编制。既有方案的编制以人工经验为主，客流管控车站以及客流管控起止时间的确定通常由车站管理人员提报，其更多考虑本站客流拥挤情况，难以兼顾车站间协同。本书所提出的客流管控方案编制算法则从路网层面出发，更多考虑车站间协同控制。

②实现客流组织的精细化管理。目前，北京地铁常态化客流管控车站的选取以及客流管控时间的确定由于缺乏科学化决策依据，早高峰客流管控时间大多在 7:00—9:00；晚高峰客流管控时间为 17:00—19:00，较为粗略，通过本研究能够编制精细化的客流管控方案，同时也能提供管控强度信息，为车站客流管控措施的实施提供决策依据。

③避免信息不对称导致的上下级间博弈过程。车站为保障客运安全，总是希望增大客流管控强度，而总公司为提高服务水平，则希望降低管控强度。由于信息的不对称及缺乏量化决策依据，总公司在制定客流管控方案时总是难以准确判定车站是否处于拥挤危险状态，导致上下层级间处于博弈过程。

④实现客流组织的全过程管理。长期以来，对于客流管控方案实施后的效果缺乏评估指标、依据及方法，难以衡量方案的优劣，本研究提出了客流管控指数这一评估指标，从而可定期对每一方案进行效果评估，可为后续阶段客流管控方案调整提供趋势性指导依据，实现了客流管控事前及事后的全过程管理。

⑤有利于提升客运服务水平，保障运营安全。从运营管理视角来看，实现客流管控的科学化管理有助于提升城市轨道交通的客运服务水平，使之逐步由

粗放式管理向精细化管理迈进。

1.2 既有研究基础

　　城市轨道交通作为城市建设的重要基础设施，拥有大运量、准时、高效等特点，为乘客提供了快捷方便的客运条件，成为大、中型城市通勤乘客主要的出行方式之一。城市轨道交通网络规模的扩大引发客流需求不断增长，客流需求与运输能力的矛盾逐步凸显，尤其在早晚高峰时段，客流方向性明显，部分区段长期高负荷运营。目前，城市轨道交通客流管控方案的编制方法及过程引起了广大学者的密切关注，形成了一些城市轨道交通客流管控理论研究成果，在此对既有研究成果进行梳理，进而为本书的研究内容提供借鉴。

　　在城市轨道交通运输能力以及设备资源有限的条件下，一旦城市轨道交通车站发生突发大客流事件，车站工作人员需根据车站各个设施设备客流状态情况及时采取相应级别的客流管控方案，才能确保车站内部的安全运营。但是现阶段对站内客流状态判别仅停留在定性讨论层面，缺乏科学的定量分析和量化标准，加之每个车站在结构和规模上都有所差异，在客流状态判断的基础上进行客流管控缺少参考依据，各车站仅仅根据车站运营管理人员的主观经验进行判断和执行，导致效果并不理想。

　　在城市轨道交通系统中，乘客在车站内部的行为特征除自身属性外，还会受到包括车站建筑结构及设施设备布设、乘客个体间的相互影响和管理者的引导指挥等因素的影响，从而形成与其他场合不同的行为状态特征。在城市轨道交通车站行人仿真和设施设备的服务水平研究方面，Cheung C. Y 和 Lam W. H. K. 等通过大量的调查研究，以车站乘客为研究载体，分析了行人流量与地铁行人设施之间的关系，标定了基于不同行人设施下的行程时间函数，对步行设施的服务水平划分等级。Jodie Y. S. L. 等研究了香港地铁站高峰时段的行人行为，并得到了乘客OD（起点和终点）矩阵和乘客在9类行人设施上的走行时间函数，并建立了基于时间走行的行人仿真模型。王久亮通过对车站设施设备客流密度、客流步行速度、流量之间的关系进行分析，确定了设施设备的服务水平分级方案。

　　在交通领域的交通状态辨识研究方面，根据交通状态具有模糊性和随机性的特点，应用云模型理论进行状态识别。李悦等在充分分析交通流特性的基础上，提出了交通状态划分原则、依据、评价指标，构建了基于云模型的模糊综合评价方法，进行快速路交通状态评判。万佳在交通数据预处理的过程中引入了基于云模型的故障数据识别与修复的方法，划分了 5 个等级的交通运行状态，并构建了基于云模型的道路交通拥堵自动判别算法，通过与经典算法对比，验证了新算法的准确性和高效性。周继彪、张文等将云模型引入地铁换乘枢纽行人拥挤度自动辨识中，拓展了云模型在轨道交通领域中的应用。

1.2.1 客流管控方案编制方法研究现状

限流问题是伴随我国城市轨道交通快速发展而产生的阶段性产物，目前该问题的研究集中在国内学者，而国外无论是城市轨道交通运营实践还是理论研究均较少涉及。利用 CNKI、维普、万方数据库进行检索，检索词为"城市轨道交通+客流管控/限流""地铁+客流管控/限流"，共检索到直接相关文献 21 篇，发现近年来城市轨道交通客流管控理论方面形成了一些研究成果，表 1-1 对相关文献所针对的主要问题及特点进行了介绍。

表 1-1 国内客流管控研究现状分析

研究人员	研究内容	年份
冯树民，陈勇，辛梦薇	以对**突发大客流**形成的内在机理研究为基础，建立以乘客平均延误最小和各区间满载率之和最大为目标的协调限流控制优化模型，利用所求解的限流率为客流管控措施提供量化依据	2018
周云娣	以南京地铁 1 号线南京站为例，分析车站客流组织的主要影响因素，随后对南京地铁采取的车站级、线路级和线网级等控制措施进行探讨	2018
曾璐，刘军，秦勇，王莉	基于系统可控判定理论，将客流分布转化为**系统状态方程**，提出城市轨道交通客流网可控性判定方法，建立基于驱动节点匹配的路网限流车站优化方法，并以北京城市轨道交通客流网络进行实证分析	2018
潘寒川，刘志钢，邹承良，陈颖斌	通过分析轨道交通客流特征及其拥堵传播规律，基于受影响乘客数最少的目标构建路网协调客流管控优化模型并采用遗传算法求解	2018
鲁工圆，马驷，王坤，邓念	基于网络拓扑与客流需求定义建立了以旅客周转量最大为目标的线客流管控**整数线性规划模型**，并使用优化软件 GAMS24.3 进行了快速求解	2017
江志彬，朱冰沁，周明	从限流的定义及作用分析出发，提出了限流方案的制定原则、实施条件、实施方法和评价指标，并对上海轨道交通网络的限流方案与实践效果进行了总结与评价	2017
蒋琦玮，蔡适，陈维亚，宋晓东	通过监测轨道交通**车站空间分区**的实时断面客流流量和流向，以能力匹配和资源节约为目标建立多目标整数规划模型。考虑实时决策与控制措施施行的时间差异，提出通过控制策略的**时间序列**来判断控制措施的实施时机的方法。最后以深圳某地铁站进行实例分析	2017

城市轨道交通路网客流协同管控理论与应用

续表

研究人员	研究内容	年份
郑雪梅，蒋熙	通过构建车站**系统动力学**模型进行仿真实验，在此基础上设计客流拥堵的控制方案，并再次通过仿真实验对控制方案进行优选和验证以确定最终的客流管控方案	2016
豆飞，潘晓军，秦勇，张欣，贾利民	分析了城市轨道交通车站设施设备的类别及乘客聚集程度判断指标，提出了一种基于**云模型**的城市轨道交通车站客流管控**触发判别方法**。以站台作为关键观测点，验证所提方法的有效性	2016
叶丽文，杨奎	基于**实时客票数据**和列车运行实绩，获取进站客流的实时聚集数量及其空间分布情况，提出的辅助决策方法能够基于客票数据确定车站客流管控等级和控制时机	2015
姚向明，赵鹏，乔珂，禹丹丹	首次从**线网层面**构建城市轨道交通进站客流协同控制模型，以及客流需求与输送能力匹配度最大化和延误客流量最小化的多目标数学规划模型，以北京市路网为例进行验证	2015
赵鹏，姚向明，禹丹丹	首次应用**数学规划方法**构建线路层车站间及时段间协调控制模型，以乘客延误损失最小化和客运周转量最大化为优化目标，以北京市轨道交通 5 号线进行验证	2014
杨贞桢	以上海轨道交通 1、5 号线换乘站莘庄站为例，在分析车站客流特征的基础上，根据车站服务设施的负荷情况制定了针对性较强的限流措施	2014
康亚舒	对城市轨道交通**车站级别**的客流管控方案进行研究，构建以车站客流阈值和高峰期客流特征为主要影响因素的客流管控方案理论体系	2014
张毅	以车站客票数据为基础，分析车站进出站客流时间分布的典型特征、客流潮汐特性和闸机运用的不均衡性特性，提出利用出站高峰时段客票数据来计算车站闸机实际通行能力的有效方法，考虑**闸机运用**均衡性和客流管控需要构建数学模型	2014
刘晓华，韩梅，陈超	提出了**联合客流管控**的思想，即通过降低上游车站的客流进站速度为本站预留列车输送能力。以两座相邻车站为例做分析，得到了联合客流管控下两座车站进站客流速度的计算公式，来平衡列车在线路上的能力	2014
贺英松	研究了轨道交通车站客流管控方案分析与方法，为制定合理的客流管控方案提供理论依据，从而保证车站及整个路网能够充分发挥能力，安全地运送乘客。分别从**动态控制**和**静态控制**两种角度分析了实现客流管控要解决的关键问题	2013

续表

研究人员	研究内容	年份
张正，蒋熙，贺英松	通过分析限流的作用和影响因素，提出车站间限流安全控制实施方式，根据**流量平衡原理**，分析客流在车站单点、线路和路网上的协同限流方法并研究限流参数的计算方法。最后以北京地铁13号线为例进行了车站协同限流安全控制实例分析与计算	2013
谢玮	重点针对**换乘站客流管控**问题展开研究	2012
刘莲花，蒋亮	首次提出客流管控应从**车站级**、**线路级**、**网络级**三层控制模式予以实施，分析了各层控制模式的适用条件及处置措施原则	2011
李建琳	以上海市轨道交通6号线和8号线为背景，对早高峰时段需求与运力的矛盾进行分析，对限流措施提出改进建议，并分析了不同限流措施的运营效果	2011

可以看出，针对客流管控方案编制方法的研究已存在较多，且以优化模型为主。优化模型的优点在于其良好的理论解析性，具有明确的优化目标和约束条件；不足在于其求解过程较为复杂，且为保证良好的理论解析性，对于客流管控影响因素不得不简化或省略。针对大规模实际路网而言，理论优化模型的实用性有所欠缺。

国外缺乏相关研究的原因在于：

①客流管控问题是我国轨道交通缓解当前客流拥挤的相对特殊的方式，国外由于轨道交通发展相对成熟，客流拥挤问题不如我国突出；

②国外轨道交通运营理念与我国存在差异。

虽然国外缺乏客流管控问题的相关研究，但轨道交通客流拥挤问题在国外城市同样存在，例如东京、俄罗斯、纽约，不同城市缓解客流拥挤的方式不同，在此，简单分析一些城市缓解客流拥挤的措施。

1.2.2 缓解拥挤的实践措施

1.2.2.1 东京地铁

东京地铁缓解客流拥挤的措施主要包括：缩短发车间隔；增加列车长度；建设平行线路；大型枢纽/车站建设；增加列车车门数；增加列车车门宽度；可折叠座椅。

1.2.2.2 纽约地铁

纽约共有20多条地铁线路，是地铁运输效率最高的城市之一。纽约地铁缓解客流拥挤的方式是和公交形成联动，乘坐地铁的乘客可以在划卡后两小时内免费乘坐一次公共汽车，极大方便了地铁与公交车之间的换乘，加快了拥挤客流向地面交通的分散。

1.2.2.3　华盛顿地铁

尽管华盛顿人口数量不多，但约50%的人居住在郊区，大量的通勤客流造成了轨道交通拥挤。为缓解客流拥挤，华盛顿地铁采用的方式主要为灵活票价，在早晚高峰时段，地铁票价比普通票价高出1/3，从而减少非刚性出行需求。

1.2.2.4　莫斯科地铁

莫斯科地铁日均客运量超过800万人次，最大超过1 000万人次，其大部分线路处于高负荷运营状态。在应对客流拥挤问题时，其最大的特点是将所有楼扶梯改为出站方向，待出站客流出站后再放行进站客流。该措施好处在于加快出站客流的疏散，避免进出客流的交叉干扰，保障站内客流的安全。

1.2.2.5　墨尔本地铁

墨尔本地铁虽然高峰时段人数不多，但拥挤问题同样存在。为缓解客流拥挤推出了一种"早起鸟儿票"，是指在早高峰前到达车站的乘客可以免费乘坐地铁，从而缓解高峰时段的客流输送压力。该措施与动态票价原理一致，旨在对高峰客流进行分流，提前或推迟部分居民的出行。

1.2.2.6　新加坡地铁

新加坡地铁缓解高峰拥挤的措施主要包含两方面：峰前出行；智慧出行。峰前出行的机理和墨尔本地铁一致，从2013年6月起开始实行峰前出行免费政策，在工作日乘客只要在早上7∶45前在18个指定车站出行即可享受免费乘车的优惠，而在7∶45—8∶00出站的乘客也可享受一定幅度的减免，通过该措施的实施使得7%的乘客改变了其出行计划，有效地对高峰时段客流进行了分流。

智慧出行主要采用一种积分激励机制，即乘客在特别时段（非高峰时段）出行将获取更多积分，利用该积分可以在相应网站换取一定服务及优惠。该措施的目的依旧是对高峰时段的乘客进行分流。

1 绪 论

1.2.2.7 悉尼地铁

悉尼地铁缓解拥挤的主要措施为差异定价，悉尼地铁票制体系为按里程分时计费。其在非高峰时段提供50%的折扣，非高峰时段的界定标准为工作日或法定节假日到达市中心的时间位于7:00前或者9:30以后，离开市中心的时间为16:00前或者18:30以后。前期悉尼地铁在高峰时段提供票价折扣为30%，随后其将高峰时段票价提高，低峰票价进一步降低，通过折扣票价使得部分乘客在出行时间上转移，从而降低高峰时段的客流峰值。

1.2.3 客流管控方案效果评价方法研究现状

目前，针对客流管控方案实施效果评价的研究相对较少。刘莲花、蒋亮针对2010年广州亚运会期间的客流管控措施效果进行了评价，但仅对客流管控前后的客流量进行了对比分析。周云娣介绍了南京地铁在客流管控方面的实践，分别从车站级、线路级、路网级三个层次介绍了不同级别客流管控策略的施行效果。江志彬等认为对客流管控方案实施效果进行评价是一个涉及乘客、列车和策略等多因素相结合的组合优化问题，同时也是一个多目标决策问题，在进行评价时必须综合考虑客流管控方案的大规模、多因素、多约束、多目标和动态性等特点，应从定量与定性两个层面对客流管控方案实施效果进行综合评价。其中，定量评价指标包括客流管控前后列车正点率、列车运行图兑现率、站台人数变化、客运周转量、乘客总延误时间；定性评价指标包括乘客满意度、运营安全性、社会评价。

可以看出，目前针对客流管控方案实施效果的评价研究极为匮乏，急需进一步深入研究。

1.3 客流管控方案编制方法

目前，在城市轨道交通路网客流管控理论研究中，尚未形成成熟的常态客流管控方案构建方法，在实际运营管理中更多地依据管理者的经验确定，再通过实际管控效果来逐步更新和优化客流管控方案。

从前文可以看出，广大学者针对客流管控方案编制问题展开了大量研究，形成了一系列方法。然而，目前尚未有完善的方法应用于实践中，实际运营管理中仍以管理者经验为主来进行客流管控方案编制。在此，笔者结合实际客运组织过程以及部分学者的研究，对客流管控方案的制定方法进行了分析，对不同方法的优势及特点进行分析，以明确本书所采用的方法。

1.3.1 经验分析方法

经验分析方法是当前实际中主流采用的方法，其通过管理者经验以及历史客流分析来判定是否对车站进行客流管控。每隔一定时期（一般为一月）运营企业会对既有常态客流管控方案进行评估和分析。首先，各线路以及车站负责人可根据实际客运组织过程中车站客流拥挤状态申请或取消车站为客流管控车站；其次，客运部门对车站拥挤状态进行评估，决定新增或取消既有客流管控车站，形成新的客流管控方案；最后，将新的方案上报相关部门，进一步审核及优化，从而确定最终客流管控方案。实际中运营管理者常通过列车满载率、站台客流人数、闸机排队人数、乘客走行速度等相对量化的指标来对车站客流拥挤状态进行评估。

另外，部分学者及管理者也提出基于经验分析法的客流管控方案制定方法。刘莲花、蒋亮结合客流量及流向特征，提出了一种对客流量大的车站进行客流管控的方法，按照一定比例来确定客流管控量；杨贞桢以上海轨道交通1、5号线换乘站莘庄站为例，在分析车站客流特征的基础上，根据车站服务设施的负荷情况制定了针对性的客流管控措施。

该种方法的优点在于：充分结合了实际运营情况，方案针对性强；确定过程相对简单，便于执行。该种方法的不足之处在于：方法主观性强，普适性较弱；经验判断可能出现较大偏差；主要从车站本身拥挤状态出发，缺乏对相邻站点以及全局的考虑。

1.3.2 数学规划方法

数学规划方法是利用数学模型对客流管控过程进行建模，在设定目标条件下确定最优解，从而确定相应的客流管控方案。目前，尚缺乏成熟应用于实际中的数学规划方法。部分学者提出了相应模型：赵鹏等针对城市轨道交通单一线路构建了制定客流管控方案的数学规划方法，以乘客延误损失最小化和客运周转量最大化为优化目标，通过求解各时段最佳流入量来制定客流管控方案；姚向明等进一步针对城市轨道交通网络构建了数学规划模型，以客流需求与输送能力匹配度最大化和延误客流量最小化为目标，同样以最佳流入量为依据来制定客流管控方案。

该种方法的优点在于：理论性强，能够从理论上对控制效果进行分析；能够很好地考虑车站间协同作用，通常以线路或网络整体为研究对象，能够实现系统最优。该种方法的不足之处在于：难以对实际中所有影响因素进行刻画，部分因素需简化，不能完全反映路网实际客流状态；计算过程相对复杂，尤其以全网为研究对象，需进行大量参数计算，求解较为困难。

1.3.3 仿真方法

计算机仿真方法通常以客流仿真软件为工具，对特定车站的客流管控问题进行仿真模拟。目前，尚缺乏利用计算机仿真工具对全网客流管控方案进行研究。该种方法能够对站内具体客流管控措施进行较好地评估，例如站内闸机的开放数量、围栏设置长度及宽度等。有些学者利用仿真方法对局部车站的控制方法进行研究，也有利用 LEGION 软件对客流管控设施的设置进行研究。

该种方法的优点在于能有效对单个车站客流管控措施进行分析；该种方法的不足之处在于局限性强，仿真过程中难以考虑相邻车站以及线路的拥挤状态。

1.3.4 启发式控制策略

启发式控制策略通常以某种规则或者反馈调节机制来构建客流管控策略。例如：学者刘晓华等以车站间协同控制为重点，通过降低上游车站的客流进站速度为本站预留列车输送能力，建立联合控制方法；张正等以流量平衡原理为基础构建了相应的协调控制方法。

该种策略在高速公路匝道控制中应用较为广泛，其优点包括：物理含义明确，计算简便；实施过程容易，多适用于大规模实际路网；参数设置合理条件下能够起到很好的控制效果。该种策略的不足之处在于：多以局部最优为目标，难以达到系统最优；难以对其控制效果进行理论分析。

1.4 既有研究小结

从前期相关研究来看，近年来客流管控问题吸引了广大学者的关注，针对路网层客流管控方案编制问题构建了不同的研究方法，其主要思路是构建数学优化模型及启发式控制策略。数学优化模型以其良好的解析性成为研究的主流，但是其在实用性方面存在较大不足。客流管控问题与快速路匝道控制问题具有很强相似性，纵观国外匝道控制的发展，实际中得以广泛应用的为启发式控制策略。为提高方法在大规模路网的实用性，本书拟提出一种新的启发式控制策略。

　　另外，当前研究的重心在于如何编制客流管控方案，而对客流管控方案的评价研究很少。从地铁运营企业客流管控操作层面来看，每一次客流管控方案的确定不是重新编制新的客流管控方案，而是在前期方案基础上"调整方案"，因此，"调整方案"比"编制方案"更具实际意义。调整的前提是明确既有方案的不足、确定调整的方向，从长期来看，该过程就是一个不断优化完善的过程，最终形成最佳客流管控方案。目前，对于客流管控方案实施效果评价存在很大不足，需进一步深入研究。

1.5 本书内容结构

　　本书依据客流调查、大客流产生的原因、传播过程与影响因素分析，分别从城市轨道交通车站层面和路网层面研究客流管控理论体系，并构建了城市轨道交通路网客流管控方案评估体系，为城市轨道交通运营管理部门的相关研究工作以及实际运营组织管理提供参考依据和理论支持，实现合理应对城市轨道交通路网大客流运输组织协同调控。本书内容结构如图1-2所示。

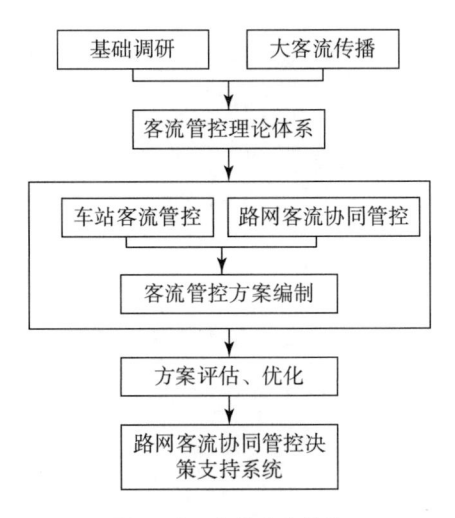

图1-2　本书内容结构

　　第一部分对比分析了北京市、上海市、广州市等国内大城市轨道交通客流管控实施历史、过程及措施，研究了城市轨道交通大客流产生原因、大客流在车站与线路区间的传播机理以及大客流传播影响因素。

1 绪 论

第二部分提出了城市轨道交通客流管控理论体系，介绍了客流管控的定义、目的、机理、内外部影响因素、基本措施等内容，分析了客流管控方案制定的影响因素，包括客流需求、站台承载能力、线路运输能力、车站设备设施通行能力、车站外部交通环境、运营管理组织形式和相邻车站客流输送压力，为大客流条件下车站客流管控方法的构建提供了基础。

第三部分构建了城市轨道交通车站客流管控理论体系，介绍了车站设施设备分类及车站客流状态等级划分，对城市轨道交通车站的车站设施、网络客流状态及客流管控触发判别方法进行了研究，提出了矩阵式客流管控触发判别及相应措施体系，并建立了车站客流状态预测模型、客流管控措施触发判别方法和客流管控仿真方法。

第四部分提出了城市轨道交通路网客流主动管控方法，通过分析动态客流时空分布状态及流量关系，构建了路网运输能力瓶颈区间辨识方法和基于运输能力瓶颈疏解的路网客流协同管控方案编制算法，实现了路网多瓶颈区间疏解，明确了路网客流协同管控方案编制的方法及流程。

第五部分搭建了城市轨道交通路网客流管控方案评估体系，确定了路网客流管控方案评估原则，提出了城市轨道交通客流管控指数的概念，在此基础上建立了基于客流管控指数的客流管控评估方法，体现了城市轨道交通路网客流管控后客流的疏散效率。并基于客流管控组织评估要素分析，构建了客流管控方案评估指标体系和评估优化方法。

第六部分以理论研究为基础，开发了路网客流协同管控决策支持系统，实现了路网客流协同管控方案的智能化编制及客流管控效果的量化评估，为客流管控方案的编制及阶段性调整提供决策支持。

2 典型城市轨道交通常态客流管控模式

2.1 北京城市轨道交通常态客流管控措施

2.2.1 客流管控方案分析

2.1.1.1 客流管控方案

本节内容以2017年12月北京地铁所管辖线路的常态客流管控方案进行分析。图2-1为2017年12月北京地铁常态客流管控站点分布图，共包含74个常态客流管控车站。

具体客流管控站点及时间信息如表2-1所示。

从表2-1中可以看出：

①从空间上分析，常态客流管控车站主要分布在1号线、5号线、6号线、八通线、昌平线等市郊线路的大客流车站。

②从时间上分析，早晚高峰客流管控时间比较集中，早高峰客流管控时间集中在7:00—9:00，晚高峰客流管控时间集中在17:00—19:00。由于北京地铁客流潮汐现象严重，乘客出行时间、数量、方向极不均衡，早高峰时段乘客以进城方向出行为主，因此，郊区车站的早高峰客流管控时间较其他市区车站的客流管控时间有所提前。

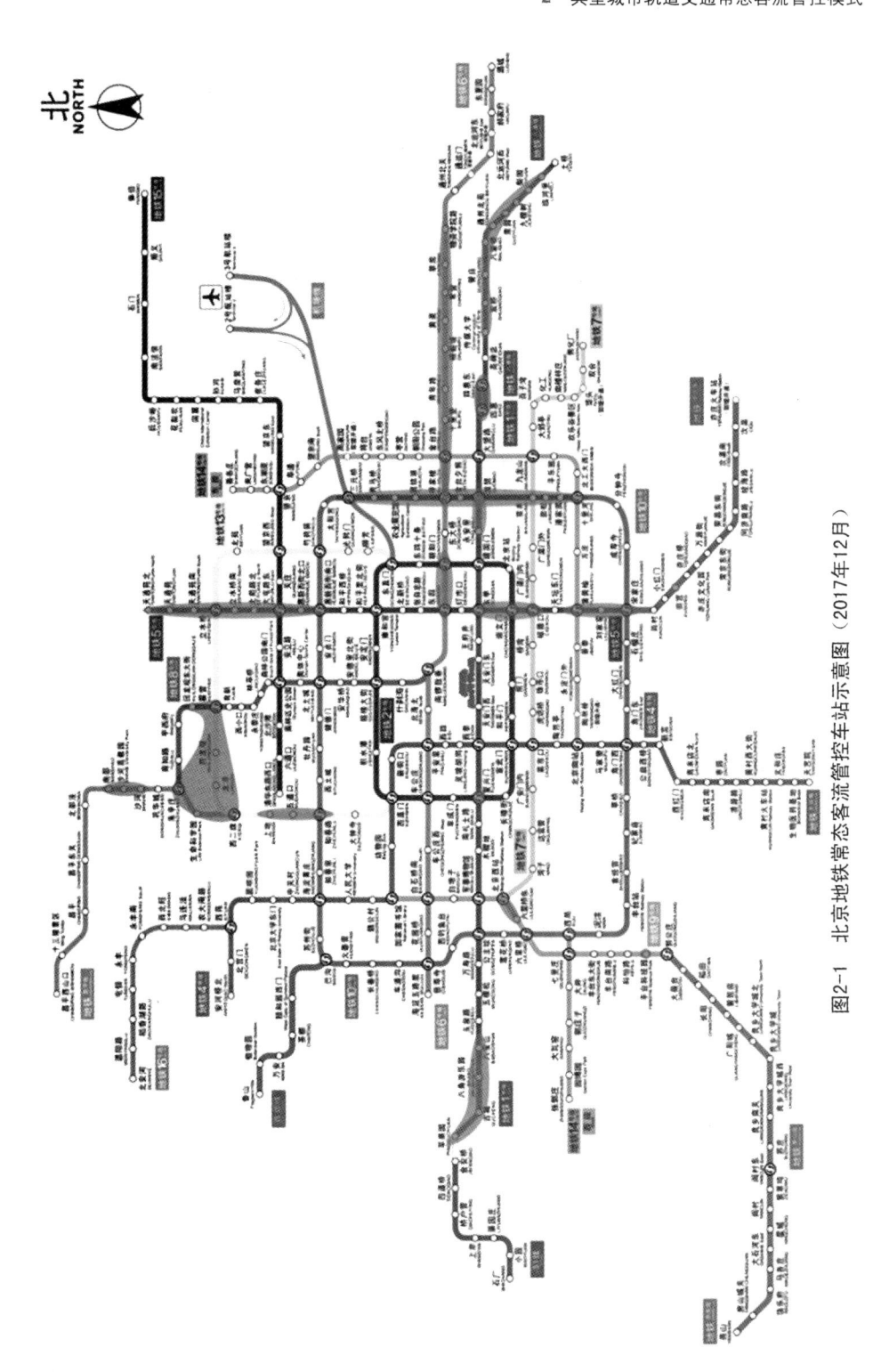

2 典型城市轨道交通常态客流管控模式

图2-1 北京地铁常态客流管控车站示意图（2017年12月）

表2-1 北京地铁常态客流管控信息（2017年12月）

线路	总计	站名	客流管控时间（早高峰）	客流管控时间（晚高峰）
1号线	8	苹果园	6:50—8:30	/
		古城	6:50—8:50	/
		四惠东	7:00—9:30	/
		四惠	7:00—9:00	16:00—20:00
		八角游乐园	6:50—8:30	/
		八宝山	7:00—8:30	/
		复兴门	/	17:00—18:45
		永安里	/	18:00—19:00
2号线	1	朝阳门	/	16:45—19:00
5号线	16	天通苑北	6:30—9:10	/
		天通苑	7:00—9:40	/
		天通苑南	7:00—9:10	/
		立水桥	6:30—9:00	/
		立水桥南	7:15—9:00	/
		北苑路北	7:20—9:00	17:30—19:10
		大屯路东	7:20—9:00	18:00—19:30
		惠新西街北口	7:20—9:00	18:00—19:30
		东四	7:30—9:30	17:00—19:00
		蒲黄榆	7:30—8:30	/
		刘家窑	7:30—8:50	/
		宋家庄	7:00—9:00	/
		崇文门	7:00—9:00	17:00—19:00
		雍和宫	7:30—9:00	/
		惠新西街南口	7:20—9:00	18:00—20:00
		东单	7:00—9:30	17:00—19:30
6号线	12	朝阳门	/	17:00—19:00
		呼家楼	/	17:30—19:30
		金台路	/	18:00—19:30
		十里堡	7:20—8:40	/
		青年路	7:20—8:40	/
		褡裢坡	7:20—8:40	/

续表

线路	总计	站名	客流管控时间（早高峰）	客流管控时间（晚高峰）
6号线	12	黄渠	7:20—8:40	/
		常营	7:20—8:40	/
		草房	7:30—9:00	/
		物资学院路	7:30—9:00	/
		北运河西	7:00—8:40	/
		通州北关	7:00—9:00	/
7号线	2	磁器口	7:30—9:00	/
		菜市口	7:00—9:00	/
8号线	1	回龙观东大街	7:20—8:30	/
9号线	3	北京西站	7:00—9:00	/
		六里桥东	7:00—9:00	/
		丰台科技园	/	17:15—18:45
10号线	10	双井	7:40—8:55	17:40—19:10
		劲松	7:45—8:55	/
		亮马桥	/	17:40—19:10
		三元桥	/	17:30—19:15
		国贸	7:40—8:55	18:00—19:00
		金夕台照	/	17:20—19:00
		北土城	/	18:30—19:30
		团结湖	/	18:00—19:00
		十里河	7:35—8:50	/
		潘家园	7:45—8:50	/
13号线	6	上地	7:00—9:00	17:45—19:15
		霍营	7:30—9:30	/
		回龙观	7:00—9:30	/
		龙泽	7:30—9:30	/
		五道口	/	17:30—19:30
		知春路	/	18:00—19:30
八通线	9	传媒大学	7:30—9:00	/
		管庄	7:30—9:00	/
		八里桥	7:30—9:00	/
		双桥	7:30—9:30	/

续表

线路	总计	站名	客流管控时间（早高峰）	客流管控时间（晚高峰）
八通线	9	通州北苑	7：00—9：00	/
		果园	7：00—9：00	/
		梨园	7：00—9：00	/
		临河里	7：00—9：00	/
		九棵树	7：00—9：00	/
昌平线	5	西二旗	7：00—9：00	17：00—19：30
		朱辛庄	7：00—9：00	/
		生命科学园	6：40—9：00	/
		沙河	6：40—9：30	/
		沙河高教园	6：30—9：00	/
亦庄线	1	旧宫	6：40—9：00	/

2.1.1.2 客流管控历史发展过程

北京地铁 5 号线北端有 3 站设在天通苑社区附近，由于天通苑社区居民的增长以及城市北部的迅速发展，使得 5 号线日均客运量远远超过设计之初的预计运载能力，如果在早高峰期间不采取客流管控措施，那么列车在经过天通苑北站和天通苑站后，列车满载率将达到极限，在天通苑南站、立水桥站等车站存在大量乘客滞留站台的现象。除因列车、设备故障和大客流等情况引发的临时性客流管控外，2009 年北京地铁 5 号线最早实行工作日早晚高峰常态客流管控方案。天通苑北站和天通苑站利用进站口外的导流围栏采取客流管控措施减缓进站速度，减少站台滞留乘客的数量。

2011 年 4 月，北京地铁首次正式公布地铁 1 号线和八通线的 17 座车站的工作日常态客流管控时间，方便乘客提前做好出行规划。这些客流管控车站的客流管控时间集中在工作日早高峰 7：00—9：00。其中，1 号线早高峰时段常态客流管控车站的设定基本按照"从线路端点站逐渐延伸到中间站"的规律依次推行，西端常态客流管控车站有 7 个，东端常态客流管控车站有 2 个。另外，1 号线四惠站还将在 16：00—19：30 实施晚高峰常态客流管控方案。八通线的常态客流管控车站有 8 个车站，主要集中在线路东端。

2011 年年底北京地铁常态客流管控车站数量增加至 32 个，主要集中在 1 号线、2 号线、5 号线、13 号线和八通线，其中 5 号线常态客流管控车站数量最多，有 11 个常态客流管控车站。由于北京地铁路网的大规模扩展，路网客流持续增长，路网常态客流管控车站分别在 2012 年年底增加至 40 个，2013 年年底增加至 44 个，2014 年年底增加至 55 个，主要集中在大型居住区进站量较大的车站。

到 2015 年 2 月，北京地铁常态客流管控车站数量增加至 61 个，这是自 2014 年 12 月 28 日北京市公共交通实施新票制后首次公布的常态客流管控站点，比 2014 年 8 月公布的 55 个增加了 6 个。尽管全路网日均客流量有所下降，但是早晚高峰时段路网客流量变化不大，部分线路部分区段列车满载率依然很大。至 2015 年 8 月，北京地铁常态客流管控车站数又增加 4 个，增加至 65 个。

到 2017 年 12 月，北京地铁常态客流管控车站数量再次增加至 74 个，其中，早高峰时段常态客流管控车站数量为 60 个，晚高峰时段常态客流管控车站数量为 26 个，早高峰时段路网常态客流管控时间总计为 6 225 min，晚高峰时段路网常态客流管控时间总计为 2 765 min，早高峰时段路网常态客流管控车站的总数量和总客流管控时间均明显高于晚高峰时段路网常态客流管控车站的总数量和总客流管控时间。

2.1.2　客流管控组织形式

北京地铁客流管控形式主要分为四个层次：疏解、控制、限制、封闭。其客流管控强度逐步提升。每一层级所包含的主要措施有：

（1）疏解

①组织乘客分散、均衡、排队候车；

②引导乘客分散使用客运设备设施，加快通行速度；

③进站、出站分流组织，避免客流流线交叉；

④加开临客，缓解车站客流压力。

（2）控制

关闭部分进站闸机，减缓乘客进入付费区速度。

（3）限制

①启动车站出入口导流设施，限制或组织乘客分批进站；

②启动换乘导流设施，限制换乘或引导乘客站外换乘。

（4）封闭

①封闭车站部分出入口（只出不进）；

②封闭车站；

③关闭换乘通道入口，暂停换乘。

实际中北京地铁常见的四大客流管控方式为：

①站外设置导流围栏：早晚高峰时段站外或换乘通道、换乘大厅等设置导流围栏；

②截流：遇站内瞬间大客流，通过关闭闸机或导流围栏进口分批放行，延缓进站速度；

③分流：在个别出入口压力过大时，通过关闭该进出站口等方式，引导客流分散至多个出入口，或诱导客流分散至其他交通方式出行；

④甩站：极端情况下，个别车站滞留乘客过多，利用小站通过不停车的方式，为后续车站保留运力，缓解站台滞留压力。

2.1.3 客流管控方案制定

北京地铁按照"先外围线路后骨干线路、先远端车站后中心车站"的路网客流管控组织原则和"限站外保站内、限本站保换乘"的车站客流管控实施原则，在某区间列车满载率达到高峰的前方车站进行客流管控，安排公共文明引导员，并与公交安保总队密切配合，加强站外客流管控组织疏导力量，利用站外客流管控围栏和闸机进出站方向转换严格控制进站人数和速度，降低列车拥挤度，保证车站客流可控、组织有序。

根据北京地方标准《城市轨道交通运营安全管理规范》规定，北京地铁运营车站一旦达到或超过客流警戒线（拟定为客流承载力的70%），须适时采取限流、封站等措施，并指出车站应确定客流警戒线，密切关注客流变化情况，特别是早晚高峰时段的客流变化情况。在客流达到车站最大通过能力的70%时，采取分流限售措施；在客流达到车站最大通过能力的90%时，采取暂时停止售票措施，在客流剧增超出车站最大通过能力时，采取临时封闭车站进口措施。

此外，在北京市轨道交通指挥中心投入使用之前，北京地铁主要依据车站值班人员判断来确定是否需要临时采取客流管控措施。2008年12月，北京市轨道交通指挥中心正式投入使用，可实时监测整个北京地铁路网运行的状态，包括各条线路客流拥挤情况。至此，调度指挥中心是线路及路网客流管控组织第一责任主体，负责指挥协调北京地铁所辖车站、线路和路网联动客流管控工作。值班站长（站区领导）是车站现场客流管控组织第一责任人，负责车站客流管控组织实施工作，并有权先行处置。

随着北京地铁线路的扩张，地铁客运量也日益增多，为缓解客流压力和运能紧张，对早晚高峰时段实行车站客流管控成为一种常态措施。北京地铁运营部门会在每月对各线路车站的客流进行研究，以每个月为一个调整时段，原则上对客流波动较大的车站进行常态客流管控调整，如果变化不大将维持上一个月的常态客流管控安排。

2.2 上海城市轨道交通常态客流管控措施

2.2.1 客流管控方案分析

2.2.1.1 客流管控方案

截至 2017 年 12 月，上海地铁尚未正式发布常态客流管控车站信息，通过查找相关新闻报道，上海地铁客流管控车站常发生变化，2015 年常态客流管控车站总数超过 30 个。

2.2.1.2 客流管控历史发展过程

自 2010 年起，上海地铁开始对部分进站客流较大的车站采取客流管控措施，常规性的管控时段为早高峰时段 7:30—8:30。自 2010 年 2 月 20 日起，逢工作日早高峰时段 7:20—8:30，对 6 号线五莲路站、8 号线曲阳路站实施常态客流管控措施。同时，上海市交通管理部门同步调整公交驳运线开行方案：原 6 号线、8 号线公交驳运线停驶；管控时段内开行五莲路站往世纪大道、曲阳路站往人民广场公交单向直达驳运车，以缓解车站的客流压力。实施客流管控措施后，列车运行基本畅通，列车正点率均到达 99% 左右，列车在站停车时间明显缩短，均可控制在 30～40 s。

由于一系列新线和枢纽站的开通，上海地铁日益凸显网络换乘效应。2 号线东、西延伸后，该线路双向客流明显增长，其中包括来自两大机场航站楼的客流。同时，2 号线与全路网除 5 号线及世博专线以外的 10 条线路，共同形成了 7 大换乘站点，大量换乘客流换乘至 2 号线，进一步增加了 2 号线的客运压力。为解决 2 号线运力与运量的矛盾，上海地铁于 2010 年 7 月 19 日对 2 号线张江高科站、东昌路站、陆家嘴站、江苏路站 4 个车站工作日高峰时段采取计划性客流管控措施，同时对其他 7 个车站实施间歇性客流管控措施。

随着客流不断上升，在工作日早高峰时段，多条线路客流最大时段列车满载率均超过 100%，最高达到 133%。截至 2012 年 4 月 28 日，上海地铁全路网中经常采取常规性的客流管控车站共计 30 个，包括 1 号线 3 个车站、3 号线 8 个车站、5 号线 2 个车站、6 号线 6 个车站、8 号线 9 个车站、9 号线 2 个车站。

2013 年，为缓解 9 号线漕河泾开发区站晚高峰集中进站的客流压力，确保乘客出行安全，在工作日晚高峰时段 17：30—18：30，漕河泾开发区站采取适度客流管控措施，车站 1 号进站口使用新增的客流管控栏杆减缓乘客进站速度，2 号进站口只进不出。在 3 号线宝山路站至长江南路站 8 个车站实施常态客流管控的基础上，对其主要的"梗阻点"——长江南路站、殷高西路站和江湾镇站 3 个车站，采取排队进站等客流管控措施，以确保 3 号线和与之共线的 4 号线双线运行有序。

2015 年 3 月 9 日，早高峰期间 16 号线实施客流管控的车站数量增加至 6 个，分别为惠南站、新场站、鹤沙航城站、周浦东站、野生动物园站和龙阳路站，这 6 个车站都是进站客流量较大的车站。2015 年 5 月 6 日在 16 号线小幅增加运输能力后，周浦东站和鹤沙航城站的常态客流管控被取消，但在极端大客流情况下仍将采取相应客流管控措施。

2015 年 5 月，在高峰时段对 2 号线江苏路站、静安寺站、陆家嘴站、世纪大道站 4 个车站采取常态客流管控措施，包括关闭部分自动扶梯、利用客流管控栏杆减缓换乘速度等。

2.2.2 客流管控组织形式

上海地铁既有客流管控车站分为站外常态性客流管控、站外灵活性客流管控、站内客流管控（包含闸机客流管控）三类。其中，站外常态性客流管控车站具备站外客流管控条件的大都采取蛇形栏杆客流管控措施，站外灵活性客流管控车站一般采取简易栏杆加闸机客流管控措施，站内客流管控车站则以站内活动设施或闸机客流管控为主，其客流管控强度呈梯级变化。

上海地铁常规性的客流管控措施有：

①站内：关闭部分自动售票机、闸机、出入口以及设置站内客流管控栏杆等，减缓进站速度；

②站外：车站外设置客流管控栏杆，高峰时段引导乘客有序进站，确保进站后的乘客走好走畅。

2.2.3 客流管控方案制定

上海地铁客流管控原则遵循以下六大原则：

一是能不实施客流管控决不实施；

二是当车站出现大客流现象、前方车站出现大量乘客滞留现象或线路发生严重晚点等，必须果断地采取客流管控措施；

三是先站内后站外，从站内组织再到站外；

四是客流管控措施以缓速通行为主，尽可能不关闭车站出入口；

五是限进站，尽可能不限换乘；

六是先站台后站厅，确保站台层的客流秩序。

此外，上海市公布的《上海市轨道交通运营安全管理办法》规定，发生轨道交通客流量激增等危及运营安全的情况时，运营单位可以采取限制客流量的临时措施，确保运营安全，且应当同时通过车站及列车广播系统、告示或者媒体等方式向乘客履行告知义务，并没有给出与北京类似的地方标准来规范客流管控的量化标准。

2.3　广州城市轨道交通常态客流管控措施

2.3.1　客流管控方案分析

2.3.1.1　客流管控方案

2017年6月，广州地铁常态客流管控车站数量为36个，涉及线路主要有1号线、2号线、3号线、4号线、5号线、6号线、8号线，各站常态客流管控时间主要集中在早高峰时段7:30—9:30，晚高峰时段17:30—19:30。

广州地铁常态客流管控车站分布如图2-2所示。

2.3.1.2　客流管控历史发展过程

由于1号线客流增长速度较快，需要通过采取增加运力和适时客流管控的联合措施，才能更好、更有效地保障乘客安全，确保路网运行顺畅，因此，2013年3月广州地铁对1号线芳村站、陈家祠站、西门口站、体育中心站4个车站实施早晚高峰时段常态客流管控措施。

到2017年5月，广州地铁常态客流管控车站数量为25个，涉及线路主要有1号线、3号线、4号线、5号线、8号线。各条线路的常态客流管控时间主要集中在早高峰时段7:45—9:30，晚高峰时段17:30—19:00。

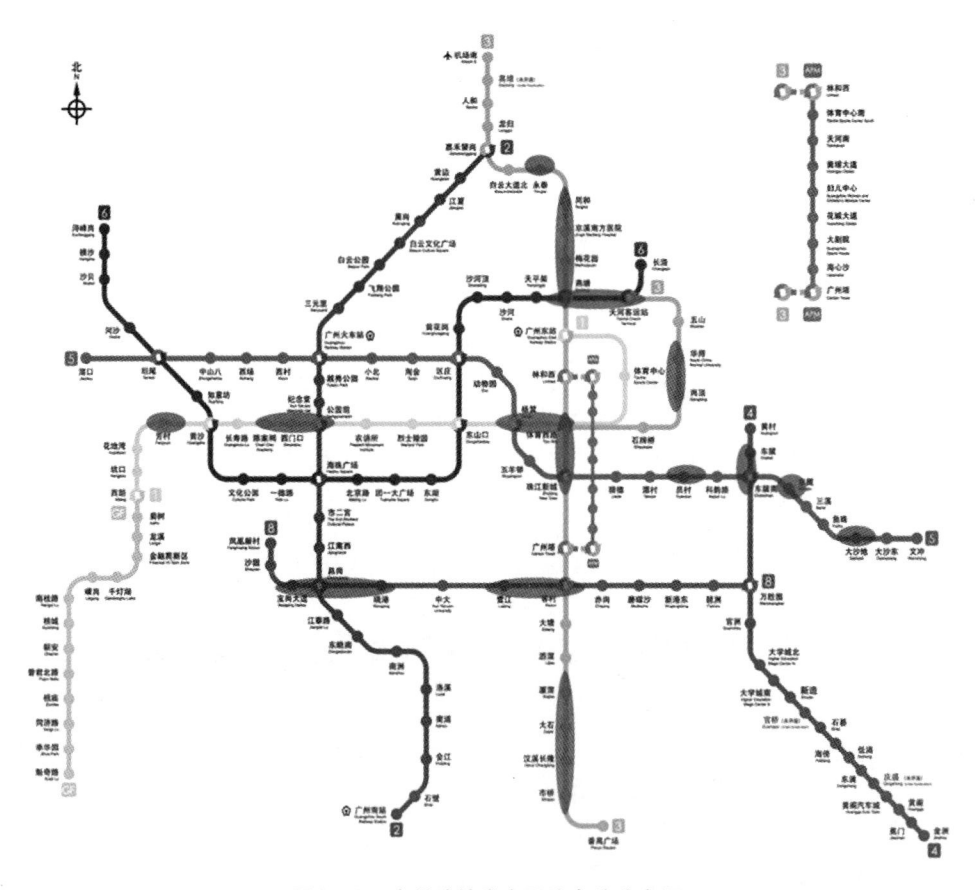

图 2-2　广州地铁常态限流车站分布图

到 2017 年 6 月，广州地铁常态客流管控车站数量增至 36 个，涉及线路主要有 1 号线、2 号线、3 号线、4 号线、5 号线、6 号线、8 号线。各条线路的常态客流管控时间主要集中在早高峰时段 7∶30—9∶30，晚高峰时段 17∶30—19∶30。

2.3.2　客流管控组织形式

广州地铁车站客流管控关键点主要有三个，分别是站厅与站台的楼梯或扶梯连接处、进闸机处和车站出入口处。

广州地铁客流管控措施主要有三种：

①减少站台客流：在站厅与站台的楼梯或扶梯连接处设置控制点，改变扶梯走向，引导乘客走楼梯或在付费区设置回形线路；

②减少进闸客流：当车站内付费区已聚集大量乘客，产生拥挤现象时，采

取关闭部分进站闸机、在进站闸机口设置铁马等分批进闸、在进站闸机外的非付费区设置回形线路减缓进闸客流速度;

③减少进站客流:当车站内非付费区已聚集大量乘客,产生拥挤现象时,采取在车站出入口通道用铁马等限制乘客进站速度、在车站出入口外设置回形线路减缓乘客进站速度等措施确保进站后的乘客搭乘顺畅。

2.3.3 客流管控方案制定

广州地铁管控措施是依据列车满载率、进站客流对换乘站的影响程度及距离换乘站远近等因素来制定的,通过选择适当的客流管控站点,合理分配客流量,实现各客流管控站点乘客候车时间基本持平。和上海地铁类似,广州地铁也尚未发布具体的客流管控量化标准。

2.4 常态客流管控模式总结分析

2.4.1 客流管控依据

通过对国内北京市、上海市、广州市三大城市轨道交通常态客流管控模式的综合对比分析可见,截至2017年年底,北京地铁和广州地铁设置了常态的客流管控车站,上海地铁尚未设置常态客流管控车站。同时,由于城市规划、出行人数、路网结构、车站承载能力和列车运输能力等各方面因素的不同,北京地铁在运力与运量匹配上的问题最为突出。为保证运营安全,做到安全性和运行效率的均衡,并且达到基本服务水平的条件,在给定运力的情况下,北京地铁实施战术性客流管控,通过多种客流管控措施使路网中的客流匹配于由列车时刻表决定的车流(列车运行计划),并且量化了客流管控标准,根据车站客流承载能力或最大通过能力采取不同规模的客流管控措施。

2.4.2 关注点及客流管控目标

北京地铁的常态客流管控车站主要集中在郊区线路的端点站,其客流管控的关注点是为后续车站留有运力;上海地铁常态客流管控的关注点主要是车站设备设施通行能力,保障车站乘客出行安全;广州地铁的常态客流管控车站主要集中在换乘站附近,其客流管控的关注点是换乘车站的运营安全,在此基础上合理分配客流,实现各常态客流管控站点乘客候车时间基本持平。由此可见，虽然目前各个运营企业对常态客流管控的关注点不尽相同，但是常态客流管控方案都是"以点带面"的形式，重点关注运输能力瓶颈车站的客流拥挤情况，从消除重点区域的安全隐患出发，制定车站常态客流管控方案，在车站常态客流管控能力不足的情况下，对相邻车站进行相应的协同客流管控。

实施客流管控的根本原因就是城市轨道交通系统供需不匹配。在部分车站或者部分线路客流拥挤现象较为严重的条件下，为了防止大客流在车站重点区域持续高密度聚集，通过采取客流管控措施对乘客进站速度或者换乘速度进行控制，以降低安全风险。因此，各大城市轨道交通运营企业对于客流管控的目标是基本相同的，客流管控的目标就是在确定性的运力安排条件下，消除客流的不确定性对运营安全的不利影响，消除车站安全隐患，保障城市轨道交通安全运营。

2.4.3 客流管控效果

从目前对于三大城市的客流管控分析来看，客流管控措施主要落实在车站，而客流管控的效果对于车站、线路和路网三个不同层面的影响却不尽相同。

车站方面，客流管控主要利用出入口、安检区域、闸机区域、站厅、站台、换乘通道等既有空间，通过固定或临时围栏/铁马、关闭或开启部分设备设施（进站闸机、自动扶梯等）、人工分批放行或疏导等手段，改变了乘客走行路径、距离和速度，自主构建了客流的空间分布，缓解大客流瞬间对车站通行能力的短时冲击。

线路方面，线路多个车站的客流管控在空间上最大限度利用了列车运输能力，降低了整条线路尤其是高断面各个区间的列车满载率；同时，客流管控在时间上降低了高峰时段内单位时间的客流量，通过延长乘客走行时间平滑了高峰时段大客流瞬时产生的运力和运量的不匹配。

路网方面，多条线路多个车站采取客流管控措施，降低高峰时段内路网高断面列车满载率，尤其是对职住集中区、商业旅游区、火车/汽车站等大客流高发区的车站和换乘车站在高峰时段同时采取客流管控措施，使得大客流车站乘客出行有序，减少车站客流拥挤现象，保证全路网安全运行，最大限度发挥路网整体运输能力，满足乘客出行需求。

2.4.4 客流管控特征

客流管控是在车站设备设施通行能力不足或列车运输能力不足的情况下，

为了缓解车站和列车客流拥挤，采取围栏、封站等客流管控措施对客流进行控制的一种方式。与常规的客流组织手段相比，具有如下特征：

（1）以安全保障为目标

随着路网客流日益增长，部分车站设备设施通行能力不足，导致车站部分区域乘客走行速度缓慢和客流拥挤，形成站内瓶颈点。对于楼扶梯口、站台等关键区域，客流持续拥挤存在安全隐患，可能导致踩踏等安全事故。因此，客流管控的根本目的在于控制安全隐患，保障安全运营。

（2）空间局限性

实施客流管控措施是在现有的车站结构条件下，不改变车站土建结构以及设备布局，对车站客流流线进行优化调整。

（3）客流管控措施局限性

客流管控在现有车站结构条件下进行，受空间、设备、运力等因素限制，可采取的措施有一定的局限性。而实施客流管控的原因是车站疏散能力不足，因此客流管控措施主要依托于导流栏杆与人为控制限制乘客进站速度，例如导流栏杆改变客流流线、乘客分批放行、封站等方式。

（4）客流管控具有强制性

常规客流组织以指引、引导为主，但是客流管控措施是对乘客走行路线、进站速度、换乘速度等进行强制性控制。

2.4.5 客流管控存在的问题

目前，客流管控方案大多是某些大客流车站为了缓解客流拥挤，通过现场工作人员的客流组织经验而逐步形成的，缺乏从路网结构、客流特征、车站结构等方面进行的全面、科学和系统性的分析。通过对现有客流管控模式的研究分析，客流管控存在的问题如下：

（1）客流管控标准不完善

目前根据现场运营经验制定初步的客流管控启动标准，但是缺乏理论层面的支撑，对于客流管控方案的目标、措施的效果等缺少量化的标准。

（2）缺乏全面的客流特征分析

部分车站、区间列车的客流拥挤与路网 OD 客流时空分布、客流动态变化特征密不可分，因此，合理的客流管控方案应该建立在全面的客流特征分析基础之上，通过客流数据的分析，挖掘瓶颈点的客流来源、各时段的客流变化特征等信息，为客流管控车站、时间和强度的制定提供依据。

（3）缺少动态化供需平衡的研究

客流管控的根本目的是缓解城市轨道交通供需不匹配的问题，因此，客流管控方案的制定要以供需匹配为基础，应充分考虑客流需求与列车满载率、列车发车间隔等因素之间的关系，从供需平衡的角度综合考量。

（4）缺少路网层面协同管控的考虑

目前客流管控方案的制定都是以通行能力瓶颈车站为基础，根据现场运营经验对相邻车站进行客流管控，缺少科学、合理的从线网层面规划的客流管控方案。车站客流拥挤与进站量、车站承载能力有关，也与列车运输能力、上游车站的客流量有直接关系。合理的客流管控方案应该从线网角度出发，结合线网结构与客流动态分配特征，既考虑本站的客流拥挤缓解，也要考虑对线网其他车站的影响，既能从客流源头进行控制，也能防止对瓶颈车站管控强度过大，降低服务水平。

（5）客流管控方案缺少预评估

目前客流管控方案的合理性主要依靠经验和现场执行后的效果进行判断，缺少科学的方法进行实施前的评估。客流管控方案强度过大会降低服务水平，而强度不足容易导致安全隐患，因此亟须一套合理方法对客流管控方案的效果进行评估、优化。

（6）客流管控方案实施效果评估方法不完善

目前的客流管控方案缺乏反映客流管控措施与客流变化相互作用并满足评估的及时性要求的评估方法，这种评估方法应具备客流管控方案与客流变化一体化建模和仿真的能力。因此目前的客流管控方案无法满足实际运营管理过程动态性需求的主动性方法和评估模式。

2.5 小　　结

面对不断增长的大客流，城市轨道交通运营方需将客流管控和增加运能结合起来。增加运能一直是运营方努力的目标，从城市轨道交通线路建成通车以来，只要硬件条件允许，运营方就会持续不断地实施增加运能措施，并根据客流实际分布，不断优化列车运行组织方案，发挥设备的最大功效。由于客观条件的限制，"增和限"必须结合起来，用两种措施共同保障乘客安全，确保线路运营的顺畅有序。

根据对北京、上海、广州三大城市轨道交通客流管控措施、客流管控原则和标准及常态客流管控车站进行简要分析，可以看出：

①北京、上海、广州城市轨道交通在客流管控组织形式上相似，均以进入

站台通道、闸机、进站口为主要控制点，均采取灵活运用围栏、站内客流管控栏杆，控制闸机开放数量，分批放行等措施；

②客流管控措施对保障运营安全具有重要作用。目前，北京、上海、广州城市轨道交通均未形成科学的制定方法和良好标准，以经验性制定为主，因此，需构建科学的方案制定方法以及方案评估手段，从而更好地进行客流管控组织。

3 城市轨道交通大客流分类、成因与传播

随着我国城市轨道交通行业的迅速发展，北京市、上海市、广州市等城市轨道交通均已跨入网络化运营时代。随着轨道交通网络规模不断扩大、配套项目日益完善，轨道交通在城市交通系统中的地位不断上升。城市轨道交通运营网络规模效应使其对客流吸引能力急剧增加，产生了通勤大客流、节假日大客流和大型活动散场等大客

流，这些客流在较短时间内汇聚于局部车站，对轨道交通系统产生巨大压力。因此，挖掘轨道交通大客流产生原因，把控轨道交通客流拥挤传播状态及特性，是提高轨道交通安全运营的基础，也是有效实施应急管理的前提条件。

3　城市轨道交通大客流分类、成因与传播

|3.1　城市轨道交通大客流分类及成因|

3.1.1　基于诱因的大客流分类及特点

城市轨道交通大客流是指车站在某一时段集中到达超过车站正常客运设施或客运组织措施所能承担能力的客流量。根据大客流产生原因，可分为可控大客流和不可控大客流两大类。可控大客流包含通勤大客流、节假日大客流、大型活动大客流等，不可控大客流包含由于车站周边临时组织的大型活动、天气突变、城市轨道交通发生突发事件（运营中断）等引起的大客流。

3.1.1.1　通勤大客流

通勤大客流指城市中在早晚上下班高峰时段引发的车站大客流，源于城市总体规划布局不均衡，城市部分核心功能区过于集中。通勤大客流具有较强规律性，其持续时间与客流量因不同城市有所区别，靠近住宅区、办公区、商业区的车站于上下班时段客流大幅上升。通勤大客流产生频率高，产生范围与城市功能区划分相关，产生时间为高峰时段，具有可预见、重复性。

以北京地铁 5 号线为例，根据图 3 - 1 可以明显看到，天通苑北与天通苑 8：00—8：30 进站量明显高于其他站，达到 6 000 余人。天通苑为北京的大型住宅区，地处北五环，距离市中心较远，大量通勤乘客选择乘坐城市轨道交通

出行。天通苑北与天通苑作为 5 号线最北端车站，早高峰易产生进站大客流。5 号线最南端线路上的车站蒲黄榆、刘家窑与宋家庄等周边聚集了一定量的住宅区，在早高峰产生较大的进站客流。该线路中其他车站靠近市中心，早高峰由市中心向其他方向的客流较少，故不产生进站大客流。

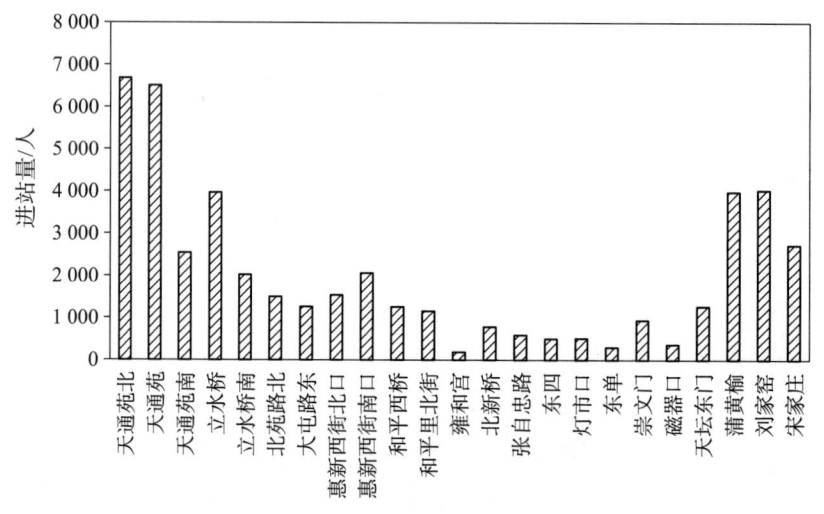

图 3 - 1 5 号线各站 8 : 00—8 : 30 进站量

选择 5 号线早高峰进站量最大的车站天通苑北站，对其全天进站量做出统计，如图 3 - 2 所示。

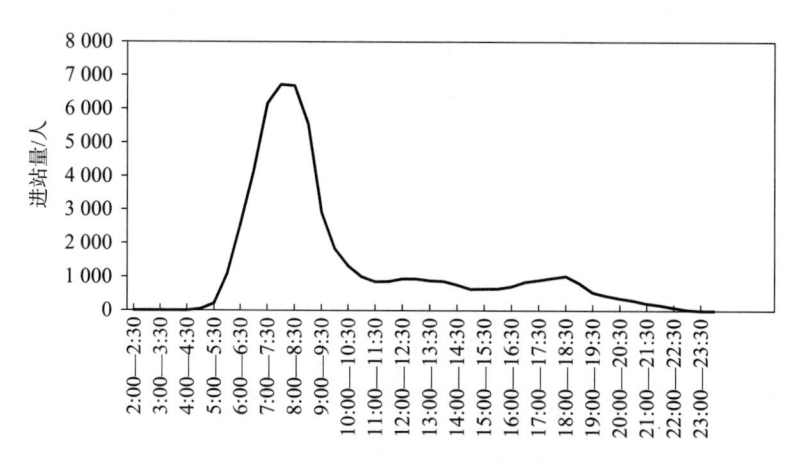

图 3 - 2 天通苑北站全天进站量

天通苑北站全天进站量最大时段为 7 : 30 ~ 8 : 00，该时段进站量为 6 000 余人，从图 3 - 2 中可以看到，天通苑北站全天进站量曲线呈单峰形，峰值出现在 7 : 00—9 : 00，早高峰两小时进站量为 25 000 余人，占全天进站量的

45%，说明早高峰时段该站产生了数量较大的进站客流量。主要原因是天通苑北站附近有大型住宅区，工作日早高峰有较大的进站量，而工作日的其他时间段进站量均较低。

3.1.1.2 节假日大客流

节假日大客流主要指在国家法定的元旦、春节、清明节、劳动节、端午节、中秋节、国庆节期间市民出行及游客旅游等造成轨道交通系统各站客流普遍大幅上升，主要出现于交通枢纽、商业区和旅游景点附近的车站。节假日大客流发生频率较通勤大客流低，发生范围广泛。

如图3-3所示，在五一国际劳动节期间，北京地铁1号线王府井站、天安门东站、天安门西站、西单站4个车站的进站客流量有大幅度增加，其余车站的客流量均有所下降。分析其原因，主要是节假日期间旅游出行、购物等休闲娱乐活动出行的客流量增加，而这4个车站周围有旅游景点和休闲娱乐场所，其中天安门东站和天安门西站的进站客流量上升比例最大。

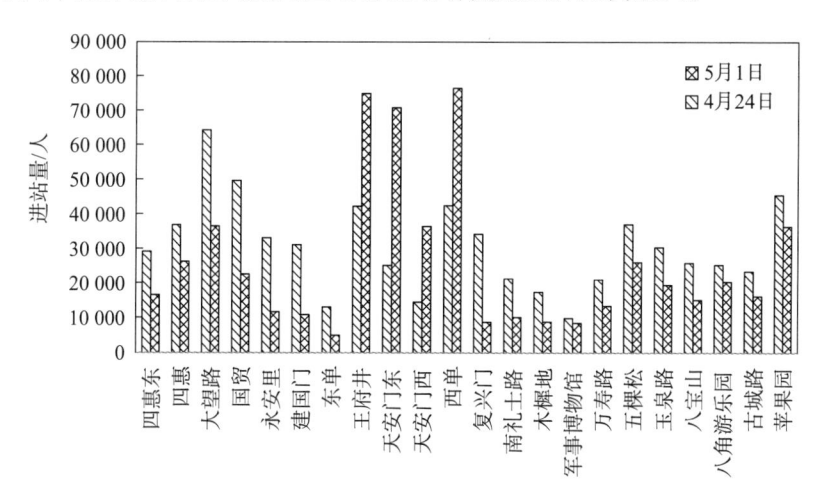

图3-3 节假日与平日1号线各站进站量对比

为了进一步分析节假日期间典型站的客流变化规律，选取1号线客流变化最大的天安门东站和天安门西站，分析其每小时的出站客流量。图3-4表示在节假日和平日两种情景下天安门东站出站量的全天变化情况。如图3-4所示，在五一国际劳动节期间，6:00—14:00天安门东站的出站客流量明显高于4月24日的同时段出站客流量。节假日期间旅游客流出行较早，早8:00后的出站客流量明显开始增加，当9:00—11:00出站客流量达到最大高峰值，随后时段的出站客流量逐渐减少。

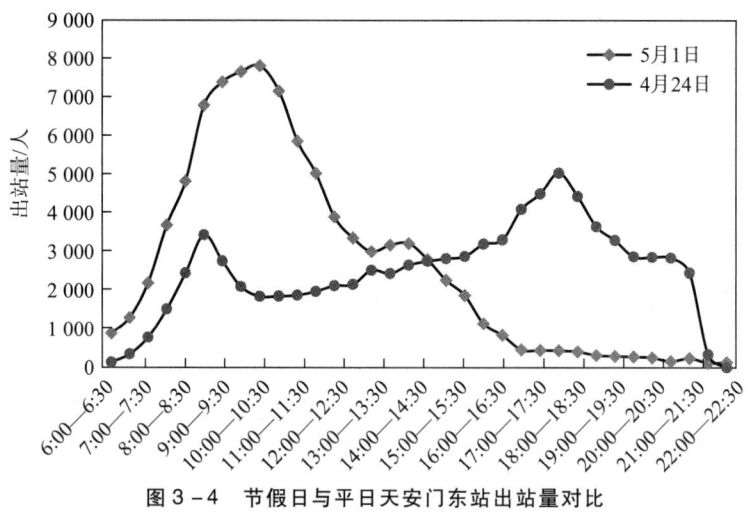

图 3-4 节假日与平日天安门东站出站量对比

图 3-5 表示节假日和平日两种情景下天安门西站出站量的全天变化情况。结合图 3-4，天安门西站的出站客流量比天安门东站的出站客流量相对较小，但是变化规律类似。早 8:00 后的出站客流量明显开始增加，到 10:00 出站客流量达到最大高峰值，随后时段的出站客流量逐渐减少。

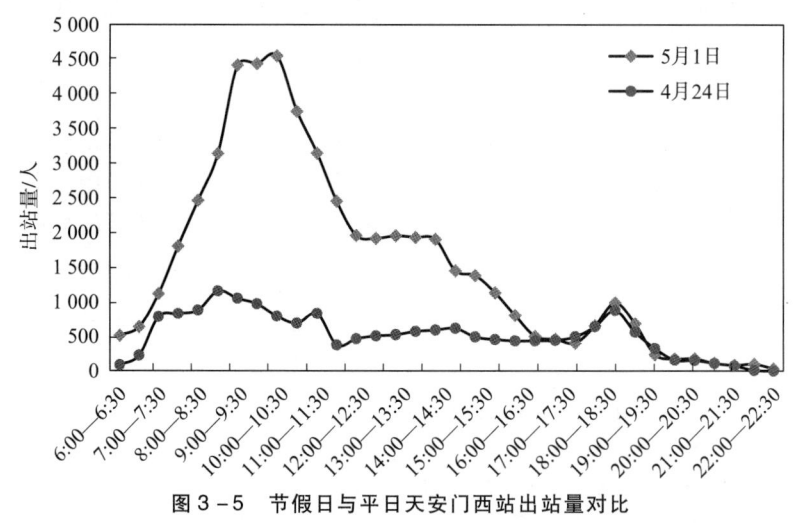

图 3-5 节假日与平日天安门西站出站量对比

3.1.1.3 大型活动散场大客流

大型活动散场大客流指由于地铁车站周边的影剧院、体育场馆、广场等举办大型活动后，大量乘客短时间内涌入临近的地铁车站乘车，造成车站客流迅速上升，该客流与活动规模、活动安排和活动地点等有关。与通勤大客流相比，大型活动大客流瞬时强度大、影响范围较小、影响规模和时间等具有可预性，可提前做预案准备工作。

北京工人体育场周围的地铁线路有 2 号线、10 号线和 6 号线，周围的车站主要包括东直门站、东四十条站、朝阳门站、东大桥站、呼家楼站、团结湖站和农业展览馆站，如图 3-6 所示。

图 3-6　北京工人体育场周围交通情况

如图 3-7 所示，将 4 月 21 日和 4 月 22 日 20：00—23：30 东四十条站进站客流量进行对比，其中 4 月 21 日晚间工人体育场举办足球赛事活动。由图 3-7 可知，4 月 22 日东四十条的进站量随着时间的推移逐渐减少，由最初的每半小时 1 079 人减少至每半小时 43 人；4 月 21 日晚东四十条的进站客流量于 20：00 开始先减少后增加，在 22：00 达到最大峰值，远远超过了 4 月 21 日同时段的进站量。

观察图 3-8，团结湖站 4 月 21 日进站量在 20：00—21：30 保持基本平稳状态，大概为每半小时 1 200 人，21：30 足球赛结束后，团结湖站的进站量迅速增加，最高达到每半小时 2 394 人，在 22：30 之后，团结湖站的进站量迅速降低。4 月 21 日团结湖站的平均进站量均大于 4 月 22 日的团结湖站的进站量。结合图 3-7，说明工人体育场的大客流，部分从东四十条站进入城市轨道交通系统，部分从团结湖站进入城市轨道交通系统。另外，从半小时最大进站量来看，东四十条站吸引客流的能力大于团结湖站吸引客流的能力。

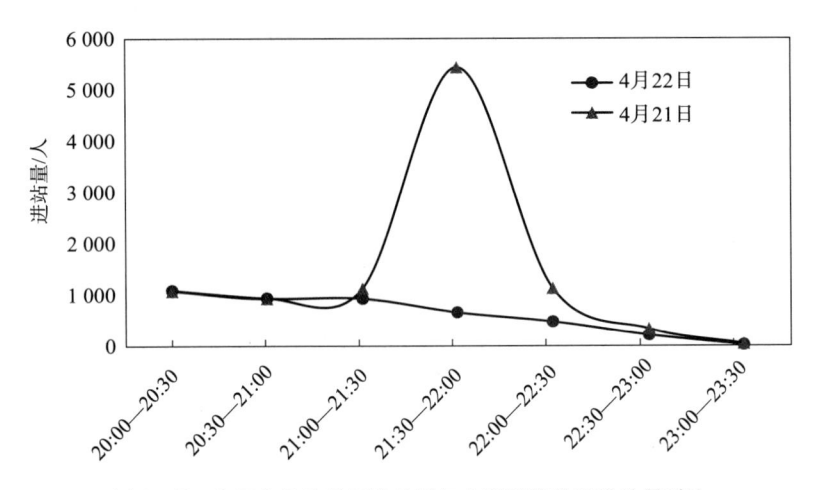

图 3-7　东四十条站平日进站量与大型活动散场进站量对比

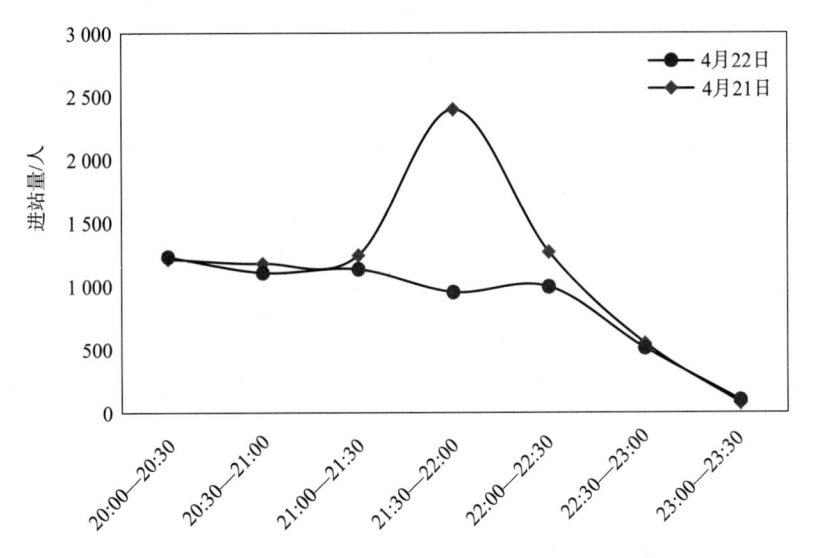

图 3-8　团结湖站平日进站量与大型活动散场进站量对比

图 3-9 表示 4 月 21 日与 4 月 22 日 20：00—23：30 朝阳门站的进站客流量情况，由图可见，4 月 21 日 20：00—23：30 朝阳门站进站客流量与 4 月 22 日 20：00—23：30 朝阳门站进站客流量的变化趋势基本一致。4 月 21 日的进站量在 22：00 有小幅度的增长，这可能是受工人体育场散场客流的影响。随后，朝阳门站的进站量迅速降低。结合图 3-7 与图 3-8，说明来自工人体育场的散场客流极少部分选择从朝阳门站进入城市轨道交通系统，朝阳门站对散场客流的吸引能力较低。

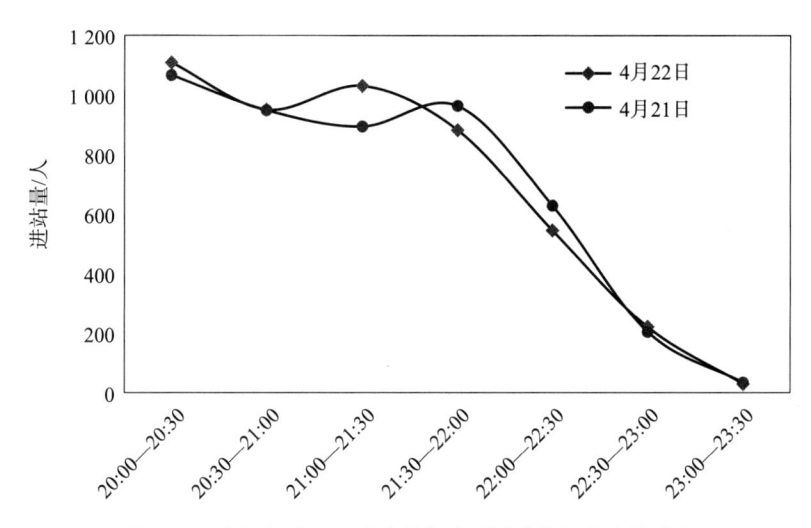

3 城市轨道交通大客流分类、成因与传播

图 3-9 朝阳门站平日进站量与大型活动散场进站量对比

2015 年 5 月 9 日万事达中心举办演唱会，演唱会结束时间为 21:45，客流由五棵松站进入城市轨道交通系统。5 月 9 日和 5 月 10 日 20:00—23:30 五棵松站进站量对比如图 3-10 所示。

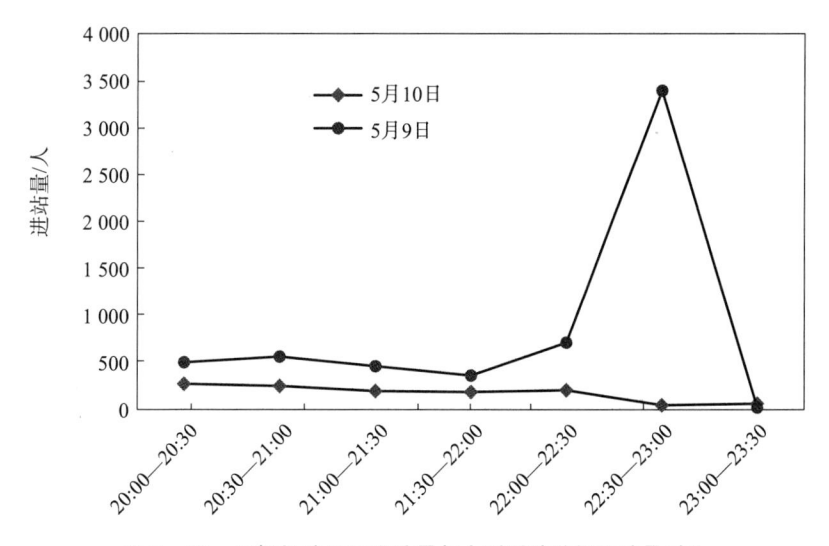

图 3-10 五棵松站平日进站量与大型活动散场进站量对比

由图 3-10 可知，5 月 10 日五棵松站的进站量随着时间的推移逐渐减低，由半小时 273 人降至 65 人；受演唱会散场大客流的影响，5 月 9 日五棵松站的进站量在 22:00—22:30 出现增长趋势，在 22:30—23:00 进站量达到 3 398 人，23:00 之后进站量迅速降低。

通过对工人体育场、五棵松站附近的大型活动散场大客流的分析，散场大客流在较短时间范围内对车站的进站量产生了较大的影响，活动散场后地铁进站量骤增，随时间的增加进站量逐渐减少，散场大客流向轨道交通网络扩散。

3.1.2 大客流产生原因

城市轨道交通是人流的聚集场所，在规定的运营时间内，有限地下空间承载着大规模的客流。城市轨道交通路网突发客流的产生会给路网中乘客的安全带来极大影响。在客流大规模聚集的轨道交通车站，拥挤、踩踏是乘客安全的最大威胁。突发大客流将导致前后节点的通行能力不足，节点出现拥挤，随着拥挤客流密度不断增加，进而发生拥挤、踩踏事故，造成人员伤亡。因此，在了解大客流的产生原因后，准确把握轨道交通拥挤传播过程与影响因素是轨道安全高效运营的基础，也是轨道交通应急管理的前提条件。

大客流产生原因可分为城市轨道交通系统外部成因和内部成因。城市轨道交通系统大客流产生的外部成因主要包括：城市总体规划布局不均衡，城市部分核心功能区过于集中；节假日因素；大型活动散场客流；恶劣天气。

城市轨道交通系统大客流产生的内部成因包括路网和车站两个层面，路网层面主要是城市轨道交通线路间能力匹配不当。车站层面主要包括：

①城市轨道交通系统发生突发事件。当城市轨道交通系统发生突发事件时，影响本车站运营管理的正常运作，乘客不能得到及时运送，造成大客流在车站的滞留。

②规划阶段对线路的客流预测存在偏差。

大客流产生的具体原因如下：

（1）城市总体规划布局不均衡

城市轨道交通服务于市民出行，当城市功能区规划不当，例如核心功能区集中，则容易导致通勤、商务、旅游等客流重合叠加，使得该区域运力紧张，造成高峰时段该范围内的车站出现大客流的概率大大增加。

（2）节假日因素

在国家法定节假日期间，市民出行量会因为休闲娱乐活动的增加而增加，本地与外地游客的旅游出行量增加，往往会造成线网各站客流普遍大幅上升。这种大客流影响范围较大，一般会影响到城市轨道交通的多条线路，并且全线客流都有上升的趋势。

（3）大型活动散场客流

随着国民经济的发展和人民生活水平的提高，人们的物质文化生活需求逐步提升，以城市大型文化体育活动、商业会展、博览会等为代表的大型活动越来越多，此类活动的举办会引起大规模客流的集散，使得城市轨道交通线路客流量出现突变。2010 年上海世博会期间，上海轨道交通世博专线客运总量突破 1 000 万人次；2011 年深圳大运会举行期间，轨道交通日均客运量近 200 万人次。该类大客流的影响范围视活动影响范围而定，如果活动的对象主要是市民，且全市市民的参与度较高，则可能影响到整个城市轨道交通系统；反之，若活动参与度不高，则大客流的影响范围也会缩小，一般仅影响在活动地点附近的车站和线路。

（4）恶劣天气

在大雨、大雪、大雾等恶劣天气下，地面交通存在极大不便，这会使得较多市民选择城市轨道交通出行或进入城市轨道交通车站避雨雪，造成城市轨道交通各个车站客流上升。该类大客流影响范围比较广泛。

（5）城市轨道交通线路间能力匹配不当

城市轨道交通系统中，各条线路的运营相对独立，不同线路间的客流运输一般只能经由换乘站进行换乘，如果换乘站衔接线路的运输能力差距过大，且能力大的线路对能力小的线路的换乘量较大，则相应换乘站很难避免换乘大客流的冲击。

（6）轨道交通系统发生突发事件

城市轨道交通车站发生火灾、大面积停电、列车延误等事故时，会导致车站客流积压，此时需要及时疏散旅客，以保证安全。一般而言，此类大客流直接影响范围较小，但是波及范围较大，其影响程度视突发事件性质的不同而不同，严重事故会导致行车中断甚至人员伤亡，引起客流混乱。在网络化运营情况下，任何一条线路出现事故，均会影响到其他线路的运营情况，波及范围极广。

（7）规划阶段的客流预测存在偏差

规划阶段的客流预测是城市轨道交通系统的建设规模、系统选择、车辆选型、列车开行方案等的基础，如果该客流预测准确性不能保证，会对系统后续运营产生巨大的影响。当预测客流量过大，则建成的城市轨道交通系统能力会远大于运量需要能力，造成能力和资源的极大浪费；当预测客流量过小，则建成后客流成长过快，在短时间内就达到了该系统的能力极限，沿线各站将面临经常性大客流。此外，对某些站点的客流预测不准确也会造成上述类似的情况。当预测客流量过大，会造成设备能力的浪费；反之，该车站因为自身能力的不足，会遇到经常性大客流，甚至成为全线的运输能力瓶颈。

3.2 城市轨道交通大客流传播过程与影响因素

3.2.1 城市轨道交通大客流在车站与区间传播机理

大客流在城市轨道交通网络中的传播影响主要体现在车站服务水平和列车运行两方面。大客流传播过程可描述为：

①大客流集中到达，乘客短时间内聚集于车站；
②站台候车区客流密度增大；
③列车到达，既有设定停车时间难以满足大量乘客上下车，列车延误；
④列车到达后方车站时间晚于计划时间，站台候车人数进一步增加；
⑤列车延误及车站客流拥挤逐步在路网上传播。

一般载有大客流的列车基本上是满载运行，乘客密度较大，列车到达后方车站后，需要下车的乘客人数较多，而此时站台又聚集了大量的候车乘客，导致上下车乘客在乘降过程中发生严重的交叉干扰。乘客上下车过程的相互拥挤导致乘降效率降低，列车车门无法在规定时间内关闭，而列车所装配的 ATC 系统限制列车的启动必须以车门安全关闭为前提，由此导致列车出发延误。站内候车客流由于得不到及时疏散，引发乘客的候车时间延长，降低了车站聚集客流的疏散效率。同时，由于列车出发延误，使同方向列车的行车间隔增加，致使衔接线路的列车到达延误，输送能力下降，从而导致路网中其他车站产生客流聚集，使大客流的影响通过换乘站或中间站在路网中成网络化或线性传播，对路网中车站服务水平和列车运行造成一定程度的影响。如图 3-11 所示。

大客流具有紧迫性、连带性和不确定性，产生的影响可能由局部蔓延至轨道交通路网。以大型活动大客流为例，大型活动结束后散场观众短时间内大量涌入邻近的轨道交通车站，给车站带来极大压力，其影响显然不仅局限于该轨道交通车站，而是随列车运行向网络中其他车站和区段转移扩散。

大客流传播过程大致可分三个阶段：发生初期、高峰期和消退期。发生初期即大客流事件产生后在时间、空间上的扩散，同时初始事件引发次生事件。大客流事件影响的次生效应指大客流事件影响的传播扩散并非单个事件本身的影响力在网络上的简单物理扩散，而是同时伴随着较复杂的若干个相继发生或相继又平行发生的基元次生反应，事件影响的传播过程便是由这些基元次生反

3 城市轨道交通大客流分类、成因与传播

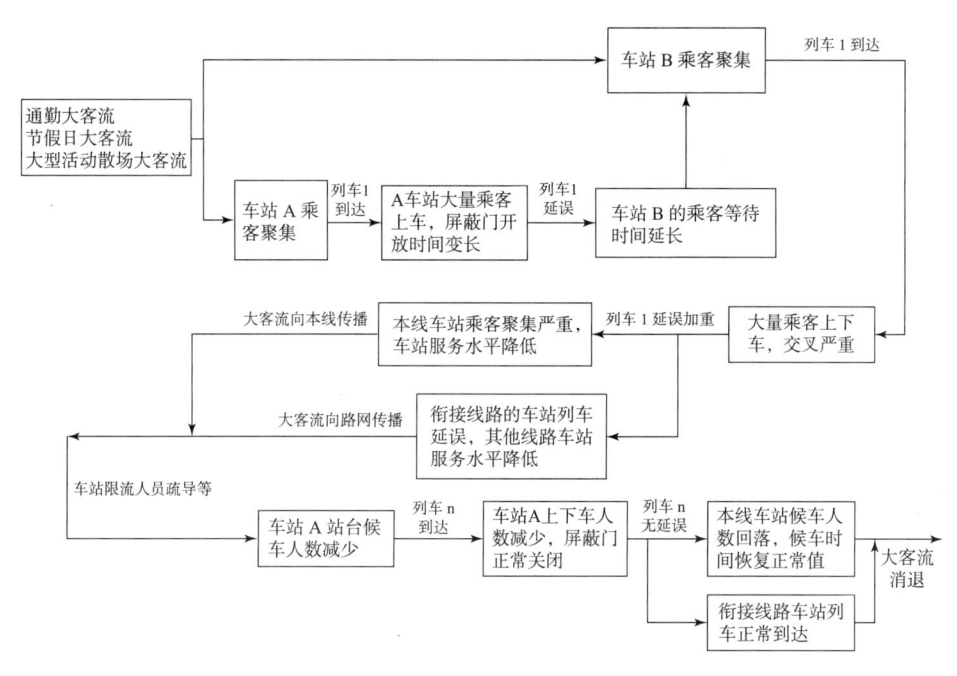

图 3-11 城市轨道交通大客流传播示意图

应相继不断地反复进行，可将其视作一种链效应。高峰期即大客流事件在其影响扩散的同时，引发次生事件，次生事件产生的影响又会继续在时间、空间维度上传播扩散。大客流传播的高峰期包括事件在时间、空间维度上的扩散和产生次生效应两方面。在时间维度上的扩散是指自事件发生时刻起，其引发的影响在时间维度上的延续。事件影响的扩散（延续）时间取决于事件本身的持续时间和引发的影响在网络上的传播时间。消退期即客流的传播遇到自然或人为干预转入消退。

3.2.2 城市轨道交通大客流传播影响因素

城市轨道交通大客流传播影响因素可分为列车相关因素、车站相关因素和运营管理组织因素。

列车相关因素主要包括列车承载能力、列车发车间隔两个因素。列车承载能力对城市轨道交通大客流的传播具有较大的影响，列车承载能力越大，在相同的发车间隔下，每列车可运送的乘客越多。因此，当车站发生大客流时，承载能力较大的列车可在更短的时间内将大客流疏散完毕，且运送同等数量的乘客时，其满载率较低，继续容纳后续车站的能力较强，不容易将拥挤传播到其他车站。承载能力较大的列车，大客流拥挤传播速度较低、恢复速度较高，有

利于大客流的疏散。列车发车间隔也会影响城市轨道交通大客流拥挤传播的传播速度和网络恢复速度。当线路中有车站发生大客流后,经过大客流车站的列车将具有很高的满载率,当大客流规模很大时,列车可能无法容纳后续车站的乘客。此时,如果列车的发车间隔较大,不能及时将大客流运送出去,后续车站到达的乘客不断累积,且由于上一列车的滞留,很快会形成车站的拥挤,并将此状态继续向后传播,传播的速度会大于发车间隔较小的线路。同样地,当后续多个车站发生拥挤后,需要有一定承载能力的列车前来疏散,而发车间隔较大,必定会减慢拥挤的恢复速度。列车发车间隔越大,拥挤传播的速度越快,网络的恢复速度越慢。

车站相关因素包括大客流发生站的位置和类型、大客流发生站的数量。当大客流发生站离换乘站较近时,乘客很快到达换乘站,拥挤情况随着换乘得到疏解,客流累积效果不明显,大客流对其他车站的影响较小;反之,当大客车站离换乘站较远时,乘客不断上车累积,其余线路无法分担本线的大客流,导致下游车站乘客滞留,拥挤范围不断扩大。大客流发生站可能是中间站、终点站和换乘站,当大客流的发生站类型不同时,传播规律也不同。路网中发生大客流车站的数量也会影响大客流在路网中的传播。通常,路网中发生大客流的车站可能不止一个,当多个车站发生大客流时,拥挤传播的规律会与单站大客流有所不同。当多站发生规模较大大客流时,传播范围和拥挤强度可能都比单站大客流更加严重。

当路网产生大客流时,城市轨道交通的运营管理组织也会对大客流的传播产生影响,管理组织因素包含客流管控等一系列措施。当采用客流管控措施后,大客流的传播规律将产生变化。

3.3 小　　结

大客流是城市轨道交通客流拥挤的根本原因,而客流管控的根本目的就是通过运营组织手段控制大客流诱发的安全风险。

本章首先对可控大客流根据发生时间进行分类,并分析了大客流的成因;然后研究了大客流在车站与区间的传播机理,并进行了影响因素的分析。

4　城市轨道交通客流管控基础理论

客流管控问题是我国城市轨道交通快速发展时期以及网络化运营实施阶段所面临的新问题，在基础理论、构建方法、制定标准方面尚比较缺乏，因此，有必要建立相关理论体系来指导实际工作，完善轨道交通客运组织理论。

从管控范围及形式而言，管控策略分为三种：车站级客流管控、线路级客流管控和路网级客流管控，分别用于缓解不同程度的客流拥挤。车站级客流管控策略主要用于缓解因站内设施设备能力不足导致的车站客流拥挤，该拥挤仅对本站造成影响；线路级及路网级客流管控策略主要用于缓解区间运能不足导致的拥挤，须通过多站的协同管控来实施。

4 城市轨道交通客流管控基础理论

4.1 客流管控内涵

4.1.1 客流管控定义

城市轨道交通大客流是指随着城市轨道交通客流量的激增,乘客的安全心理空间被破坏,正常的个体行为受到不良影响,从而导致客流群体中个体拥挤、行动缓慢的一种客流状态。城市轨道交通大客流可以划分为可控大客流(节假日及大型活动等引发的可预知大客流)和不可控大客流(突发事件引发的不可预知大客流)。

城市轨道交通管理部门针对大客流情况,为缓解站内通过能力瓶颈带来的客运压力,制定了一系列限流措施,以此达到客流管控的目的,同时归纳总结客流管控的等级和基本规则与措施等。大客流的成因如图 4-1 所示。

《城市轨道交通运营安全管理规范》中客流管控的定义是:为客运组织安全需要而采取的限制乘客进站速度的安全措施。该定义缺乏对换乘客流管控的描述。

《北京地铁路网限流规范(试行)》中客流管控的定义是:采取措施限制乘客进站或换乘。该定义缺乏对客流管控目标的描述。

刘晓华等人在《城市轨道交通车站联合客流管控研究》一文中指出,客流管控指的是当城市轨道交通车站站内设施设备的负荷或车站的服务能力不能

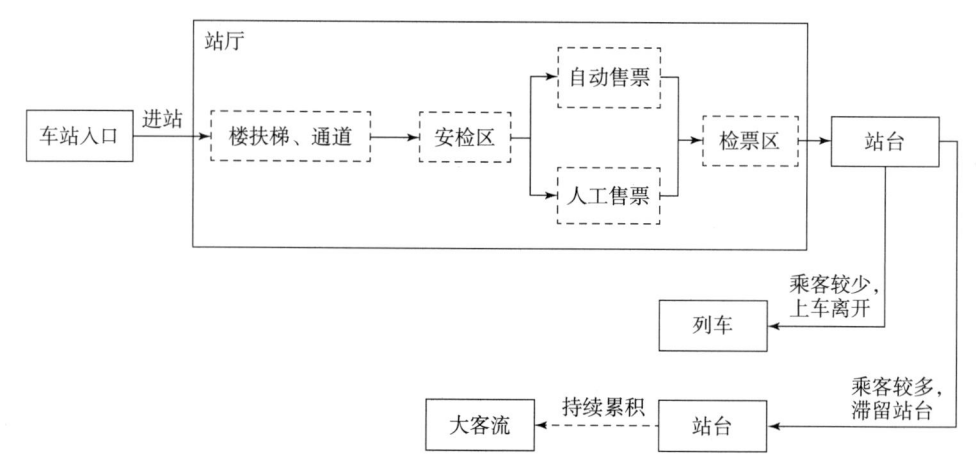

图 4-1　大客流成因示意图

满足大客流的需求时，为了保证乘客的安全，利用自动扶梯、闸机、围栏等站内外设施对进站客流量或换乘客流量进行限制，以避免由于客流过大而引发事故。该定义主要针对车站内设施设备能力不足条件下的限流措施进行描述，缺乏对区间运输能力不足的描述。

目前，对客流管控尚缺乏统一的定义。在此，结合相关研究，对客流管控定义为：在车站或列车客流严重拥挤条件下，为保障客运组织安全，限制乘客进站或换乘速度的一种客流组织措施。该定义涵盖了客流管控的实施背景、实施措施以及实施目标。

在本书中，客流管控是指当城市轨道交通车站站内设施设备负荷超过其承载能力，或线路的服务能力不能满足大客流的需求时，为了保证乘客的安全和维护本车站及临近车站的服务水平，制定合理的客流管控方案，对乘客走行进行适当的引导，必要时利用合理的站内外设施布设和站内优化等方式，对进站客流量或换乘客流量进行限制，使得进站、出站、换乘的乘客能够在车站内安全和及时地接受服务，避免由于客流过大对车站、线路或路网造成运营压力而引发安全事故。

4.1.2　客流管控目的

客流管控的目的是在确定性的运力安排条件下，消除客流的不确定性对运营安全的不利影响，降低运营安全风险，缓解客流拥挤，提升服务水平。

城市轨道交通车站多处于地下密闭空间，短时内高密度客流极易发生踩踏事故。客流管控主要通过限制单位时间内进入付费区的客流量，从而可以有效控制客流密度的持续上升，起到保障运营安全的目的。客流管控也可以起到缓解拥挤的目的，但是不能从根本上起到疏解拥挤的作用，原因在于客流管控并未从根本上转移乘客出行需求，仅仅是将客流限制在付费区以外，在时间和空间维度上改变了客流的分布。客流管控无疑对车站内乘客候车、乘车服务水平的提升具有重要作用，但对车站外乘客的服务水平却有严重的影响，很大程度上延长了乘客进站时间，增加了这部分乘客的出行时间。因此，客流管控属于从需求的角度来调节客流时空分布，进而在短时内达到降低运营安全风险和缓解客流拥挤的目的。

4.1.3 客流管控原理

客流管控是以损失部分乘客出行时间和降低进站服务水平为代价，来保障运营安全的"不得已"的措施。客流管控通过限制乘客进站速度来降低单位时间内进入车站付费区的客流量，主要包括围挡、分流、截流、甩站等方式，从客流需求的时间分布上予以调节，属于"削峰"策略，并未从根本上减少客流需求量。其通过降低单位时间内客流需求与运力的不匹配矛盾，来缓解客流拥挤压力，从而保障运营安全。客流管控原理如图4-2所示。

客流管控属于交通需求管理的一方面，是从客流需求的角度对交通系统进行调节，而需求管理还包括客流诱导、综合定价、拥挤收费等多种策略。对于轨道交通而言，客流管控措施属于最为有效的需求管理措施。虽然短时内限流并未减少需求量，但从长期来看，客流管控措施的实施依然会对居民出行过程产生一定影响，该过程是缓慢的，逐步诱导居民的出行向合理方向发展。其表现在：放弃出行，如非刚性出行需求的乘客；选择其他交通方式，如短途乘客；提前或延迟出行。

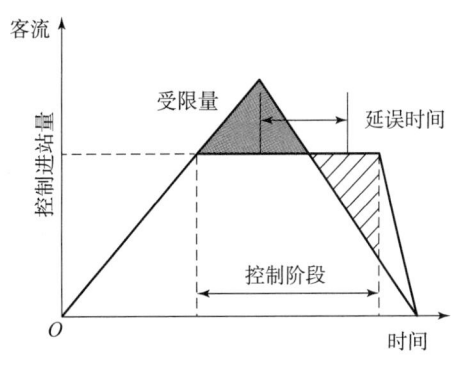

图4-2 客流管控原理示意图

4.1.4 客流管控影响因素

4.1.4.1 客流管控内部影响因素

城市轨道交通车站的系统是人、环境、物、管理四个元素互相影响、交融的复杂系统，不仅乘客与车站存在互动关系，乘客流之间也存在相互渗透的交互作用。

车站客流管控受车站内部结构特征、乘客在站内的行为特性及车站内的客流分布情况的影响，当车站内设施设备处的客流超过一定的安全水平时，才需要对通过的客流进行控制。

（1）车站内部结构不同

城市轨道交通车站是一种人员可以相对自由移动的场所，由于处于地下半封闭状态，站内设施设备位置和数量固定，可通行路径和自由活动空间都是有限的。不同车站的内部结构也大不相同，且站内设施设备的综合能力也有所不同，受站内设施设备的影响，乘客在车站内部的走行路径控制也各不相同。

（2）站内乘客行为特征不同

乘客出行的总体行为构成了客流的基本属性，乘客行为特征主要包括乘客流量、走行方向、走行速度和走行路径。乘客行为特征的不同，站内客流管控措施也不相同。

①乘客流量：指站内某一时间段某一区域的乘客人数，或者一段时间内通过某一位置的乘客人数。设施设备上乘客流量大小是随时间变化的，并能够清楚反应设施设备的利用情况。

②走行方向：在宏观上指大量的乘客个体出行 OD 的确定便形成了客流在线路上的流动方向，例如线路上下行客流方向；从微观上讲，大量乘客在车站的走行方向形成了客流在车站的流动方向，例如车站进站客流方向。

③走行速度：客流速度一方面取决于乘客属性，由乘客年龄、出行目的、携带行李等方面影响乘客走行速度，进而影响客流流动速度；另一方面取决于设施设备的配置与布局情况，比如自动检票闸机的数量影响进入站台的客流速度，另外，在某设施入口处设置隔离栏，也能限制客流速度。

④走行路径：乘客从进站口到站台的一对 OD 之间存在多种走行路径可以选择，客流管控措施中可以通过设置多条路径分散 OD 之间的客流量，并引导客流分散选择路径，使各条路径的设施能力的使用保持均衡。

（3）站内乘客分布不同

车站内部各设施设备规定了明确的运行方向，乘客在站内的走行方向基本是确定的。由于各个设施设备的能力有所不同，使得乘客在站内的分布不是均匀分布的，在高峰客流时段，针对站内客流分布情况采取不同的客流管控措施。

4.1.4.2 客流管控外部的影响因素

客流管控的目的是保障运营安全，降低因客流拥挤而产生的运营风险，因此，实施客流管控的原因在于客流拥挤。在此，对客流拥挤的主要原因进行分析。

（1）客流需求的快速增长

快速、准时、便捷等运输特点吸引了越来越多的乘客乘坐轨道交通，另外，道路交通拥挤的日益严重使得部分客流转向轨道交通。旺盛的客流需求是导致客流拥挤的最直接原因。

（2）线路规划设计的不合理

规划部门对客流需求的预测误差使得在进行车站能力设计时存在不足，部分线路在开通短时期内即达到中远期规划客流量，造成运输能力供给难以满足需求。设计运输能力的不足是导致客流拥挤的根本性原因之一。

（3）供需结构的不稳定

我国城市轨道交通正处于快速发展时期，城市结构、网络形态及客流特征均不稳定，尤其是新线的引入造成路网客流需求分布结构发生巨大变化，从而导致一定时期内供需矛盾问题突出。

（4）城市规划的不合理

土地利用以及产业结构的不合理使得居民在分布区域以及出行流向上出现明显的方向性特征，该原因是导致客流拥挤以及其他交通问题的根本性原因。

4.1.5 客流管控措施

城市轨道交通车站客流管控是城市轨道交通运营方为了避免大客流对线路或路网造成过大压力而采取的一种短期应对措施。城市轨道交通车站客流管控的组织工作应遵循"限站外保站内、限本站保换乘"的实施原则，保证车站客流可控、组织有序，其主要目的是控制站内客流分布，降低运输压力与安全事故风险，从而保障城市轨道交通运营安全。

城市轨道交通车站客流管控的主要方式包括关闭售票机、关闭闸机、设置围栏、封闭出入口、关闭换乘通道、关闭车站等，主要应用场合有：

①工作日高峰时段城市轨道交通运营方采取设置障碍物、迂回绕行等措施限制单位时间内的客流，降低车站或线路的拥挤程度。

②发生列车延误或设施设备故障时，城市轨道交通运营方对相关车站换乘通道设置障碍物，放缓或限制换乘客流，以避免更多客流积压在延误或故障的线路上。

③举办大型活动时，临近的车站会对参加活动的客流进行科学预估，并制定相应的客流管控方案，避免进场、散场时的瞬时大客流对车站与列车车厢造成过大运输压力。

作为短期应对措施，客流管控的效果是比较明显的，但是作为长期应对措施其效果是有限的。如果条件允许，提高运力、合理分配运力才是行之有效的措施。城市轨道交通客流管控措施主要包括疏解、控制、限制和封闭。

疏解是指宣传疏导或调整列车运行方式，防止乘客滞留或阻塞。其主要措施包括组织乘客分散、均衡、排队候车；引导乘客分散使用客运设施，加快通行速度；进、出站分流组织，缓解车站客流压力。

控制是指利用售检票设备，减缓乘客进站速度。其主要措施包括关闭自动售票机，减缓购票乘客进站速度；关闭部分进站闸机，减缓乘客进入付费区速度。

限制是指利用车站客流管控措施或调整列车运行方式，限制乘客进站或换乘。其主要措施包括启动车站出入口导流措施，限制或组织乘客分批进站；启动换乘导流设施，限制换乘或引导乘客站外换乘；组织列车在车站通过。

封闭是指采取措施阻止乘客进站或换乘。其主要措施包括关闭车站部分进、出站口，封闭车站，禁止乘客进入；关闭换乘通道，暂停换乘。

从管控范围及策略角度而言，客流管控措施分为车站、线路、路网三类策略，无论采取何种策略，车站均是客流管控的具体执行单元。在此，对车站客流管控的具体实施措施进行分析。通过对北京、上海、广州的客流管控经验分析，当前车站管控均遵循"三级管控"过程，即以站厅通往站台的楼梯口、进站闸机、车站入口为三级管控点，如图4-3所示。

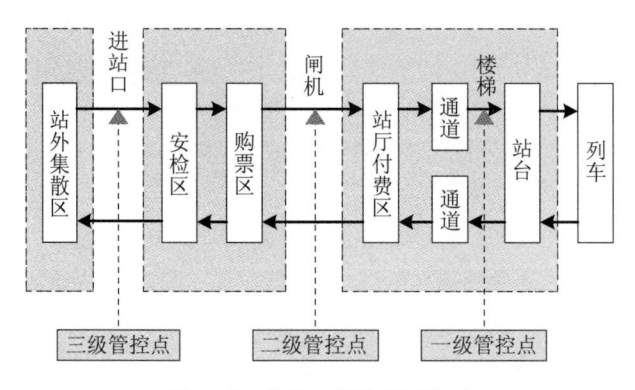

图4-3 车站三级控制示意图

为确保车站客流组织工作的有序进行，当车站客流规模达到一定程度时，车站运营组织人员遵循由下至上、由内至外的客流管控原则对车站内相应区域的乘客数量进行适当管控，使客流状态变化与客流管控措施级别相匹配，如图4-4所示。车站级客流管控可分为三个等级，三级客流管控目的及措施如表4-1所示。

4 城市轨道交通客流管控基础理论

```
疏解 ── • 站内出现短时间小范围拥挤
控制 ── • 客流拥挤现象较严重，滞留乘客较多
限制 ── • 发生较严重拥挤且客流量仍持续增加
封闭 ── • 突发不易控制的大客流，对车站冲击力较大
```

图 4-4　客流状态与管控措施级别递进图

表 4-1　车站客流管控等级、目的、地点及措施

车站客流管控等级	控制目的	控制地点	主要措施
一级客流管控	减缓乘客到达站台的速度，减少站台乘客数量	站厅与站台的楼扶梯处	改变扶梯走向，向下运行改为向上运行，引导乘客走楼梯
二级客流管控	减缓乘客进入付费区的速度，减少付费区乘客数量	进站闸机处	关闭部分进站闸机
三级客流管控	减缓乘客进入车站的速度，减少车站乘客数量	车站出入口	分批进站，在出入口外设置回形线路

（1）一级客流管控（限）：站台客流管控

客流管控的最低警戒等级为一级客流管控。当站台候车乘客数量达到一定规模时，为缓解客流拥挤程度，确保乘客安全和车站客流的有序组织，启动站台层客流管控。即在连接站厅与站台的通道或楼梯（或自动扶梯）口处设置控制点，通过采取设置隔离围栏、警戒绳以及调整楼梯（或自动扶梯）通行方向等措施，控制进入站台候车的乘客数量。一级客流管控常采用的措施主要包括：加强车站客运组织，减少客流交织、紊乱引起的拥挤，加快出站客流的流出；组织乘客有序进入站台，封闭部分进入站台的通道或分批放行乘客；控制电梯速度或关闭电梯，有序设计客流流线等。

（2）二级客流管控（控）：站厅付费区客流管控

当站内客流拥挤持续严重，不仅站台拥挤，通道及付费区客流密度也持续增加时，启动二级控制策略。二级客流管控点在进站闸机处，常采用的管控措施包括：关闭进站闸机；减缓售票及安检速度；关闭自动售票机等。若在站台客流管控模式下，客流仍有继续增大的趋势，则启动站厅层付费区客流管控。即在进站闸机处设置管控点，通过适时控制进站闸机的开放数量，减缓售检票速度，限制进入站厅层付费区的乘客数量。

（3）三级客流管控（封）：站厅层非付费区及站外客流管控

当二级客流管控仍不能有效缓解站内拥挤时，启动三级客流管控策略。三级管控点为车站进出站口，主要采用的措施为：分批放行、设置导流围栏、关闭进站口。若站厅层付费区客流管控措施仍不能有效缓解客流压力，则启动站厅层非付费区及站外客流管控措施，即在车站出入口处设置管控点，通过采取设置迂回的客流管控隔离栏杆、控制部分出入口单向使用（只出不进）或关闭部分入口等措施，减缓乘客进入车站的速度或限制进入车站的乘客数量。对于高峰时段拥挤问题十分突出的线路及车站，往往一开始就实施三级客流管控措施。

4.1.6 客流管控分类

4.1.6.1 按客流管控范围分类

从客流管控范围的角度而言，客流管控划分为车站级、线路级、路网级三种管控模式。

车站级客流管控是指受站内基础设施（闸机、扶梯等）通过能力限制而产生站内客流拥挤，拥挤点主要出现在楼扶梯、站台等能力薄弱点，通过在管控点处进行客流管控来缓解拥挤状况。

线路级和路网级客流管控需要同时对多个车站进行客流管控，称之为客流协同管控。线路级客流管控是指因区间输送能力不足导致乘客站台大量滞留，且到达列车运输能力饱和，持续一定时间内的本站乘客上车率较低，通过本站采取客流管控措施已不能缓解拥挤状况，需要本线路其他车站协调进行客流管控，通过降低上游车站的上车量，来缓解后方车站客流压力。路网级客流管控是指在线路级管控模式下仍不能有效缓解区间拥挤问题，且受其他线路换乘客流影响较大，需采取路网级客流管控模式，减少其他线路换入本线的客流量。根据不同的需求特点及拥挤特征可选择不同的客流管控模式。

4.1.6.2 按管控措施应用形式分类

根据管控措施应用形式的不同，客流管控划分为常态性客流管控和临时性客流管控。

常态性客流管控是指在一定时期内特定时段采用相同的客流管控措施，主要应用于早晚高峰时段。常态性客流管控所针对的是周期性能力瓶颈问题，当输送能力已经达到极限时仍无法满足客流需求，为保障运营安全，必须对进站客流予以管控，该现象在市郊线路以及部分市区线路上表现尤为明显。

临时性客流管控是车站采取短时不确定客流管控措施，主要受因突发事件、大型活动及恶劣天气而形成的突发大客流的影响，根据实时客流状态设定客流管控措施。

4.1.6.3 按管控措施的实施过程分类

从管控措施的实施过程来看，客流管控划分为静态管控和动态管控。

静态管控是以历史客流分布特征为基础，通过掌握和分析历史客流时空分布规律，制定相应的客流管控方案。常态性客流管控方案多属于静态管控，在一定时期内采用相同的管控措施。静态管控在客流相对稳定的条件下具有良好应用效果，例如高峰时段，然而当客流波动较大时则难以发挥管控效果。

动态管控建立在客流实时监测并实时调整管控参数的基础上，其特点是以实时客流状态为基础，当客流量达到设定阈值时则采取管控措施，调节客流流入量，从而保持设备处于安全服役状态。动态管控适用于客流量波动变化明显的条件，例如突发事件、大客流等。

4.1.7 客流管控方案制定

客流管控方案主要针对常态性客流管控。客流管控方案包含三要素：管控车站、管控时间、管控强度。然而，实际中管控方案仅包含前两要素，方案的制定主要依据运营管理者经验。《城市轨道交通运营安全管理规范》中指出，当车站承载客流量达到或超过客流警戒线（车站承载能力的70%）时采取限流、封站等措施，该标准是目前公开的唯一可参考的量化标准，然而，该依据较为笼统且缺乏对客流管控方案制定的具体指导意义。

前述规范中的判断策略为局部车站管控策略，其从车站客流量承载能力阈值的角度确定是否对车站进行客流管控，该策略虽然可以缓解某些车站的拥挤状态，但可能导致整个运输系统性能下降。而实际中车站客流的淤积往往不是因为进站客流量过大，而是到达列车运力趋于饱和，乘客不能快速乘车，单从自身车站客流状况来进行客流管控并不能很好地缓解客流压力，需对本线前方车站或者相邻线路车站进行客流协同管控。因此，在复杂客流特征下从线路、路网整体角度考虑车站间的协同客流管控显得尤为重要。

4.1.8 客流管控措施实施原则

客流管控措施的实施应以实时客流量以及拥挤状态为主要依据。值班站长（站区领导）是车站现场客流管控组织第一责任人，负责车站客流管控组织实施工作，并有权先行处置。调度指挥中心是线路及路网客流管控组织第一责任主体，负责指挥协调城市轨道交通运营方所辖车站、线路和路网客流协同管控工作。在对城市轨道交通车站大客流采取客流管控措施时，应遵循以下几项基本原则：

（1）确保乘客安全

城市轨道交通大客流的出现往往伴随着拥挤的产生，由此将带来极大的运营安全隐患，使得乘客的出行安全受到威胁，因此，车站客流管控的首要基本原则为有利于缓解站内客流拥挤，确保乘客安全。

（2）点、线、网有序管控

客流管控工作应遵循"先外围线路后骨干线路、先远端车站后中心车站、先事发车站后影响车站"的原则。首先应在城市轨道交通大客流发生站采取相关客流管控措施，若该站客流疏导压力不能得到有效缓解且有继续增大的趋势，则启动线路级客流协同管控。如果客流仍无法得到有效缓解，则采取路网级客流协同管控措施。路网级客流协同管控时，由于距离较远的车站对于大客流紧急缓解的作用相对较小，因此，一般情况下主要考虑在大客流产生车站的邻线车站采取客流管控措施。启动线路级及路网级客流协同管控模式后，当某一客流管控车站提出客流管控请求时相关线路及车站应予以积极配合。

（3）由进而换，先内后外

由于换乘站连通性较强，吸引客流范围较大，在路网中起着相对重要的作用，若在换乘站采取客流管控措施，组织工作较为复杂且影响范围较大，原则上尽量避免在换乘站进行客流管控。因此，当站内客流产生拥挤时，应先管控进站客流，若缓解效果不明显，则再对换乘客流进行相应管控。

在城市轨道交通大客流发生的情况下，应先对站内客流进行管控，若站内客流不能得到有效缓解且有继续增大的趋势，则再对站外客流进行管控，即再适当限制站外乘客进入车站。

因此，车站客流管控应坚持"出站优于进站，进出有序""先管控进站客流，再管控换乘客流""先在站内管控，再在站外管控"的基本原则，遵循"由进而换、先内后外"的管控顺序，管控级别依次提高。

（4）边处置边汇报

车站客流管控过程中遵循"边处置边汇报"的原则，保持信息畅通，及时准确报送与传达客流管控信息，同时在路网各车站做好乘客宣传工作。

4.2 客流管控方案制定的影响因素

本节重点针对线路级及路网级客流协同管控方案制定的影响因素进行分析。客流管控方案包含三要素：管控车站、管控时间、管控强度，其影响因素涉及需求、能力、外部交通环境等多方面。

4.2.1 客流需求

客流需求特征是制定客流管控方案的主要因素，主要体现在客流量大小、时间到达集中度、客流方向三方面。当客流需求量越大且方向性明显时，引发客流拥挤的可能性越大；若单位时间内（如发车间隔）客流量超过列车运力（到站列车的剩余能力）便会出现乘客滞留，在连续多趟列车运力不足的情况下将会出现严重的站台客流拥挤。对于客流量持续较大且客流方向性明显的车站，应加强其客流管理。

4.2.2 站台承载能力

站台是乘客与列车交互的地点，其承载能力是制定客流管控方案的另一主要因素。站台承载能力影响因素包括站台长度、站台宽度、站台有效面积、结构立柱和障碍物的位置以及楼扶梯、电梯的数量和方向等，其中，对站台承载能力影响最大的就是站台有效面积。站台承载能力等于站台有效面积与规定的站台最大站立密度的乘积。

由于上下车乘客的交织影响以及进站客流的持续流入，使得站台成为客流拥挤与踩踏的危险区域，因此，对站台承载能力小的车站应加强客流管控，减小站台客流压力。考虑到高峰时段客流具有明显的方向性，上下行站台能力利用差异较大，一般岛式站台比侧式站台具有更大的承载能力。然而，岛式站台易造成上下车客流以及换乘客流的交织，而侧式站台虽然给客流换乘带来不便，但双方向客流流线分开考虑，不易造成客流的混乱。因此，客流管控方案制定时需充分考虑站台承载能力以及流线组织形式。

4.2.3 线路客运输送能力

线路所能开行的列车数是运输能力的基础，反映了在开行列车数一定的前提下，线路所能运送的乘客人数，是运输能力的最终体现。列车运输能力影响车站与车站之间的客流变化，列车将车站站台的乘客不断输送到其他车站，同时一部分乘客会随着列车到达车站，不同车站站台客流量因此发生急剧变化，因而列车运输能力是客流组织考虑的重要因素。影响列车输送能力的两大因素则是行车密度和车辆荷载。

对于线路而言，客流输送能力越大对拥挤的缓解程度越大，然而线路客流输送受通过能力限制，当发车间隔接近 2 min 时难以进一步有效提高。对于单个车站而言，客流拥挤能否有效疏解取决于到达列车的可利用运力，也可理解为一定行车计划条件下对该站的分配运力。实际中很多车站客流管控不是因为本站客流量过大，或者本站能力不足，而是前方车站占据过多运力导致到达列车可利用运力不足，站台乘客不能有效疏散。因此，线路客流输送能力大小是制定客流管控方案的另一主要因素。

4.2.4　车站设施设备通行能力

设施设备根据其功能不同，分两种类型：一种是车站出入口、安检设备、售票机、进出闸机等通过设施设备，随时间推移客流在设备上瞬时变化，通过能力可以用单位时间内通过该设施设备的客流量表示；另一种是站厅、站台等容纳设施设备，客流在设施设备上累计变化，容纳能力用单位面积所能容纳的客流量表示。不同服务水平下，设施设备最大能力标准不同。车站上的设施设备前后连接紧密，能力互相影响限制，带有传递性、制约性。

当某一设施设备能力不足，客流聚集在设施设备前造成拥挤的情况，将影响与之连接的设施设备利用。控制好车站设施设备能力的薄弱环节，重点关注容纳设施设备的客流变化，设置可控制设施设备的使用方式及属性，调节客流与设施设备的匹配情况，做好车站的设施设备能力分析，有利于车站在大客流情况下的客流组织。

运营组织人员可通过合理改变车站设备设施的实际使用通行能力来实现客流管控。如可通过调整出入口和通道的使用宽度、放慢售票速度的方式来减缓乘客进站速度；当车站站台压力过大时以及发生其他情况需要进行客流管控时，可先通过关闭出入口，在站外组织乘客排队有序在站外等待，然后通过实时了解站台乘客滞留情况，分批放入乘客进入车站；当进出站的客流集中于某个出入口时，可以采用出入口单向使用的措施，将进出站客流分开；当站厅、站台或通道压力过大时或某出入口出现特殊情况时，车站由专人封闭车站部分出入口，组织乘客由其他出入口进入车站，同时在站厅、站台进行宣传，组织乘客由其他出入口出站。

4.2.5 车站外部交通环境

车站外部交通环境因素主要包括站外广场面积、接驳公交运营情况等。站外是否具备等候区域决定了车站是否具备站外客流管控的可能，若站外面积不足则无法设置围栏等控制设施，同时易对路面其他交通造成干扰。接驳公交运营情况是制定管控强度时重要考虑的因素，若车站附近接驳公交较多，相应客流管控强度可提高，迫使部分短途乘客转移至公交；若接驳公交较少，应降低相应客流管控强度。

4.2.6 运营管理组织形式

城市轨道交通一般遵循"车站—站区—线路—分公司—总公司"的管理体系结构，在制定客流管控方案时需考虑车站所处的线路及路网整体运输环境，一般同一站区以及同一线路内实现客流协同管控的难度较小，而共管车站以及不同分公司或运营企业间实现客流协同管控的难度相对较大，对管理体系的考虑能有效保障客流协同管控效果及快速响应时间要求。

4.2.7 相邻车站客流输送压力

城市轨道交通线路是一个统一系统，系统中一个要素的变化往往会引起其他要素的变化，客流管控也是一样，运营管理人员在对车站进行客流管控时，不仅要考虑当前车站的客流情况，更要考虑其相邻车站的客流情况。例如，有相连的 3 个车站 A 站、B 站和 C 站，在客流高峰期，A 站→B 站→C 站为线路的大客流方向，如图 4-5 所示。

图 4-5 车站位置与客流方向示意图

列车到达 A 站时，当列车的输送能力小于站台的乘客数时，在 A 站站台上开始出现乘客滞留。为了保证乘客安全，A 站通过客流管控措施使在列车到达间隔时间内抵达站台的乘客数量等于列车输送能力，以解决乘客滞留问题。

但如果 B 站客流量也较大，而 A 站已将列车输送能力占用且在 B 站下车乘客的数量不能提供足够的输送能力时，则会造成乘客在 B 站站台的大规模滞留。若 B 站不采取客流管控措施，站台滞留乘客数超过站台安全容纳人数时，将带来安全隐患；若 B 站不采取控流或封站等客流管控措施，将导致服务质量大大下降，影响乘客情绪。

在这种情况下，若 A 站客流压力小于 B 站，可考虑通过降低 A 站客流的进站速度，使列车到达间隔时间内到达站台的乘客数小于列车输送能力，为 B 站预留输送能力。

同理，对于 B 站和 C 站来说，如何制定客流管控措施也是互相影响的。相邻车站协同管控的方式能够将一个车站的安全风险分散至多个车站，降低风险等级。具体操作时，可根据实际情况采取连续客流管控、分车次客流管控等方式。

4.3 小　　结

本章主要针对客流管控的基础理论进行了研究，构建了城市轨道交通路网协同客流管控理论体系。首先介绍了城市轨道交通客流管控定义及客流管控的目的，在客流管控原理分析的基础上，探讨了采取客流管控措施时应遵循的基本原则。其次，当车站客流规模逐步增加并达到一定程度时，车站运营组织人员遵循由下至上、由内至外的客流管控原则进行车站客流管控，将车站级客流管控划分为三个等级，分别介绍了车站客流管控等级、管控目的、管控地点及主要管控措施等。具体分析了车站客流管控的内部及外部影响因素和车站客流管控的基本措施。最后，重点对城市轨道交通网络条件下协同客流管控方案制定的影响因素进行了分析，主要包括客流需求、站台承载能力、线路输送能力、设施设备通行能力、外部交通环境以及运营管理组织形式等。

5 城市轨道交通车站客流管控理论体系

全国各大城市轨道交通路网的不断扩充以及客流需求的持续增长，使得大客流发生的频率逐步增大，这对城市轨道交通运营组织提出了更高的要求。城市轨道交通车站作为连接城市轨道交通线路的节点，是客流的集散点，承担着客流的转移运送任务，构成城市轨道交通系统中与步行客流行为活动最相关、最重要的行人环境。城市轨道交通车站是一个容纳大规模集散行人活动的封闭区域，其承载能力大，并且属于封闭式建筑，车站以及周边街道形成一个整体、系统、复杂的行人活动区域。城市轨道交通车站的行人交通环境更加复杂，存在较大的安全隐患，为了保证客流流线的畅通、行人自身安全以及车站运营服务水平，对城市轨道交通车站进行客运组织规划管理很有必要。

　　大客流条件下的城市轨道交通车站运营组织中的客流管控问题是运营管理过程中面临的重要问题，也是我国轨道交通快速发展时期以及网络化运营实施阶段所面临的新问题，客流管控方案的合理制定对运营安全及客运服务水平具有重要的影响。大客流条件下的城市轨道交通车站客流管控在基础理论、构建方法、制定标准方面尚比较缺乏，因此有必要建立相关理论体系来指导实际工作，完善轨道交通客运组织理论。

5.1 车站设施设备分类及车站客流状态等级划分

5.1.1 车站设施设备分类

通过对城市轨道交通车站设施设备的调查分析，轨道交通车站可以看作一个动态复杂的反馈系统，构成其系统的实体主要有乘客、列车、站台、楼扶梯、闸机、站厅、通道及安检口等。车站内部设施设备类型的复杂性较高，大体可以分为乘客服务类、信息诱导类和交通工具类三种设施设备，如图 5-1 所示。

交通工具类设施设备按用途分为轨道和列车两种，其中轨道提供了列车运行的承载和动力环境，而列车是运输乘客的工具，其在城市轨道交通线网的规划阶段设定，可变性较小。信息诱导类设施设备的功能是保证乘客在车站内部顺利、安全地走行，包括线路及车站识别标识、方向性标识、信息图、说明性标识以及警告性标识等。乘客服务类设施设备可根据乘客的移动方式划分为通行类、排队区域类和其他服务类，其中，通行类设施设备是指供乘客走行的通道、楼梯、自动扶梯等，排队区域类设施设备是指站台、闸机以及安检机等。本书主要研究车站客流状态判别分析，与客流状态相关的设施设备为乘客服务类设施设备，因此，主要对通行类设施设备和排队区域类设施设备进行分析。

城市轨道交通路网客流协同管控理论与应用

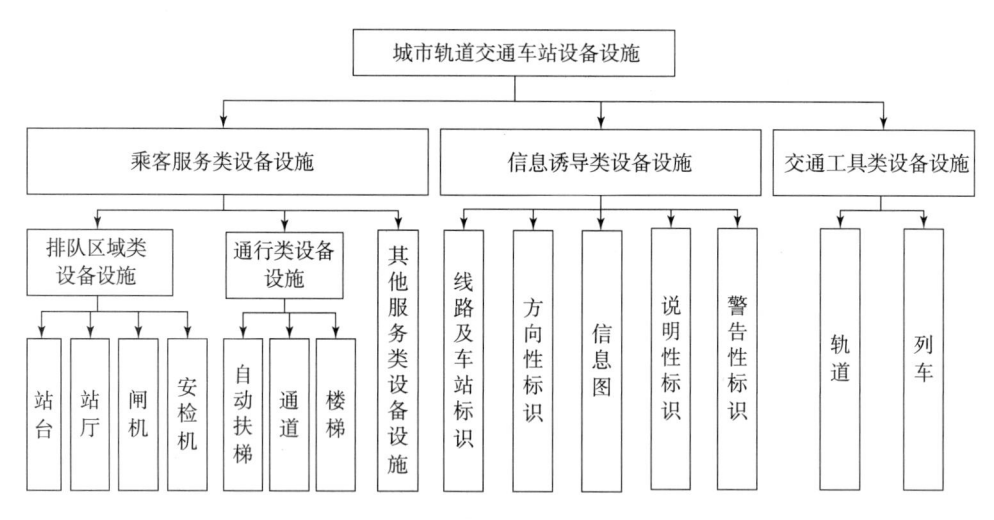

图 5-1 城市轨道交通车站设施设备分类

（1）通行类设施设备

通行类设施设备主要包括供乘客走行的通道、楼梯以及自动扶梯等，其物理特性包括长度、宽度、有效宽度、倾斜角度等。

通道是用来连接车站不同功能设施设备的空间，是引导乘客正常走行的重要部分。通道是根据乘客服务水平设计的，依据其开放程度与流线组织，一般可分为封闭式、开放式以及半封闭式。楼梯是在站台和站内其他功能区处在不同水平面情况下设计的，以此来满足乘客垂直方向的位移。楼梯的宽度对其通行能力限制较大，楼梯不同于步行通道，即便是少量的反向行人流也将使楼梯通行能力折半。因此，设计地铁站内的楼梯要尽可能地考虑人流的方向，目前大都设计为单向楼梯并有栏杆。自动扶梯一般作为楼梯的辅助设施，自动扶梯的进口宽度和运行速度决定着其输送能力。

（2）排队区域类设施设备

排队区域类设施设备主要包括站台、闸机、安检机等，其物理特性包括长度、宽度、固有能力等。在乘客排队和等待的区域，人均可利用的空间是设施设备客流状态的主要判断标准。人均可利用空间不仅与乘客的舒适感密切相关，与允许乘客活动的机动程度也有关。在排队等待的过程中，乘客期望的服务水平取决于乘客的等待时间、等待人数以及步行速度等。

5.1.2 车站客流状态等级划分

为了减轻车站在客流高峰时期的压力，降低因大客流引发的城市轨道交通事故风险，保证城市轨道运营安全，车站运营管理人员在进站口外或站内等处

5 城市轨道交通车站客流管控理论体系

采取设置障碍物、迂回绕行等措施限制单位时间内进站客流量，减少站内客流拥挤状况，即对高峰客流进行车站客流管控，也就是我们通常所说的"限流"。

但现阶段的这些客流管控方法主要根据车站运营管理人员主观经验进行判断和执行，对何时开始客流管控，何地进行客流管控，如何布设管控措施没有系统、客观的理论研究分析，这必然缺乏一定的合理性和科学性，在一定程度上加大了车站在高峰时期的客流组织工作的困难，降低了车站安全水平和乘客服务水平。

客流状态能够直观反映客流分布情况和变化趋势，在大客流情况下，对客流状态的准确把握对制定有效管控措施起到至关重要的作用。尤其是在城市轨道交通车站这一相对封闭的环境下，通过对客流状态的微观刻画，准确判断客流管控条件指标，把握合适的管控时机，在客流大量聚集处及时进行疏导，避免和缓解客流拥挤现象，提高乘客通行效率。

根据车站内部设施设备的功能分类及布设位置，设施设备主要包括进出站口、通道、楼梯、自动扶梯、站厅、安检机、闸机、站台等。按照车站设施设备的特点不同，可将其分为功能类设施、通行类设施以及服务功能设备，各类设施设备所包含的内容如表5-1所示。

表5-1 车站设施设备分类

车站设施设备类型	内容
通行类设施	通道、楼梯等
功能类设施	进出站口、站厅、站台等
服务功能设备	安检设备、自助购票机、闸机、自动扶梯等相关设备

在上述设施设备分类中，车站内部设施是固定的，属于车站内部建筑的一部分，在车站设计规划和建设完成后一般不会改变，主要包括进出站口、站厅、站台、通道、楼梯等设施。乘客进出站过程中所必需的车站空间功能区包括进出站口、站厅、站台等，这些设施归类为功能类设施。乘客从进站口开始通过动态位移到达站台候车区，在整个进站服务过程中，需要多次经过通道、楼梯等设施，这些设施归类为通行类设施。

车站客流管控触发判别的关键观测点对应的设施设备主要包括进出站口、通道、站台、检票和安检设备区域。

候车站台为车站客流管控触发判别的最关键观测点，在大客流条件下站台客流状态是车站管理人员判断是否实施一级客流管控措施的先决条件。候车站台区域可划分为站台走行区域和站台等待区域，站台走行区域的乘客一般为进站准备等待上车的乘客和下车离开站台的乘客，判断站台的乘客聚集程度指标可分为站台客流密度和列车离开后滞留乘客和到达乘客的平均排队长度。

通道的乘客聚集形成乘客流，该区域乘客流是由乘客个体组成的群体流动，水平通道的客流状态决定着车站管理人员是否实施二级客流管控措施。水平通道的乘客聚集程度指标为客流密度、单位宽度客流流率和乘客平均步行速度。由于进出站口通行区域与通行类设施中的水平通道具有相同特性，所以该区域乘客聚集程度指标与水平通道判断指标相同。

由于安检设备的通过能力远远小于检票设备（闸机）的通过能力，在大客流发生条件下，安检设备区域的乘客聚集程度要大于闸机处的乘客聚集程度，对于进站流线来说，检票设备之前的设施设备一般为安检设备，因此，车站非付费区客流管控触发判别的观测点选择为安检设备区域，该处的客流状态变化情况决定客流三级管控是否触发。

王久亮通过对车站设施设备客流密度、客流步行速度、流量之间的关系进行分析，确定了设施设备的服务水平分级方案。该设施设备的服务水平分级方案与TCQSM《美国公共交通通行能力和服务质量手册（第二版）》中的分级方案进行比较可见，TCQSM中的A、B、C级合并为一级，即A级，其他级别划分差别较小。例如，对于车站通道服务水平划分为A、B、C、D四个等级。A级服务水平与B级服务水平的阈值条件下的客流步行速度不受客流密度的影响，乘客处于自由行走状态，此时通道内的客流密度为0.7人$/m^2$；B级服务水平与C级服务水平的阈值条件下的乘客受到其他乘客的影响较为显著，C级服务水平下的乘客步行速度比B级服务水平下的乘客步行速度有显著下降，即当通道内的客流密度达到1.1人$/m^2$时，乘客步行速度急剧下降，因此，此时客流密度定为达到C级服务水平的阈值；随着客流量的不断增加，C级服务水平最终将达到通道的最大通过能力，此时通道内的客流密度达到1.6人$/m^2$。

根据早晚高峰时期车站客流特征，客流管控触发判断依据为设施设备内的客流状态变化情况，当车站设施设备内的客流量不断增加时，客流密度不断增长，导致乘客步行速度下降，此时，必须实施客流管控措施以保障车站运营安全和高质量客运服务水平。因此，根据上述设施设备的服务水平分级和实地调研数据分析，将设施设备客流状态划分为4个等级，分别为Ⅰ级、Ⅱ级、Ⅲ级、Ⅳ级，客流管控触发判别关键观测点的客流状态分级表如表5-2~表5-6所示。这里，将Ⅲ级客流状态规定为客流管控触发条件，即当客流状态达到Ⅲ级及以上级别的客流状态水平时需要立即采取客流管控措施，限制站内乘客数量，直到客流状态指标达到Ⅱ级客流状态或Ⅰ级客流状态水平时解除客流管控措施。

表5-2 站台客流状态分级表

客流状态级别	客流状态	人均占用面积/m²	平均排队长度（与站台宽度 d 的比值）
Ⅰ	通畅	≥0.7	≤$d/4$
Ⅱ	较通畅	0.3~0.7	$d/4$~$d/2$
Ⅲ	拥挤	0.2~0.3	$d/2$－$3d/4$
Ⅳ	重度拥挤	≤0.2	≥$3d/4$

表5-3 通道客流状态分级表

客流状态级别	客流状态	人均占用面积/m²	平均步行速度/(m·min^{-1})	流量/(人·m^{-1}·min^{-1})
Ⅰ	通畅	≤0.7	≥76	≤49
Ⅱ	较通畅	0.7~1.1	69~76	49~65
Ⅲ	拥挤	1.1~1.6	47~69	65~81
Ⅳ	重度拥挤	≥1.6	≤47	不确定

表5-4 检票设备区域客流状态分级表

客流状态级别	客流状态	人均占用面积/m²	平均排队人数/人	速度/(m·s^{-1})
Ⅰ	通畅	≥0.7	≤1	≥1.33
Ⅱ	较通畅	0.3~0.7	1~13	0.5~1.33
Ⅲ	拥挤	0.2~0.3	13~20	0.3~0.5
Ⅳ	重度拥挤	≤0.2	≥20	不确定

表5-5 上行楼梯区域客流状态分级表

客流状态级别	客流状态	人均占用面积/m²	流量/(人·m^{-1}·min^{-1})	速度/(m·s^{-1})
Ⅰ	通畅	≥1	≤32	≥0.57
Ⅱ	较通畅	0.6~1	32~43	0.42~0.57
Ⅲ	拥挤	0.3~0.6	43~54	0.22~0.42
Ⅳ	重度拥挤	≤0.3	不确定	不确定

表5-6 下行楼梯区域客流状态分级表

客流状态级别	客流状态	人均占用面积/m²	流量/(人·m^{-1}·min^{-1})	速度/(m·s^{-1})
Ⅰ	通畅	≥1	≤36	≥0.63
Ⅱ	较通畅	0.7~1	36~48	0.48~0.63
Ⅲ	拥挤	0.4~0.7	48~60	0.28~0.48
Ⅳ	重度拥挤	≤0.4	不确定	不确定

5.2 车站设施网络客流状态分析

通过上述客流状态辨识以及预测方法完成对车站设施节点的客流状态分析和评价,在此基础上,结合车站设施串并联构成的网络拓扑结构(如图 5-2 所示),进行车站设施网络化客流状态评估研究。这里提出车站设施网络整体客流状态以及车站设施网络连通客流状态两个概念。

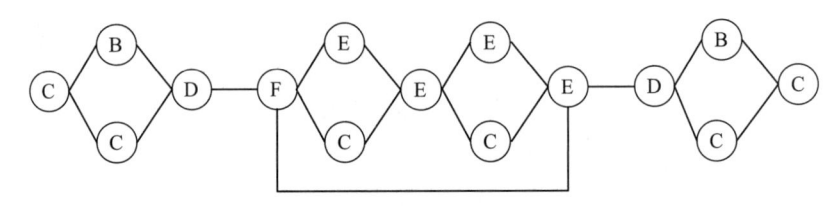

图 5-2 车站设施整体客流状态网络

定义 1:车站设施网络整体客流状态是指在车站设施串并联构成网络拓扑结构的基础上,各节点设施的当前客流状态值之和与所有节点设施客流状态为 Ⅰ 级值之和的比值,如式(5-1)所示:

$$Level_{all} = \frac{\sum_{i=1}^{n} L_i}{nL_{\mathrm{I}}} \quad (5-1)$$

式中,$Level_{all}$ 为车站设施网络整体客流状态值,L_i 为节点设施 i 的客流状态,n 为节点数量,L_{I} 为节点设施客流状态为 Ⅰ 级时对应的数值,这里设定 $L_{\mathrm{I}} = 4$,$L_{\mathrm{II}} = 3$,$L_{\mathrm{III}} = 2$,$L_{\mathrm{IV}} = 1$。

定义 2:车站设施网络连通客流状态是指车站设施网络中,具有不同节点度的各个节点设施连通客流状态与所有节点设施 Ⅰ 级连通客流状态的比值,如式(5-2)所示:

$$Level_{con} = \frac{\sum_{i=1}^{n} L_i \times N_i}{L_{\mathrm{I}} \times \sum_{i=1}^{n} N_i} \quad (5-2)$$

式中,$Level_{con}$ 为车站设施网络连通客流状态值,N_i 为车站设施的节点度值。

当车站设施网络连通客流状态达到 100% 时,表示车站设施网络客流状态达到最高的理想状态。随着高峰期大客流对于部分节点设施的冲击,整个网络客流状态水平下降,并处于一个动态变化的状态,根据车站设施整体客流状态情况进行相应的客流管控。

5.3 矩阵式客流管控触发判别及相应措施体系

5.3.1 矩阵式分级客流管控判别分析

结合客运组织现状,为了更好地实践高峰期客流管控的目的,将城市轨道交通系统车站级的客流管控进行等级细分。根据客流拥挤位置与拥挤程度和处置措施不同可将客流管控分为三个等级,依次为一、二、三级客流管控,如表 5-7 所示。

表 5-7 矩阵式客流管控触发条件判别表

管制等级	站台	通道/楼扶梯	安检/检票区
一级客流管控	√	×	×
二级客流管控	√	√	×
三级客流管控	√	√	√

注:"√"表示该管控点达到了客流管控触发条件;"×"表示该管控点未达到客流管控触发条件。

(1) 站台一级客流管控

车站客流管控的最低警戒等级为一级客流管控。其判别条件为:通过对短时间内进站客流量及车站运输客流效率的观察,计算各设施设备的服务水平,关注车站内客流量变化情况及整体服务水平,管控时站内客流特征为固定设备如站台处开始出现较为严重的排队或长时间的等待现象。

(2) 站厅二级客流管控

二级客流管控是一级客流管控等级触发后一段时间情况加重的触发等级。其判别条件为:通过计算各个通道、楼梯及站台等空间的客流密度,尤其是有双向通行行人流线的通道和楼梯处,表现为固定设备处出现严重排队,通行类设施空间内出现拥挤现象。

(3) 站外三级客流管控

三级客流管控为城市轨道交通客流管控的最高等级,一方面需在车站出入口限制进站客流量,减缓客流增长的速度;另一方面,需对乘客行为进行引导。必要时将列车的发车间隔和停站时间根据乘客的集散规律进行调整。

5.3.2 矩阵式分级客流管控措施体系

城市轨道交通车站限流是客流管控的主要方式，是城市轨道交通运营方为了避免在车站发生大量乘客聚集，对线路或路网造成过大压力，保障安全采取的一种短期应对措施。车站限流组织工作应遵循"限站外保站内、限本站保换乘"的实施原则，保证车站客流可控、组织有序。其主要目的是控制客流站内分布特征，降低运输压力与事故风险，从而保障乘客在站内及乘车安全。

在上一节介绍了三级客流管控，分别为站台一级客流管控、站厅二级客流管控、站外三级客流管控，进而根据车站客流状态以及客流管控点的位置形成一套矩阵式客流管控措施体系，如表5-8所示。

表5-8 矩阵式客流管控措施体系

控制等级	站台	通道/楼扶梯	安检/检票区	站外集散区/进站口
一级客流管控（限）	1. 加强客流组织； 2. 减少客流交织、紊乱引起的拥挤； 3. 加快下车乘客的流出	1. 封闭部分进入站台的通道或楼梯； 2. 控制电梯速度或关闭电梯； 3. 在通道或楼扶梯设置隔离围栏、警戒绳以及调整楼扶梯通行方向	—	—
二级客流管控（控）	1. 加强客流组织； 2. 减少客流交织、紊乱引起的拥挤； 3. 加快下车乘客的流出	1. 设置换乘通道导流设施； 2. 限制换乘或引导乘客站外换乘； 3. 封闭部分进入站台的通道/楼梯； 4. 控制电梯速度或关闭电梯； 5. 在通道/楼扶梯设置隔离围栏、警戒绳以及调整楼扶梯通行方向	1. 关闭闸机，适时控制进站闸机开放数量； 2. 关闭自动售票机； 3. 减缓售票及安检速度	—

续表

控制等级	站台	通道/楼扶梯	安检/检票区	站外集散区/进站口
三级客流管控（封）	1. 加强客流组织； 2. 减少客流交织、紊乱引起的拥挤； 3. 加快下车乘客的流出	1. 关闭换乘通道入口（暂停换乘）； 2. 封闭部分进入站台的通道/楼梯； 3. 控制电梯速度或关闭电梯； 4. 在通道/楼扶梯设置隔离围栏、警戒绳以及调整楼扶梯通行方向	1. 关闭闸机，适时控制进站闸机开放数量； 2. 关闭自动售票机； 3. 减缓售票及安检速度	1. 进站口处实施分批放行； 2. 设置迂回导流隔离围栏； 3. 控制部分出入口单向使用（只出不进）或关闭部分进站口

注：通道与楼梯是指连接站厅付费区的通道和楼梯以及换乘通道；"—"表示不需采取管控措施。

5.4 车站客流状态预测模型

根据早晚高峰时期车站客流特征和设施设备内的客流状态变化情况，当车站设施设备内的客流量不断增加，客流密度不断增长，导致乘客步行速度下降时，必须实施客流管控措施以保障车站运营安全和高质量客运服务水平。因此，根据设施设备的服务水平分级和实地调研数据分析，将车站设施设备客流状态划分为 4 个等级，分别为 Ⅰ 级、Ⅱ 级、Ⅲ 级、Ⅳ 级，客流状态分析的关键观测点包括站台、通道、检票设备、上行及下行楼梯等。基于此，本小节主要描述基于云模型的车站客流状态辨识模型及基于马尔科夫状态转移的客流状态预测模型，主要包括客流状态云模型辨识、构造客流状态转移概率矩阵以及马尔科夫性检验三部分。

5.4.1 基于云模型的车站客流状态辨识模型

车站设施设备客流状态判别指标一般为多维指标，在获取实测客流量化数据时，由于实测范围临界处的客流集散具有动态特性，同时测量值也存在一定的模糊随机性，因此，在车站设施设备客流状态的辨识过程中，采用云模型理念，针对辨识指标综合分析给出相应的指标权值，提高辨识体系的系统性和全面性，并有效地避免了基础数据误差。基于云模型的车站客流状态辨识模型建立过程步骤如下：

Step1 选定客流状态辨识指标。

根据城市轨道交通车站设施设备的不同特性和客流状态分级指标，选取各个设施设备相应的多维客流状态辨识指标。在客流状态判别过程中，针对各个指标综合分析给出响应权值，记为 θ_j。

Step2 计算设施设备客流状态指标云的数字特征。

通过上节对客流状态分析的关键观测点客流状态分级表可知各指标 4 个等级划分的 3 个阈值，以下行楼梯为例，其客流状态各指标的阈值如图 5-3 所示。

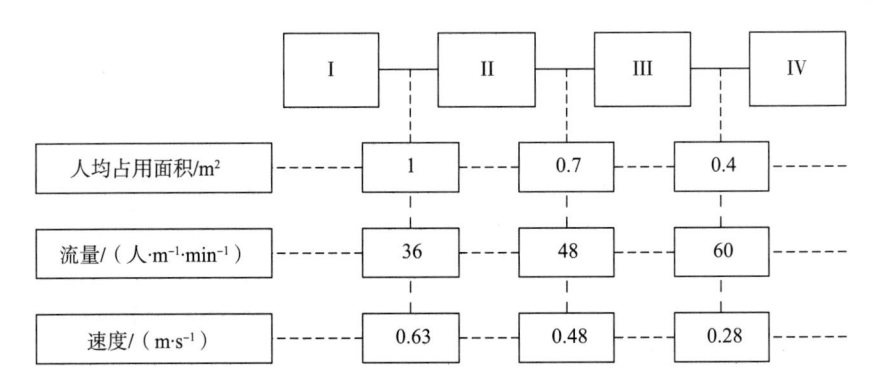

图 5-3 下行楼梯客流状态指标阈值

Step2.1 指标阈值标准化。

假设某客流状态指标可划分为 m 个级别，则该指标阈值向量包含 $m-1$ 个阈值，即 $X = (x_1, x_2, \cdots, x_{i-1}, x_i, x_{i+1}, \cdots, x_{m-1})$。考虑到所选指标存在对于客流状态水平正负相关性不同，因此，指标阈值根据越大越优指标、越小越优指标标准化公式进行标准化处理。

对于越大越优的指标标准化公式如式（5-3）所示：

$$\bar{x}_i = \frac{x_i - \min\{x_i\}}{\max\{x_i\} - \min\{x_i\}}, i = 1, 2, \cdots, m-1 \qquad (5-3)$$

对于越小越优的指标标准化公式如式（5-4）所示：

$$\bar{x}_i = \frac{\max\{x_i\} - x_i}{\max\{x_i\} - \min\{x_i\}}, i = 1, 2, \cdots, m-1 \qquad (5-4)$$

式中，$\max\{x_i\}$ 和 $\min\{x_i\}$ 分别为 $m-1$ 个阈值中的最大值和最小值，$\bar{x}_i$ 为 x_i 的标准化数值。

对于下行楼梯客流状态分析来说，这里划分级别个数 $m=4$。

Step2.2 数字特征计算。

第 1 级和第 m 级的客流状态分别用半升正态云和半降正态云表示，计算公式如式（5-5）所示：

$$\begin{cases} Ex_1 = \bar{x}_1, \ Ex_m = \bar{x}_{m-1} \\ En_1 = En_2, \ En_m = En_{m-1} \\ He = 0.01 \end{cases} \quad (5-5)$$

从第 2 级到第 $m-1$ 级的客流状态分别用全正态云表示，根据云模型的"3En 规则"，可计算各客流状态等级云的数字特征，计算公式如式（5-6）所示：

$$\begin{cases} Ex_i = (\bar{x}_{i-1} + \bar{x}_i)/2 \\ En_i = (\bar{x}_{i-1} - \bar{x}_i)/6, \ i = 2,3,\cdots,m-1 \\ He = 0.01 \end{cases} \quad (5-6)$$

Step2.3 构建客流状态模板云模型并形成模板云图。

假设某设施设备第 i 级客流状态判别指标个数为 n 个，第 j 个指标云的重要性权值为 θ_j，则第 i 级客流状态模板云的数字特征 Ex、En、He 的计算公式如式（5-7）所示：

$$\begin{cases} Ex_i = \dfrac{\sum\limits_{j=1}^{n} Ex_{i,j} \times En_{i,j} \times \theta_j}{\sum\limits_{j=1}^{n} En_{i,j} \times \theta_j} \\ En_i = \sum\limits_{j=1}^{n} En_{i,j} \times \theta_j, \ j=1,2,\cdots,n \\ He = \dfrac{\sum\limits_{j=1}^{n} He_{i,j} \times En_{i,j} \times \theta_j}{\sum\limits_{j=1}^{n} En_{i,j} \times \theta_j} \end{cases} \quad (5-7)$$

以下行楼梯为例，通过 3 个指标阈值将辨识空间模糊切分成 4 段，设计标准模板云图如图 5-4 所示。

Step3 确定实测设施设备客流状态指标云的数字特征。

对实测的设施设备客流状态第 j 个判别指标数值 x'_j 进行标准化处理，将实测的设施设备客流状态第 j 个判别指标标准化数值 $\bar{x}'_j$ 作为正向正态云发生器 $CG_{i,j}$ 的输入值，通过式（5-8）得到第 i 级设施设备客流状态第 j 个判别指标云发生器 $CG_{i,j}$ 的输出值 $y_{i,j}$，$y_{i,j}$ 表示实测值 x'_j 隶属于该设施设备第 i 级客流状态第 j 个判别指标 $I_{i,j}$ 的隶属度。计算公式如式（5-8）和式（5-9）所示：

$$y_{i,j} = \exp \dfrac{-(\bar{x}_0 - Ex_{i,j})}{2(En'_{i,j})^2} \quad (5-8)$$

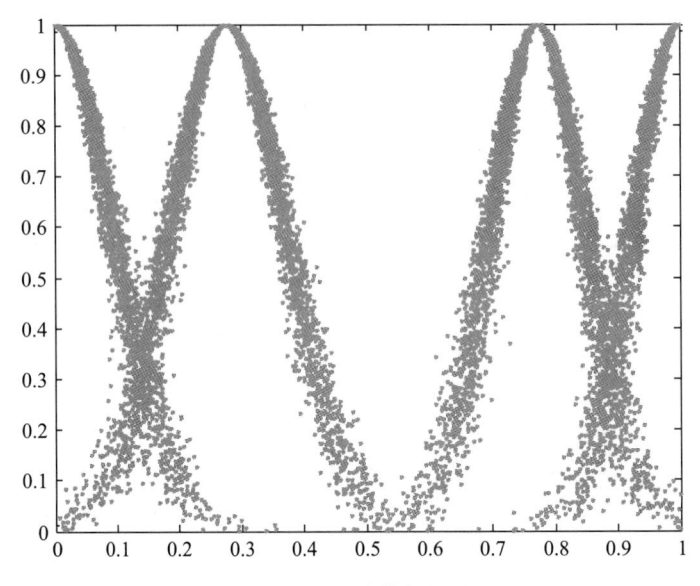

图 5-4 标准模板云图

$$\theta_i = \frac{y_{i,j}}{\sum_{j=1}^{n} y_{i,j}} \quad (5-9)$$

利用式（5-9）对隶属度 $y_{i,j}$ 进行归一化处理，得到实测值 x'_l 隶属于该设施设备第 i 级客流状态第 j 个判别指标 $I_{i,j}$ 的权重值 θ_i，并计算得到实测值 x'_l 的云的数字特征，即 $I'_j(Ex'_j, En'_j, He'_j)$，$j = 1, 2, \cdots, n$。将实测数值的 n 个指标云利用式（5-7）合成实测的设施设备客流状态合成指标云模型 $I'(Ex', En', He')$ 并形成实测指标云图。

Step4 确定实测设施设备客流状态指标云与模板云的相似概率值。

Step4.1 计算实测的设施设备客流状态属于第 i 级客流状态的隶属度 $y_{l \in i} = \exp\dfrac{-(x_l - Ex_i)}{2(En'_i)^2}$，直到产生 n 个云滴为止。其中，En'_i 是在第 i 级客流状态模板云 $I_i(Ex_i, En_i, He_i)$ 中生成的以 En_i 为期望值、He_i 为标准差的正态随机数；x_l 是在实测的设施设备客流状态合成指标云模型 $I'(Ex', En', He')$ 中生成的以 Ex' 为期望值、En'_i 为标准差的正态随机数。

Step4.2 计算实测的设施设备客流状态与第 i 级客流状态的相似度，计算公式如式（5-10）所示：

$$y_i = \frac{1}{n} \cdot \sum_{l=1}^{n} y_{l \in i} \quad (5-10)$$

Step4.3 对相似度进行归一化可得实测的设施设备客流状态属于第 i 级客

流状态的可能程度，计算公式如式（5-11）所示：

$$r_i = \frac{y_i}{\sum_{i=1}^{m} y_i} \quad (5-11)$$

待识别云 U' 的云滴 x_i，落在某个标准云 U_i 范围内越多，r_i 越大，说明待辨识客流状态与第 i 级客流状态越接近，属于该客流状态的可能程度也就越高。

5.4.2 基于马尔科夫状态转移的客流状态预测模型

运用马尔科夫链预测客流状态变化概率，主要分为马尔科夫模型的建立、构造能力转移变化的分布状态（对应 ABCDEF 服务等级相互隶属度）以及马尔科夫性检验。基于马尔科夫状态转移的客流状态预测模型具体步骤如下：

Step1　按照不同设施设备客流状态划分表对各个时刻客流状态进行云模型辨识，得到各个时刻的客流状态级别；

Step2　对已知各时刻客流状态级别进行统计，得到不同步长的马尔科夫链的转移频数矩阵和转移概率矩阵；

Step3　根据所得的马尔科夫链的转移频数矩阵进行马尔科夫性检验；

Step4　以已知的若干时段的客流状态指标值为初始值，运用各阶转移概率矩阵预测出下一未知时段客流状态指标值的第 i 级别客流状态概率 P_i^k，k 为步长，$k = 1, 2, \cdots, l$；

Step5　下一未知时段客流状态的预测概率为同一状态的预测概率之和，即 $P_i = \sum_{k=1}^{l} P_i^k, i = 1, 2, \cdots, m$，该时段的预测客流状态为 $\max\{P_i, i = 1, 2, \cdots, m\}$ 所对应的客流状态等级，将该时段的客流状态指标加入已知时段客流状态序列中，返回 Step1 继续预测下一未知时段客流状态等级。

5.5　车站客流管控措施触发判别方法

车站设施设备处客流管控触发量化指标一般为客流密度、单位宽度客流流率、乘客平均步行速度、平均排队人数等多个指标组合。在测量不同指标的量化情况时，由于测量范围临界处的客流聚集情况具有动态特征，具有一定的模糊随机性，所以采用多种车站设施设备处客流管控触发量化指标对客流管控触发条件进行判断会产生不一致的结果。例如，站台处的人均占用面积为

0.32 m², 列车离开站台后的平均排队长度为 $3d/4$, 此时站台客流状态级别表现出不一致的结果。根据客流人均占用面积指标判断站台客流状态级别为 Ⅱ 级, 客流状态较通畅; 而根据平均排队长度指标判断站台客流状态级别为 Ⅲ 级或 Ⅳ 级, 客流状态拥挤, 需实施客流管控措施。因此, 多指标判别客流状态同样具有模糊性。

云模型有机结合了模糊理论中的模糊性和概率统计思想中的随机性, 描述自然语言中的概念不确定性。云模型是由李德毅院士首次提出并应用于人工智能领域, 先后经历了理论形成期、理论完成期和应用拓展期三个时期。由于云模型是结合模糊数学和随机理论建立的不确定模型, 而交通流又具有很强的时变性、离散型、模糊性和非线性, 故云模型在交通领域也有一定的应用。周继彪、张文等将云模型引入地铁换乘枢纽行人拥挤度自动辨识中, 进一步拓展了云模型的应用领域。

由于车站设施设备处客流管控触发量化指标及判别标准的模糊随机性, 因此, 本节借用云模型理念, 在车站客流状态辨识模型的基础上构建了城市轨道交通车站客流管控触发判别算法, 对城市轨道交通车站客流管控触发条件进行判别分析, 其判别方法步骤如下。

Step1 确定各个设施设备客流状态指标云的数字特征。

假设某客流状态指标可划分为 m 个级别, 则该指标阈值向量包含 $m-1$ 个阈值, 即 $X=(x_1, x_2, \cdots, x_{i-1}, x_i, x_{i+1}, \cdots, x_{m-1})$, 合成云模型需在同一论域中实现, 因此, 在确定各个触发指标云的数字特征前须将指标值进行标准化处理。

对于越大越优的指标标准化公式如式 (5-12) 所示:

$$\bar{x}_i = \frac{x_i - \min\{x_i\}}{\max\{x_i\} - \min\{x_i\}}, \quad i=1, 2, \cdots, m-1 \quad (5-12)$$

对于越小越优的指标标准化公式如式 (5-13) 所示:

$$\bar{x}_i = \frac{\max\{x_i\} - x_i}{\max\{x_i\} - \min\{x_i\}}, \quad i=1, 2, \cdots, m-1 \quad (5-13)$$

式中, $\max\{x_i\}$ 和 $\min\{x_i\}$ 分别为 $m-1$ 个阈值中的最大值和最小值, $\bar{x}_i$ 为 x_i 的标准化数值。

第 1 级和第 m 级的客流状态分别用半升正态云和半降正态云表示, 其数字特征分别为 Ex_1、Ex_m, 熵为 En_1、En_m, 其计算公式如式 (5-14) 所示:

$$\begin{cases} Ex_1 = \bar{x}_1, \ Ex_m = \bar{x}_{m-1} \\ En_1 = En_2, \ En_m = En_{m-1} \\ He = 0.01 \end{cases} \quad (5-14)$$

从第 2 级到第 $m-1$ 级的客流状态分别用全正态云表示,根据云模型的"3En 规则",可计算各客流状态等级云的数字特征,第 i 级客流状态的期望值和熵分别为 Ex_i、En_i,其计算公式如式(5-15)所示:

$$\begin{cases} Ex_i = (\bar{x}_{i-1} + \bar{x}_i)/2 \\ En_i = (\bar{x}_{i-1} - \bar{x}_i)/6, \ i=2,3,\cdots,m-1 \\ He = 0.01 \end{cases} \quad (5-15)$$

Step2 各个设施设备客流状态指标云合成综合指标云,构建客流状态模板云模型并形成模板云图。

将设施设备客流状态等级下的各指标云合成的父云称为客流状态等级模板云,该模板云是判别设施设备客流状态是否达到客流管控触发条件的标准云图。假设某设施设备第 i 级客流状态判别指标个数为 n 个,各指标云具有相同性质并记作 $I_{i,1}(Ex_{i,1}, En_{i,1}, He_{i,1})$,$I_{i,2}(Ex_{i,2}, En_{i,2}, He_{i,2})$,$\cdots$,$I_{i,j}(Ex_{i,j}, En_{i,j}, He_{i,j})$,$\cdots$,$I_{i,n}(Ex_{i,n}, En_{i,n}, He_{i,n})$,其中,$j=1,2,\cdots,n$,则 n 个指标云合成的第 i 级客流状态模板云为:

$$I_i(Ex_i, En_i, He_i) = I_{i,1}(Ex_{i,1}, En_{i,1}, He_{i,1}) \circ I_{i,2}(Ex_{i,2}, En_{i,2}, He_{i,2}) \circ \cdots \circ I_{i,n}(Ex_{i,n}, En_{i,n}, He_{i,n})$$

式中,"°"表示云的合成。假设各指标云的重要性权值为 θ_j,则第 i 级客流状态模板云的数字特征 Ex、En、He 的计算公式如式(5-16)所示:

$$\begin{cases} Ex_i = \dfrac{\sum\limits_{j=1}^{n} Ex_{i,j} \times En_{i,j} \times \theta_j}{\sum\limits_{j=1}^{n} En_{i,j} \times \theta_j} \\ En_i = \sum\limits_{j=1}^{n} En_{i,j} \times \theta_j, \ j=1,2,\cdots,n \\ He = \dfrac{\sum\limits_{j=1}^{n} He_{i,j} \times En_{i,j} \times \theta_j}{\sum\limits_{j=1}^{n} En_{i,j} \times \theta_j} \end{cases} \quad (5-16)$$

Step3 确定实测设施设备客流状态指标云的数字特征。

利用式(5-12)和式(5-13)对实测的设施设备客流状态第 j 个判别指标数值 x_j' 进行标准化处理。如果 $x_j' \geq \max\{x_i\}$,则规定标准化数值 $\bar{x}_j' = 1$;如果 $x_j' \leq \min\{x_i\}$,则规定标准化数值 $\bar{x}_j' = 0$。

根据设施设备客流状态指标云的数字特征和 x 条件下正向正态云发生器的实现算法,构建第 i 级设施设备客流状态第 j 个判别指标的正向正态云发生器 $CG_{i,j}$。

首先生成以 $En_{i,j}$ 为期望值、He 为标准差的正态随机数 $En'_{i,j}$，然后将实测的设施设备客流状态第 j 个判别指标标准化数值 $\bar{x}'_j$ 作为正向正态云发生器 $CG_{i,j}$ 的输入值，通过式（5-17）得到第 i 级设施设备客流状态第 j 个判别指标云发生器 $CG_{i,j}$ 的输出值 $y_{i,j}$，x 条件下的云发生器 $CG_{i,j}$ 如图 5-5 所示，$y_{i,j}$ 表示实测值 x'_j 隶属于该设施设备第 i 级客流状态第 j 个判别指标 $I_{i,j}$ 的隶属度。计算公式如式（5-1）和式（5-18）所示：

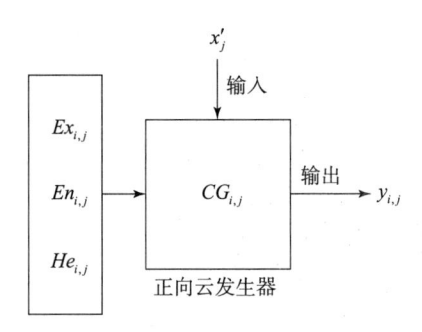

图 5-5　x 条件下的云发生器 $CG_{i,j}$

$$y_{i,j} = \exp\frac{-(\bar{x}_0 - Ex_{i,j})}{2(En'_{i,j})^2} \quad (5-17)$$

$$\theta_i = \frac{y_{i,j}}{\sum_{j=1}^{n} y_{i,j}} \quad (5-18)$$

利用式（5-18）对隶属度 $y_{i,j}$ 进行归一化处理，得到实测值 x'_j 隶属于该设施设备第 i 级客流状态第 j 个判别指标 $I_{i,j}$ 的权重值 θ_i，根据式（5-16）计算得到实测值 x'_j 的云的数字特征，即 $I'_j(Ex'_j, En'_j, He'_j)$，$j=1, 2, \cdots, n$。将实测数值的 n 个指标云利用式（5-16）合成实测的设施设备客流状态合成指标云模型 $I'(Ex', En', He')$ 并形成实测指标云图。

Step4　确定实测设施设备客流状态指标云与模板云的相似概率值，并以此判别是否达到客流管控触发条件。

Step4.1　在实测的设施设备客流状态合成指标云模型 $I'(Ex', En', He')$ 中生成以 En' 为期望值、He' 为标准差的正态随机数 $En'_l = NORMRND(En', He')$；

Step4.2　在实测的设施设备客流状态合成指标云模型 $I'(Ex', En', He')$ 中生成以 Ex' 为期望值、En'_l 为标准差的正态随机数 $x_l = NORMRND(Ex', En'_l)$；

Step4.3　在第 i 级客流状态模板云 $I_i(Ex_i, En_i, He_i)$ 中生成以 En_i 为期望值、He_i 为标准差的正态随机数 $En'_i = NORMRND(En_i, He_i)$；

Step4.4　计算实测的设施设备客流状态属于第 i 级客流状态的隶属度 $y_{l \in i} = \exp\frac{-(x_l - Ex_i)}{2(En'_i)^2}$；

Step4.5　返回 Step4.1 直到产生 n 个云滴为止；

Step4.6　计算实测的设施设备客流状态与第 i 级客流状态的相似度，如式（5-19）所示：

$$y_i = \frac{1}{n} \cdot \sum_{l=1}^{n} y_{l \in i} \qquad (5-19)$$

Step4.7 对相似度进行归一化可得实测的设施设备客流状态属于第 i 级客流状态的可能程度，如式（5-20）所示：

$$r_i = \frac{y_i}{\sum_{i=1}^{m} y_i} \qquad (5-20)$$

Step5 判定实测的设施设备客流状态属于任意第 k 级以上级别的客流状态的可能程度 $r_{i \geqslant k}$ 是否大于其属于任意第 k 级以下级别的客流状态的可能程度 $r_{i<k}$，若可能程度 $r_{i \geqslant k} \geqslant r_{i<k}$，则实施相应的客流管控措施；反之，则不需实施相应的客流管控措施。

5.6 车站客流管控仿真方法

5.6.1 仿真方法验证流程

适用于轨道交通客流仿真的软件系统，应具备复杂系统方法论的系统逻辑，可以用标准形式化语言对离散、连续和混合系统进行建模和仿真，并且具备以下特点：

①模型仿真效果接近实际。可实现基于社会力模型的行人仿真，较逼真地再现行人在物理环境中的走行行为，试验效果被国内外广泛认同。

②建模较直观，统计数据表现形式多元化。面向对象进行建模，通过可视化模型浏览器可访问任何对象，统计数据表示形式多样化，可通过柱状图、曲线图和甘特图多种形式进行表现。

③模型文件可实现共享。模型文件支持封装设计，并支持模型文件打包后进行发布，便于用户之间共享使用。

④应用该软件用户开发环境更加自由。软件自带模型允许用户再次开发，为初学者提供大量学习模板，同时用户也可创建自定义模型，根据实际环境进行开发。

我们在客流仿真过程中采用的是 AnyLogic，该软件被广泛应用于交通、控制系统、制造业和供给线等各个领域。该软件主要组成部分包括基础仿真平台、行人库及轨道库等，模拟行人走行主要是基于社会力模型。AnyLogic 具备轨道交通客流仿真所需要的主要功能和特点。以下对客流建模、分析和仿真过程均以 AnyLogic 为工具进行描述。

将 AnyLogic 用于客流管控仿真时，应首先确定仿真对象，其次对所要仿真的车站进行网络化结构描述，即对车站内部设备设施个数、位置、尺寸以及设备设施与网络图中元素映射关系进行详细分析，再次需要对车站内客流进出站客流路径及各路径客流量进行统计分析，最后进行建模仿真验证。建模过程需要包括环境建立、创建行为流程图、仿真结果运行和仿真结果分析等步骤，如图 5-6 所示。

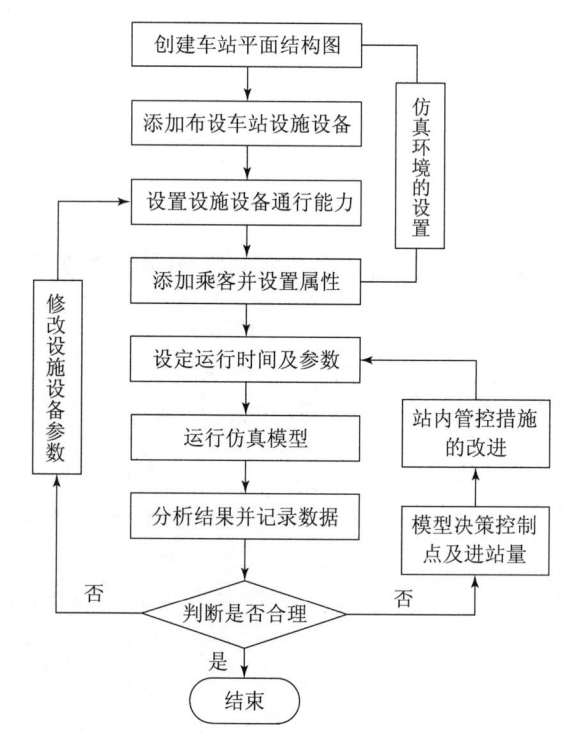

图 5-6 仿真与验证流程图

5.6.2 仿真对象车站建模

（1）车站基本情况介绍

北京地铁 5 号线常态限流车站达到 13 个，限流措施的设置主要依靠车站工作人员的现场经验，缺乏科学性与推广性。本书以 5 号线惠新西街北口站为例，依据历史客流数据及本节所提出的车站客流状态分析方法和车站客流管控触发判别方法，通过科学合理的计算，制定符合该站客流动态变化实际情况的客流管控方案，以期对该站客流管控起到良好作用。

5　城市轨道交通车站客流管控理论体系

惠新西街北口站是北京地铁 5 号线车站，该站位于北四环安慧桥内，周边临近鸟巢、奥体、华堂等娱乐和休闲场所，其中西侧有安徽大厦，东侧有购物场所华堂，在华堂对面有大中电器，南侧有物美大卖场，北侧有中国藏学研究中心。惠新西街北口站为地下车站、无道岔设备非集中车站、中间站，该站为双层结构车站，候车站台为侧式站台。地下一层为站厅层，有 A（西北口）、B（东北口）两个出入口接入站厅层北侧，C（东南口）、D（西南口、暂缓开通）接入站厅层南侧。地下二层为站台层，东侧东站台为上行（开往天通苑北方向）上下车站台，西侧西站台为下行（开往宋家庄方向）上下车站台。站台总有效面积约为 1 024 m²，站厅总有效面积约为 996 m²。惠新西街北口站内部的站型结构如图 5 – 7 所示。

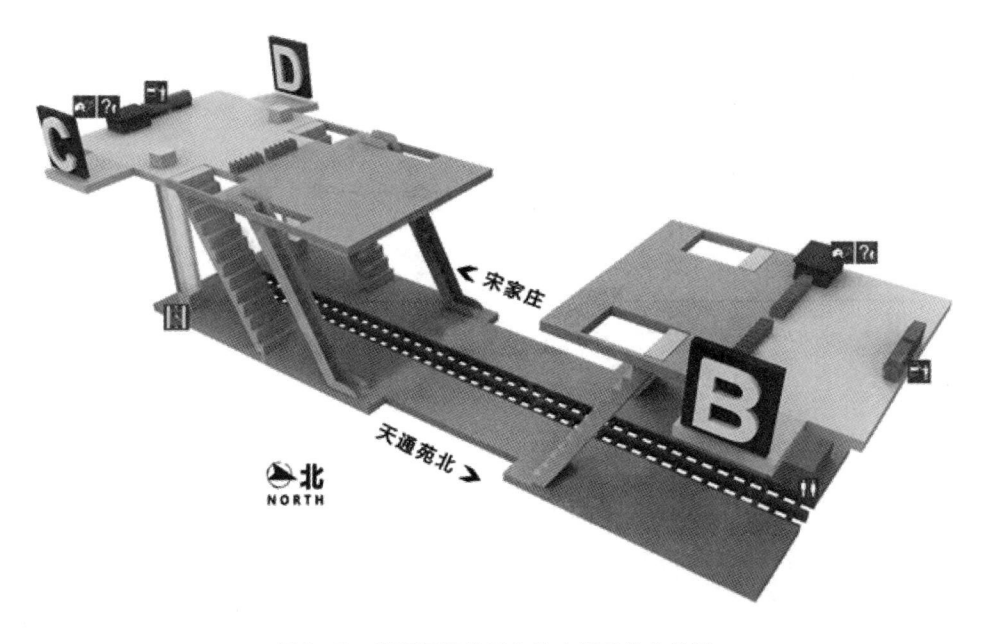

图 5 – 7　惠新西街北口车站内部结构立体图

该站建筑结构在 5 号线车站中具有代表意义，站内设施设备种类齐全，且客流压力较大，属于常态限流车站，对该站的研究具有实际价值，并对客流管控具有指导意义。

惠新西街北口车站内部正常运营流线包括：进站流线和出站流线。本节所研究的客流管控主要是从进站口到站台的进站流线，如图 5 – 8 所示。

（2）车站网络化结构描述

绘制该车站南站厅、北站厅及站台结构平面图，并按照实际位置比例添加站内设施设备，如图 5 – 9 所示。

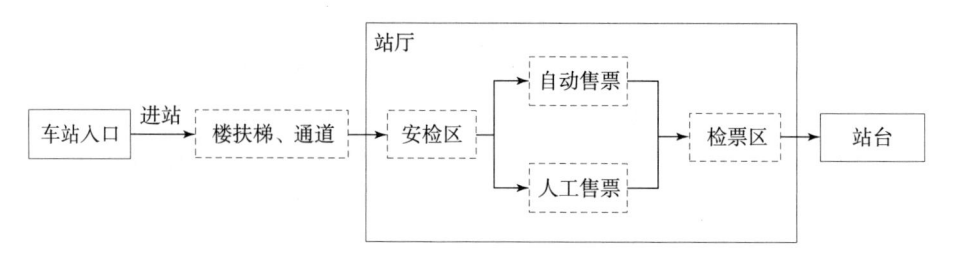

图 5-8 惠新西街北口车站进站流线图

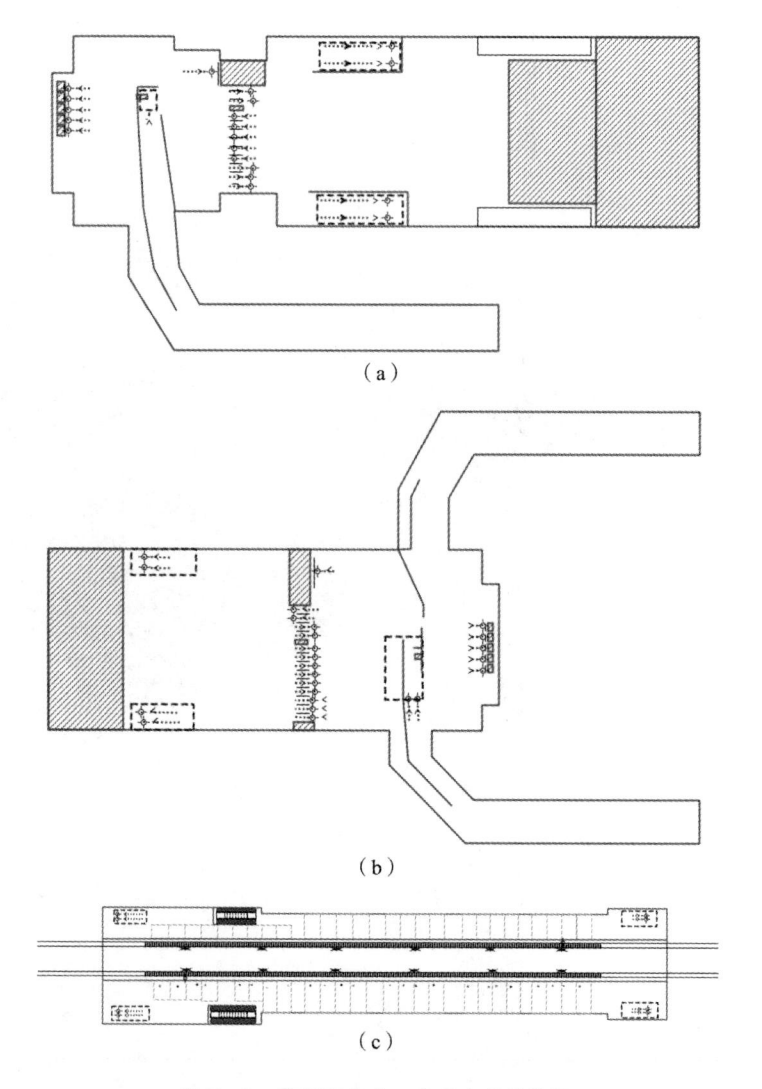

图 5-9 惠新西街北口车站内部结构图
（a）南站厅；（b）北站厅；（c）侧式站台

对该车站结构图分析可知，该车站的南站厅和北站厅被站厅中间建筑物隔开，并且该车站的地下站台为侧式站台，在一定程度上南站厅和北站厅的客流进站流线是相对独立的，不存在客流交叉，属于独立管控。根据站台客流状态情况以及进站客流量的情况分别控制南站厅与北站厅的进站客流，以达到车站满意的客流管控效果。

乘客在站台的行为主要包括三个阶段：当列车尚未进站时，乘客主要聚集在站台候车区、楼梯连接设备处；当列车进入车站尚未停车时，站台上的部分乘客会根据各车门前候车区相对排队人数以及预测车厢最大空余空间调整排队位置；列车停稳并开启车门时，乘客会自发地再次调整位置，即车厢满载率较高或车门前方排队人数较多时，排在队尾的乘客会转移到其他车门。经过调整，乘客在各车门前的人数分布基本符合均匀分布。客流仿真也将按照将乘客平均分配到各车门候车区的规律来刻画乘客在站台的行为。

惠新西街北口车站内部设施设备主要包括进出站口、进出站通道、安检机、闸机、楼梯、自动扶梯等，设施设备与网络图中元素映射关系及设施设备尺寸等如表5-9所示。南北站厅的布局基本对称，设施设备分类与数量也大致相同。此外，按照前文对客流密度等级的划分，对设施设备中乘客密度及流量（通行能力）的标准按照临界状态进行取值。

表5-9 惠新西街北口内部设施设备映射关系、尺寸及通行能力

序号	设施设备	编号	尺寸/m	客流密度/(人·m^{-2})	流量/(人·m^{-1}·min^{-1})
1	进出站口	A、B、C	2+2	—	60
2	通道	23~24	(2+2)×50	1.67	60
3	安检机	21~22	1×5	2.56	32
4	进出站闸机	19~20	1×6	2.56	35
5	楼梯	13、15、16、18	1.5×2	2.33	40
6	自动扶梯	14、17	1	2.33	60
7	站台各车门	1~12	—	2	—

按照城市轨道交通车站内部结构的网络化描述将惠新西街北口地铁车站内部结构网络描绘成设备网络拓扑有向图，如图5-10所示。

由于进站D口尚未启用，将涉及该进站口的流线用虚线圈出，则该站经由A、B、C各进站口的进出站流线图如图5-11所示。

（3）车站客流特征分析

本站为典型性通勤通学客流车站，乘客以周边居民为主，因此，乘客出行时间较为集中，乘车时间性较强。乘客特征为熟悉自动售检票设施、对地铁安

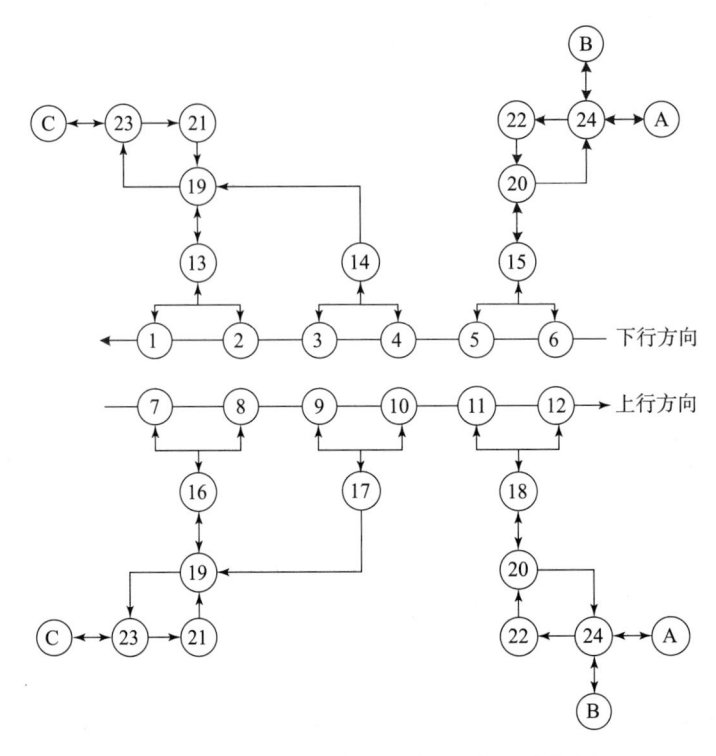

图 5-10　惠新西街北口车站内部网络拓扑有向图

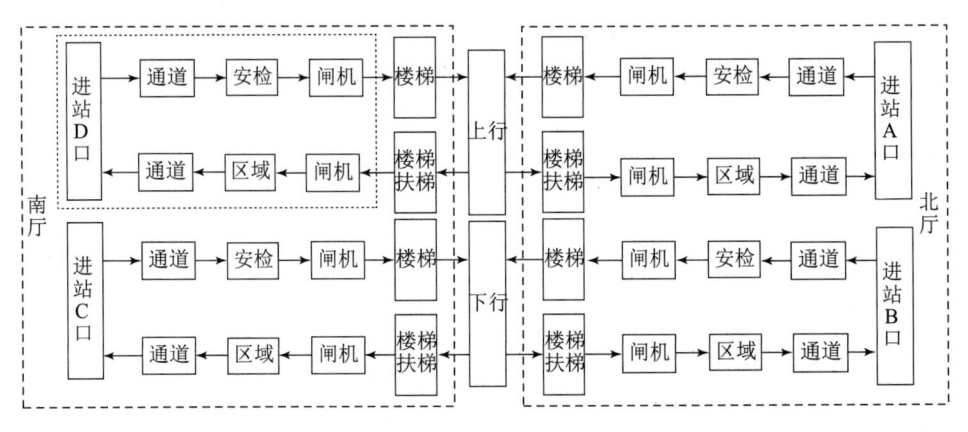

图 5-11　惠新西街北口车站进出站流线图

全乘车常识较为了解、走行速度快、多数使用一卡通、对路网车站较了解、目的站明确。

选取早高峰时段惠新西街北口站上行、下行进出站客流量，采样数据来源为一周中工作日客流量的平均值，采样时间为早高峰常态客流管控时段

7：00—9：00，采样时间粒度为 5 min 间隔。

惠新西街北口客流进出站客流路径及各路径乘客占比如表 5-10 所示。

表 5-10 进出站客流路径及各路经乘客占比

序号	类型	路径	比例
1	上行进站 1	A/B - 24 - 22 - 20 - 18 - 7/8/9/10/11/12	15%
2	上行进站 2	C - 23 - 21 - 19 - 16 - 7/8/9/10/11/12	5%
3	下行进站 1	A/B - 24 - 22 - 20 - 15 - 1/2/3/4/5/6	65%
4	下行进站 2	C - 23 - 21 - 19 - 13 - 1/2/3/4/5/6	15%
5	上行出站 1	7/8/9/10/11/12 - 18 - 20 - 24 - A/B	35.5%
6	上行出站 2	7/8/9/10/11/12 - 16/17 - 19 - 23 - C	19.1%
7	下行出站 1	1/2/3/4/5/6 - 15 - 20 - 24 - A/B	29.5%
8	下行出站 2	1/2/3/4/5/6 - 13/14 - 19 - 23 - C	15.9%

北站厅所连接 A 口和 B 口进站客流经过通道进入站厅后，进入安检区域时进行汇合，经过闸机后上、下行方向客流在站厅连接站台的楼梯处分开；南站厅由于 D 口未启用，只有 C 口进站客流，该处客流经过 C 口进站通道、安检区域直到通过闸机进入站厅付费区域后，上、下行方向客流在站厅连接站台的楼梯处分开。各路径占比以车站历史统计数据为依据，对南北站厅所连接进出站口的上下行进出站客流量分别统计其对应占比。通过惠新西街北口站历史进出站数据进行分析可以得出该站下行方向进出站量比较均衡，下行进站量高峰时段约为 50 人·min^{-1}；对早晚高峰客流数据进行对比分析可知上行方向进出站具有明显的潮汐现象，晚高峰时段因下班时间跨度较大以及乘客出行习惯等，相对客流量峰值会有所削减。仿真时考虑到流线的交叉等因素，将南北厅进站乘客比例和上下行客流比例均设置为 2:8。

5.6.3 客流管控仿真分析

应用 AnyLogic 仿真软件对惠新西街北口站早高峰时段的客流状态情况进行仿真，通过实际仿真选取进站量、排队区域类设施设备前排队人数、通行类设施客流密度等指标，并应用客流状态分析方法和客流管控触发判别方法较为准确地判断出何时开始实施客流管控措施以及实施措施的级别，最后分析客流管控仿真结果。

应用 AnyLogic 仿真软件在具体仿真中设置如下：

①仿真设置 1 m = 10 px；

②仿真底图与车站实际尺寸比例均为 1∶1;

③设施设备尺寸比例均为 1∶1 且相对位置不变;

④设施设备能力按照实际能力设置。

惠新西街北口站未设置客流管控措施时,按照高峰时段客流量设置各进站口客流量,宏观展示站内各部分客流进站流线情况,包括各个设施设备处的客流密度、客流排队人数以及客流步行速度等。根据车站内部客流仿真数据,应用车站客流管控触发判别方法,针对车站客流情况提出切实可行的管控措施,在仿真环境中加以仿真。最后应用客流评价体系,以各设施设备及车站整体承载能力指数为评价标准,对站内客流状态进行评估。

(1) 车站实际客流仿真

通过客运组织方案及实地现场调研统计发现,该车站三个出入口(A口、B口、C口)的车站客流分布较为固定,且工作日、节假日均较固定,在早晚高峰期间 B 口的客流明显较多,约占该站总进站客流的 45%,A 口进站客流约占该站总进站客流的 35%,C 口进站客流约占该站总进站客流的 20%,因此,各出入口集散量关系:B口 > A口 > C口。依据惠新西街北口客流进出站客流路径及各路径乘客占比表(如表 5-10 所示),加载实际进站客流量以及列车运行时刻表,模拟该车站自由进站客流站内行走状态相关情况,获取各个设施设备处的客流密度、客流排队人数以及客流步行速度等相关客流状态指标。实际客流管控时段为早 7:00—9:00,开始实施客流管控时段一般在早 7:00—8:00,因此,仿真实验时段选择为早 7:00—8:00。图 5-12~图 5-17 展示实际车站 C 口进站客流在南站厅上行、下行方向进站客流状态。

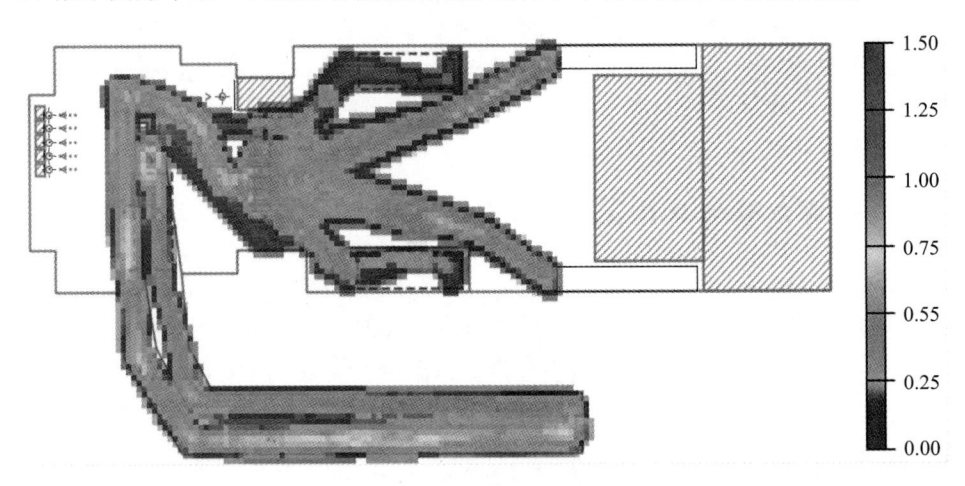

图 5-12 C 口进站乘客密度分布图

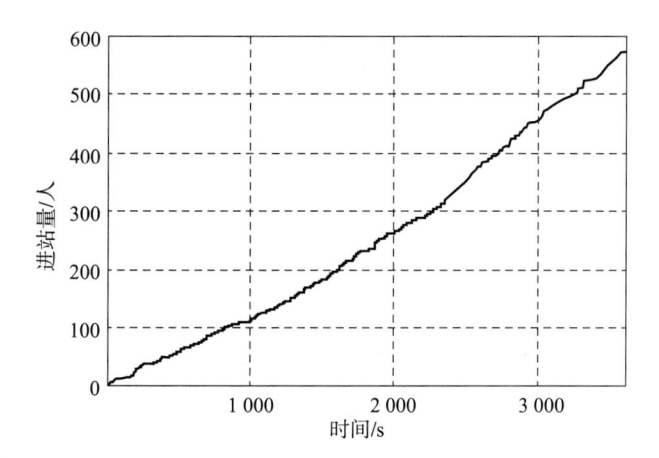

图 5-13　C 口进站量

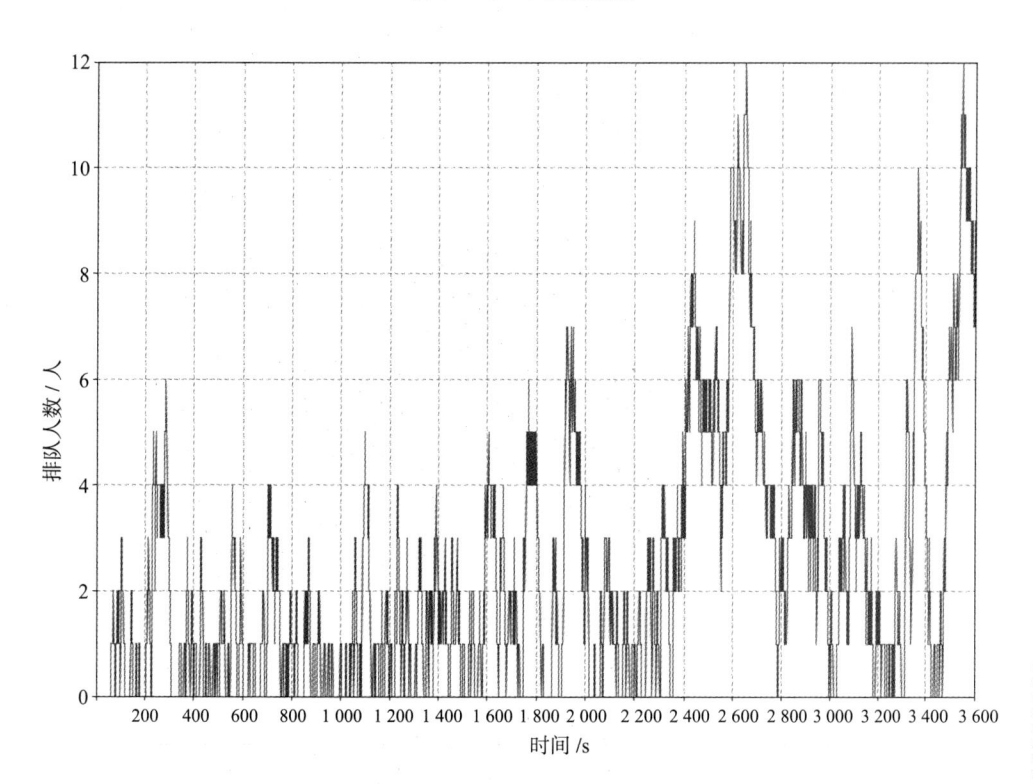

图 5-14　南厅安检区域排队人数

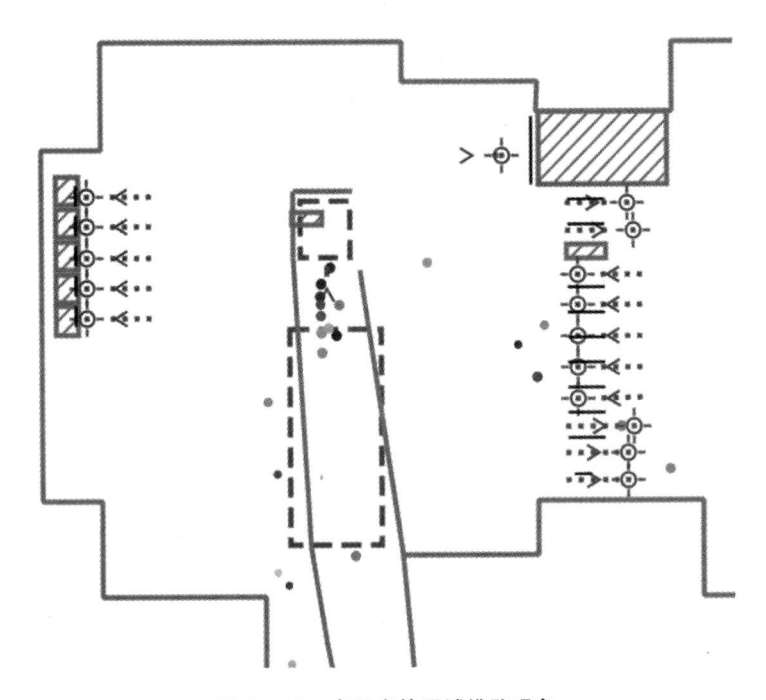

图 5-15 南厅安检区域排队现象

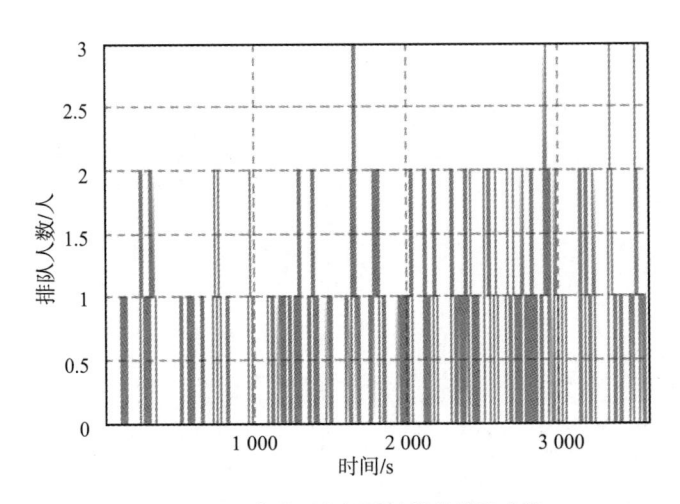

图 5-16 南站厅上行进站楼梯排队人数

图 5-18~图 5-23 展示该站 A、B 口进站客流在北站厅上行、下行方向进站客流状态。

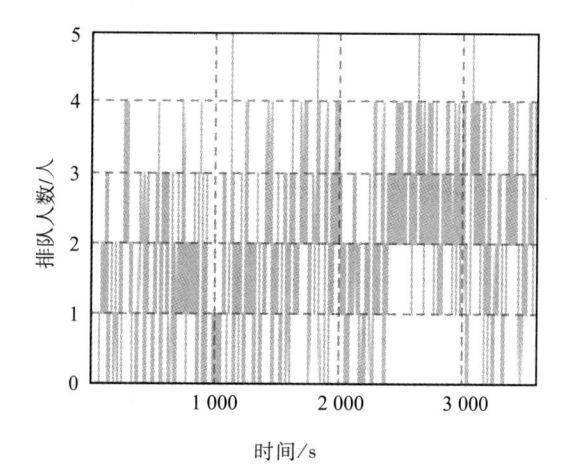

图 5-17 南站厅下行进站楼梯排队人数

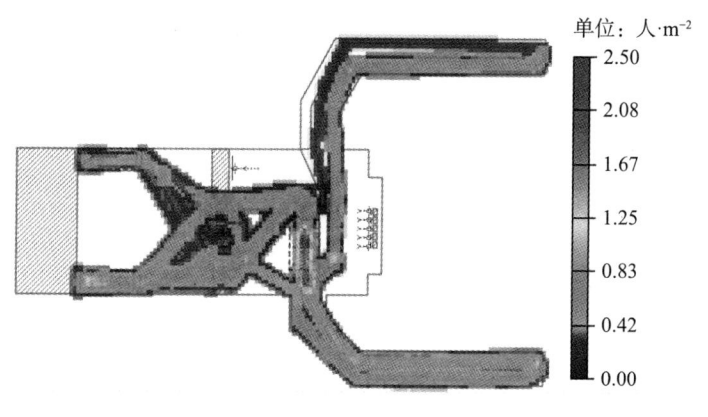

图 5-18 A、B 口进站乘客密度分布图

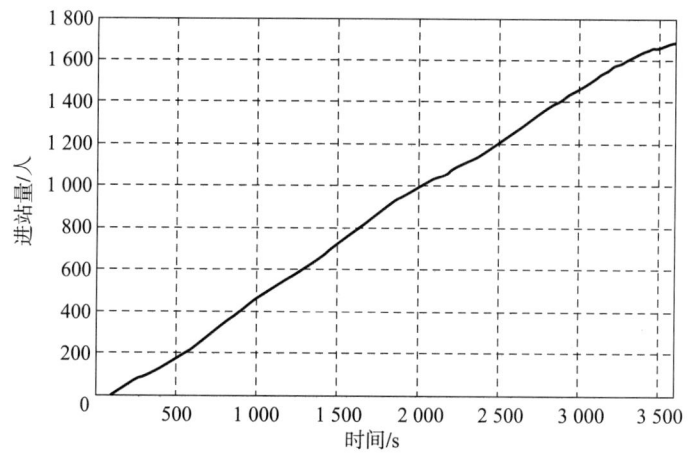

图 5-19 A、B 口进站量

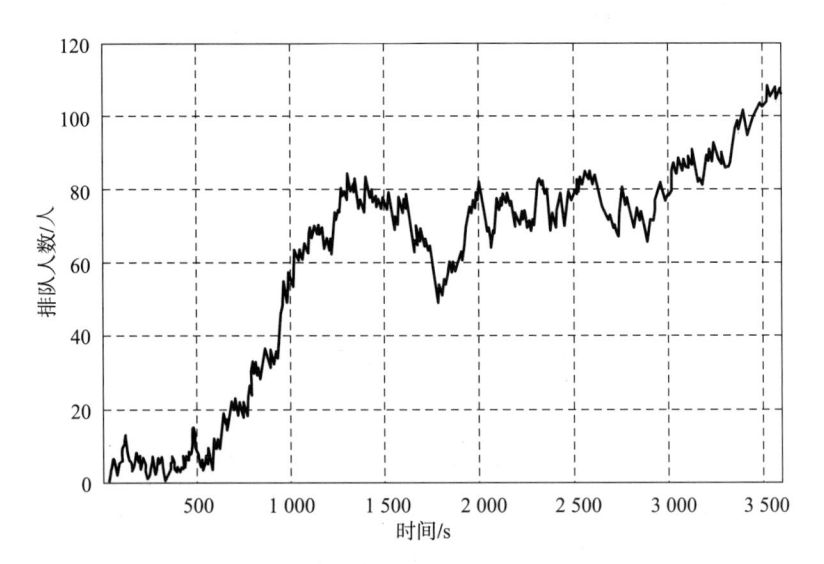

图 5-20　北站厅安检区域排队人数

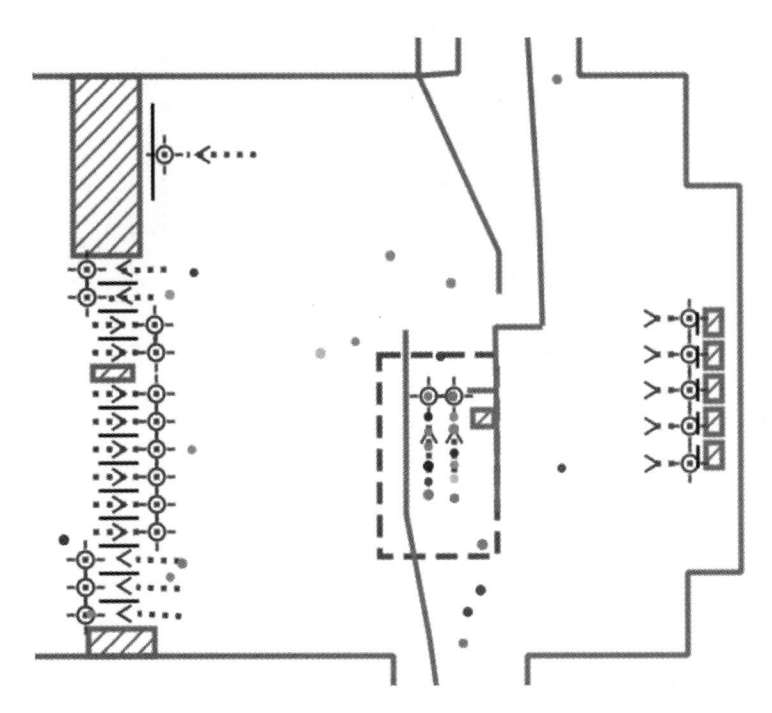

图 5-21　北站厅安检区域排队现象

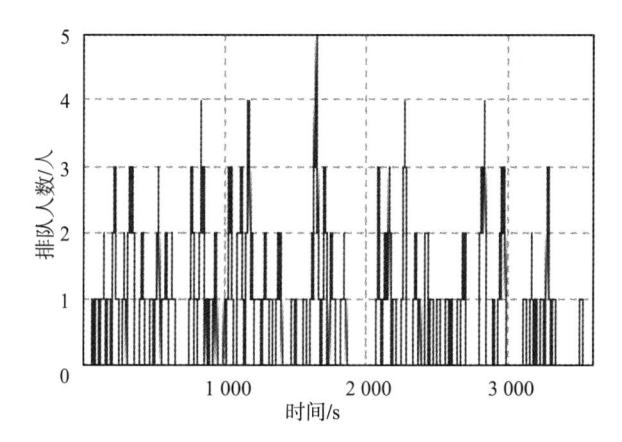

图 5-22　北站厅上行进站楼梯排队人数

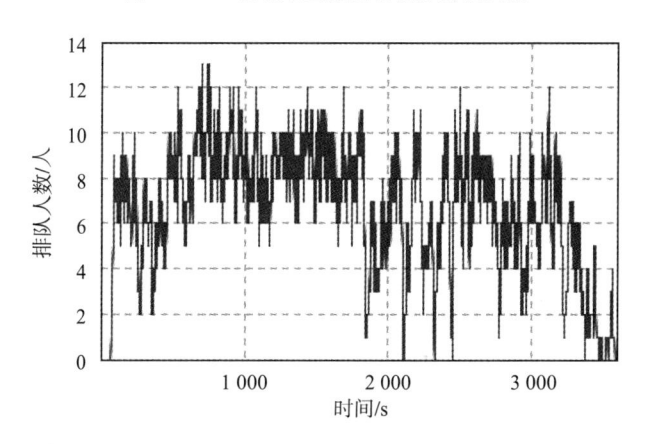

图 5-23　北站厅下行进站楼梯排队人数

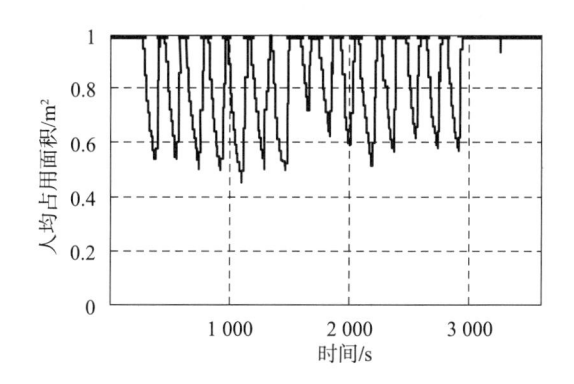

图 5-24~图 5-26 展示该站站台的客流状态。

图 5-24　站台排队区域人均占用面积

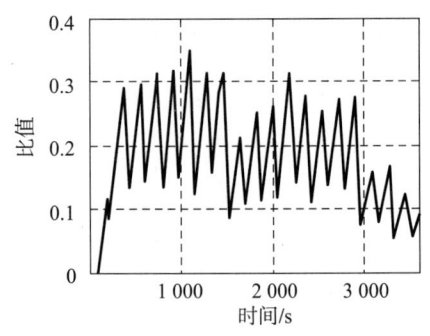

图 5-25　站台乘客平均排队长度

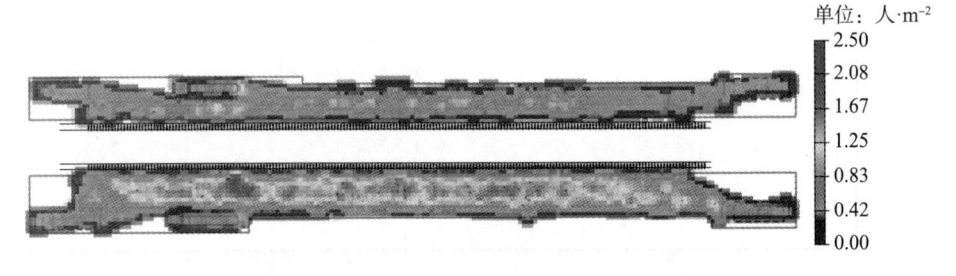

图 5-26　站台客流密度分布图

仿真实验中惠新西街北口站南站厅、北站厅及站台的客流密度分布图、站内上下行方向进站乘客速度、进站乘客安检排队现象，以及上下行方向楼梯乘客分布规律与实际情况基本相符。

（2）基于客流管控触发判别方法的客流管控仿真

由前文客流仿真可知车站客流仿真与实际客流情况基本相符，因此，再通过对乘客自由进站行走状态下的客流进行仿真，应用车站客流管控触发判别方法及相应措施体系，得出适合该站的客流管控方案。仿真实验时段仍然选择早7：00—8：00，且进站客流量不变。图 5-27 和图 5-28 显示乘客自由进站行走状态下的车站站台排队区域人均占用面积和站台乘客平均排队长度。

由于仿真所采样数据来源为一周中工作日客流量的平均值，采样时间为早高峰常态管控时段 7：00—8：00，采样时间粒度为 5 min 间隔。因此，从 7：00 开始取每 5 min 时刻的指标数据进行客流管控触发判别。工作人员以经验判断站台客流状态等级的指标中乘客平均排队长度指标的重要性比人均占用面积指标的重要性高，设置人均占用面积指标的重要性权值为 $\theta_1 = 1/3$，平均排队长度指标的重要性权值为 $\theta_2 = 2/3$，对早 7：05 和 7：10 的站台指标数据进行分析，可知该时刻并未达到客流管控触发的标准，进而对早 7：15 的站台指标数据进行分析，得出实测的站台客流状态合成指标云与模板云的对比图（如图

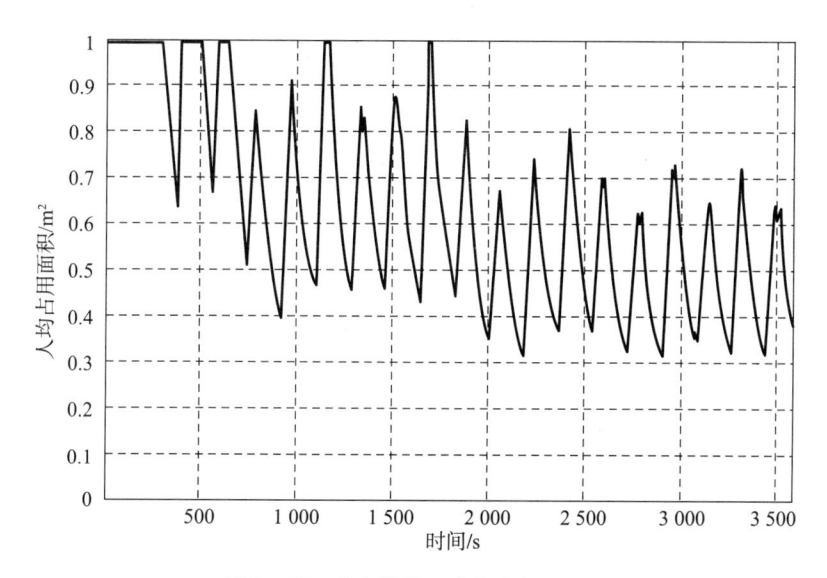

图 5-27 站台排队区域人均占用面积

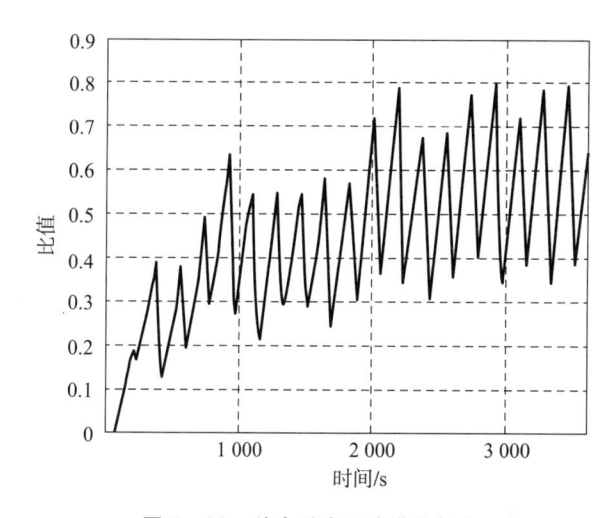

图 5-28 站台乘客平均排队长度

5-29 所示),实测站台客流状态指标云与模板云 $[I_{\mathrm{I}}, I_{\mathrm{II}}, I_{\mathrm{III}}, I_{\mathrm{IV}}]$ 的相似概率值为 $[0.0000, 0.0002, 0.8857, 0.1141]$。由实测站台客流状态合成指标云与模板云对比图可发现,实测站台客流状态介于Ⅲ级客流状态(拥挤)和Ⅳ级客流状态(重度拥挤)之间,且与Ⅲ级客流状态的相似概率最高,相似概率为 0.885 7,因此,可认为该站早 7:15 站台客流状态属于Ⅲ级客流状态,站台客流处于拥挤状态,已经达到了车站一级客流管控启动的条件,需要及时实施相应的车站一级客流管控措施,来缓解站台客流的拥挤程度。

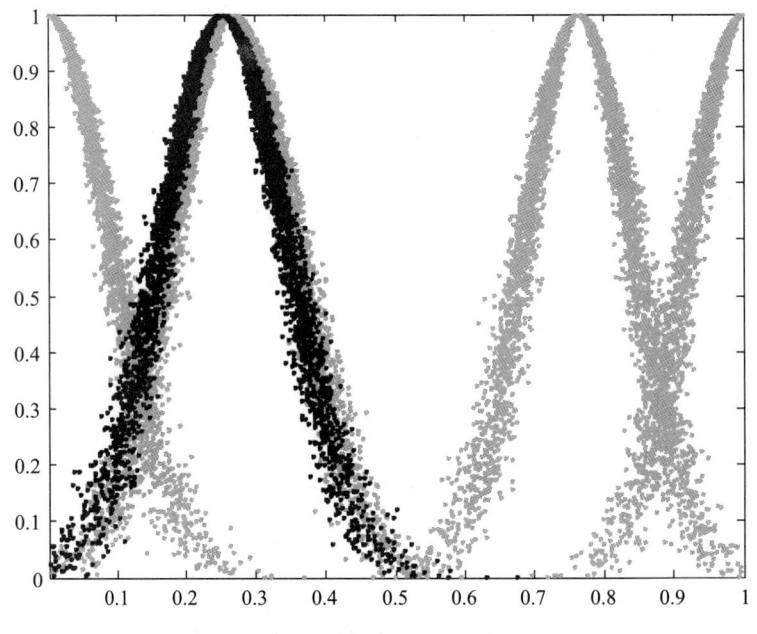

图 5-29　站台客流状态合成指标云与模板云对比图

通过乘客自由进站行走状态下的客流仿真发现,站台客流压力主要来源于北站厅(A 口和 B 口)进站客流,A 口和 B 口的进站客流量占该站总进站客流量的 80%。因此,当车站达到一级客流管控情况时,首先考虑的客流管控措施是对 A 口和 B 口进入的客流在站厅区域进行控制,根据该站的站内结构情况分析,只有站厅非付费区域符合客流管控措施的实施。

根据历史数据以及对惠新西街北口站现场实际调研,站内北站厅设施设备饱和度如表 5-11 所示。

表 5-11　车站北站厅设施设备饱和度

项目	进站口 1	通道 2	安检机 3	楼梯 4	站台 5
饱和度	40%~50%	40%~50%	90%~160%	30%~90%	40%~50%

根据各部分饱和度对比数据,该站主要在安检机处易发生拥挤现象。通过仿真实验得到客流管控措施实施前北站厅安检区域排队人数情况,如图 5-30 所示,发现安检区域排队人数不断增加至 70 多人,出现拥挤现象,与实际情况相符。

为保障乘客的安全,维持良好的进站秩序,车站应在现有设施设备的基础上,加以辅助措施对进站客流进行引导,疏解拥挤客流。对站内各处的饱和度进行比较,找出客流压力较大的区域或设施设备,针对该区域或设施设备可能

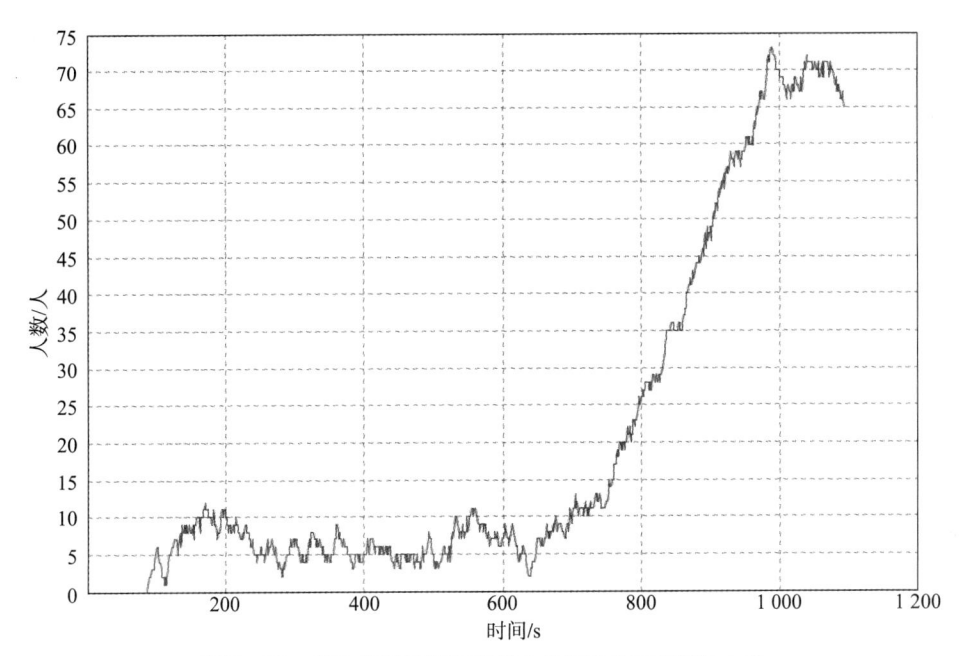

图 5-30 客流管控措施实施前北站厅安检区域排队人数

布设的管控措施进行决策。对站内实际情况分析,可利用进站通道连接安检机处站厅区域布设绕行围栏。对北站厅内增设围栏,使得进站乘客走行路径增幅高于管控前进站乘客走行路径。仿真发现站台客流压力得到了一定的缓解,站台客流密度下降,站台乘客平均排队长度也有所下降(如图 5-31 所示),但

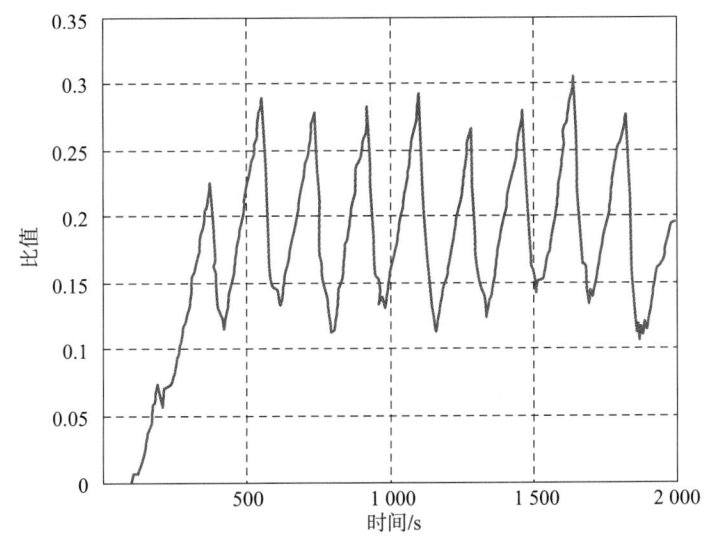

图 5-31 北站厅管控措施下站台乘客平均排队长度

城市轨道交通路网客流协同管控理论与应用

是此时北站厅安检区域排队人数增加，该处客流密度上升，出现了明显的客流拥挤状况，如图 5-32 所示。

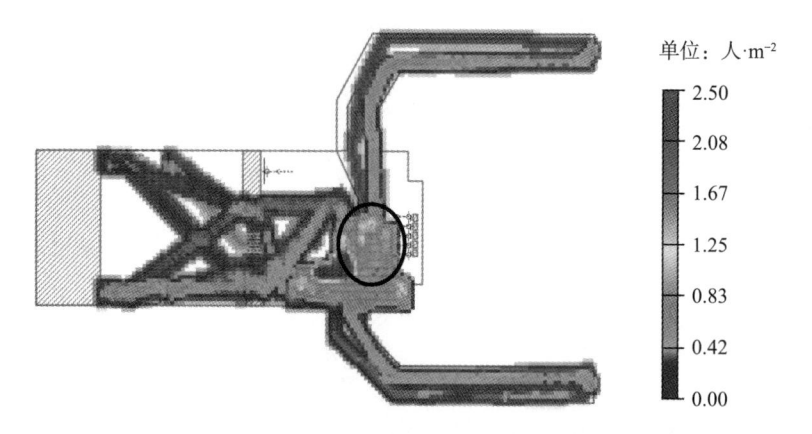

图 5-32　北站厅管控措施下 A、B 口进站乘客密度分布图

在该情况下需在 A、B 口处实施进站分批放行，或者设置迂回导流隔离围栏，通过对比客流管控前的仿真效果，管控措施下的客流走行较之客流管控前的客流走行状态更加流畅。对比图 5-32 与图 5-33 中画圈区域，北站厅及进站口实施客流管控后站厅客流密度有所下降，即安检机及闸机区域饱和度均下降，缓解了车站设备的压力。

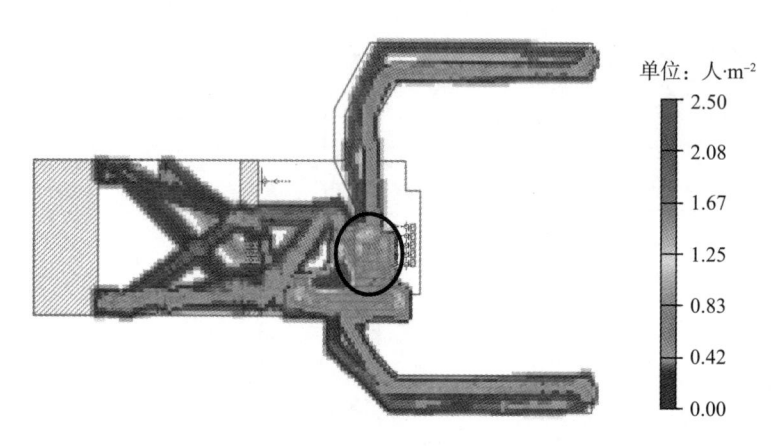

图 5-33　进站口管控措施下 A、B 口进站乘客密度分布图

客流管控措施实施前北站厅安检区域排队人数变化规律如图 5-30 所示，管控措施下北站厅安检区域排队人数变化规律如图 5-34 所示，通过对客流管控前后安检区域排队人数的统计发现，排队最高人数持续时间缩短，排队拥挤度下降，设备使用区域饱和度有所下降，管控起到一定作用。说明客流管控方

案符合实际情况，且合理有效。

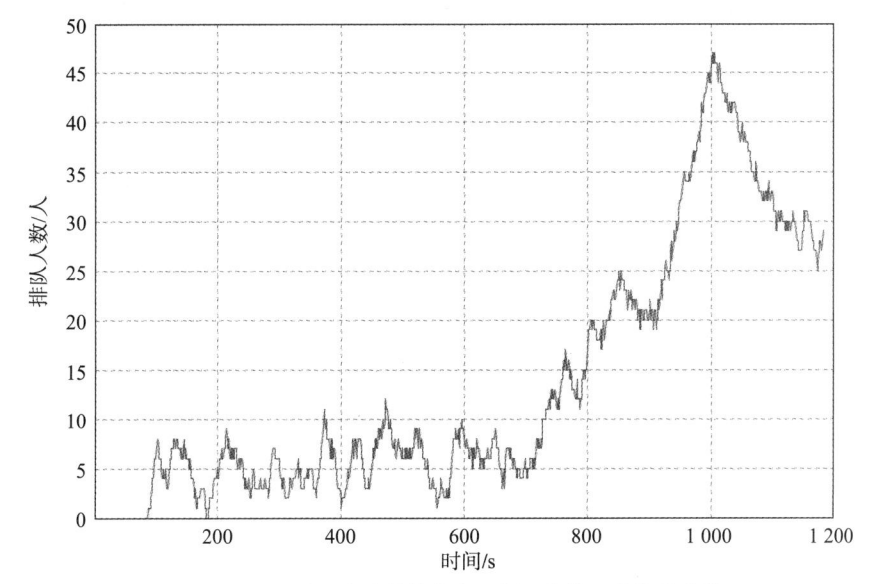

图 5-34　进站口客流管控状态下北厅安检区域排队人数

5.7　车站客流状态预测与管控措施仿真评估

5.7.1　车站客流状态预测分析

以北京地铁 5 号线惠新西街北口站某日早高峰 6:30—9:00 下行方向天通苑北站—宋家庄站站台的客流数据作为基础数据（如表 5-12 所示），对 9:05 的站台客流状态进行预测。

表 5-12　早高峰时段站台客流状态

客流状态指标	6:30	6:35	6:40	6:45	6:50	6:55	7:00	7:05
人均占用面积/m²	2.1	1.67	1.38	1.12	1.25	1.12	1.05	0.96
平均排队长度	$d/6$	$d/6$	$d/6$	$d/6$	$5d/24$	$5d/24$	$d/4$	$d/4$
云模型辨识客流状态级别	I	I	I	I	I	I	I	I
客流状态指标	7:10	7:15	7:20	7:25	7:30	7:35	7:40	7:45
人均占用面积/m²	0.67	0.59	0.54	0.51	0.44	0.44	0.38	0.37
平均排队长度	$7d/24$	$7d/24$	$d/3$	$d/3$	$d/3$	$7d/24$	$7d/24$	$5d/12$
云模型辨识客流状态级别	II	II	II	II	II	II	II	II

续表

客流状态指标	7:50	7:55	8:00	8:05	8:10	8:15	8:20	8:25
人均占用面积/m²	0.33	0.31	0.29	0.27	0.31	0.34	0.37	0.31
平均排队长度	$d/2$	$7d/12$	$5d/8$	$5d/8$	$7d/12$	$7d/12$	$5d/8$	$5d/8$
云模型辨识客流状态级别	II	III	III	III	III	III	III	III
客流状态指标	8:30	8:35	8:40	8:45	8:50	8:55	9:00	9:05
人均占用面积/m²	0.35	0.40	0.42	0.44	0.53	0.67	0.78	0.83
平均排队长度	$d/2$	$d/2$	$d/3$	$d/3$	$7d/24$	$d/4$	$d/4$	$d/4$
云模型辨识客流状态级别	III	II	II	II	II	I	I	I

根据站台客流状态分级表对各个时刻客流状态进行云模型辨识,得到各个时刻的客流状态级别。对各个客流状态级别进行统计计算,可得不同步长的马尔科夫链的转移概率矩阵,该矩阵决定了客流状态转移过程的概率法则,转移概率矩阵如下:

①步长为1的一步转移概率矩阵:

$$(p_{ij}^1)_{4\times 4} = \begin{bmatrix} 8/9 & 1/9 & 0 & 0 \\ 1/13 & 11/13 & 1/13 & 0 \\ 0 & 1/8 & 7/8 & 0 \\ 0 & 0 & 0 & 0 \end{bmatrix}$$

②步长为2的一步转移概率矩阵:

$$(p_{ij}^2)_{4\times 4} = \begin{bmatrix} 6/8 & 2/8 & 0 & 0 \\ 2/13 & 9/13 & 2/13 & 0 \\ 0 & 2/8 & 6/8 & 0 \\ 0 & 0 & 0 & 0 \end{bmatrix}$$

③步长为3的一步转移概率矩阵:

$$(p_{ij}^3)_{4\times 4} = \begin{bmatrix} 5/8 & 3/8 & 0 & 0 \\ 2/12 & 7/12 & 3/12 & 0 \\ 0 & 3/8 & 5/8 & 0 \\ 0 & 0 & 0 & 0 \end{bmatrix}$$

④步长为4的一步转移概率矩阵:

$$(p_{ij}^4)_{4\times 4} = \begin{bmatrix} 4/8 & 4/8 & 0 & 0 \\ 2/11 & 5/11 & 4/11 & 0 \\ 0 & 4/8 & 4/8 & 0 \\ 0 & 0 & 0 & 0 \end{bmatrix}$$

⑤步长为 5 的一步转移概率矩阵：

$$(p_{ij}^5)_{4\times 4} = \begin{bmatrix} 3/8 & 5/8 & 0 & 0 \\ 2/11 & 4/11 & 5/11 & 0 \\ 1/8 & 4/8 & 3/8 & 0 \\ 0 & 0 & 0 & 0 \end{bmatrix}$$

直接对该客流状态数据序列进行马尔科夫性检验，首先计算得到频数转移矩阵，如下所示：

$$(f_{ij})_{4\times 4} = \begin{bmatrix} 8 & 1 & 0 & 0 \\ 1 & 11 & 1 & 0 \\ 0 & 1 & 7 & 0 \\ 0 & 0 & 0 & 0 \end{bmatrix}$$

结合步长为 1 的一步转移概率矩阵，计算得到对应的边际概率表和统计量的值，如表 5-13 和表 5-14 所示。

表 5-13 早高峰时段站台客流状态边际概率表

站台客流状态级别	Ⅰ	Ⅱ	Ⅲ	Ⅳ
边际概率值 $p_{\cdot j}$	3/10	13/30	4/15	0

表 5-14 早高峰时段客流状态统计量

客流状态级别	$f_{i1} \mid \log\dfrac{p_{i1}}{p_{\cdot 1}}$	$f_{i2} \mid \log\dfrac{p_{i2}}{p_{\cdot 2}}$	$f_{i3} \mid \log\dfrac{p_{i3}}{p_{\cdot 3}}$	$f_{i4} \mid \log\dfrac{p_{i4}}{p_{\cdot 4}}$	合计
Ⅰ	8.689 5	1.361 0	0	0	10.050 5
Ⅱ	1.361 0	7.361 1	1.243 2	0	9.965 3
Ⅲ	0	1.243 2	8.317 6	0	9.560 8
Ⅳ	0	0	0	0	0
合计	10.050 5	9.965 3	9.560 8	0	59.153 2

可见，统计量 χ^2 的值为 59.153 2，给定显著性水平 =0.05，查表可得分位点 $\chi_\alpha^2((m-1)^2) = \chi_\alpha^2(9) = 16.919$，由于 $\chi^2 = 59.153\,2 > \chi_\alpha^2((m-1)^2)$，所以客流状态数据序列满足马尔科夫性。

依据客流状态数据表以及对应的客流状态转移概率矩阵对 9:05 的客流状态进行预测，结果如表 5-15 所示。

表 5－15　早高峰时段站台客流状态预测概率表

初始时段	站台客流状态	步长	状态 I	状态 II	状态 III	状态 IV	概率来源
9:00	I	1	0.889	0.111	0	0	$(p_{ij}^1)_{4\times4}$
8:55	I	2	0.75	0.25	0	0	$(p_{ij}^2)_{4\times4}$
8:50	II	3	0.167	0.583	0.25	0	$(p_{ij}^3)_{4\times4}$
8:45	II	4	0.182	0.455	0.363	0	$(p_{ij}^4)_{4\times4}$
8:40	II	5	0.182	0.363	0.455	0	$(p_{ij}^5)_{4\times4}$
	概率和 P_i		2.17	1.762	1.068	0	

由表 5－15 最后一行数据可知，将同一状态的各预测概率叠加后，$\max\{p_i, i=1,2,3,4\} = p_1 = 2.17$。

因此，9:05 的客流状态为 I 级，与实际客流状态级别相吻合。

5.7.2　车站客流管控措施及仿真评估

城市轨道交通车站客流管控一般分为三级，一级客流管控的所需判别客流状态的设施设备为站台区域，二级客流管控所需判别客流状态的设施设备为通道或楼扶梯区域，三级客流管控所需判别客流状态的设施设备为安检或检票设备区域。本节选择惠新西街北口站（天通苑→宋家庄方向）某日早高峰时刻的实测客流状态数据进行研究分析。首先判断站台区域客流状态是否达到一级客流管控标准，如果已达到了一级客流管控标准，则再判断通道或楼扶梯区域客流状态是否达到二级客流管控标准，如果也达到了二级客流管控标准，则最后判断安检或检票设备区域客流状态是否达到三级客流管控标准。

（1）一级客流管控判别

以一级客流管控判别客流状态的设施设备——站台为例，进行车站客流管控触发判别分析。站台区域客流状态分为 4 个等级，分别为 I、II、III、IV 级，判别指标为 2 个，分别为人均占用面积和列车驶离站台到下一列列车驶进站台时段内站台平均排队长度。

对站台客流状态级别原指标数据进行标准化并计算各客流状态等级指标云的数字特征，即站台客流状态级别 I、II、III、IV 级模板云的数字特征，如表 5－16 所示。

表 5－16　站台各指标云的数字特征

站台客流状态级别	客流状态	人均占用面积	平均排队长度
I	通畅	A1 (1, 1/15, 0.01)	B1 (1, 1/12, 0.01)
II	较通畅	A2 (0.8, 1/15, 0.01)	B2 (0.75, 1/12, 0.01)
III	拥挤	A3 (0.3, 0.1, 0.01)	B3 (0.25, 1/12, 0.01)
IV	重度拥挤	A4 (0, 0.1, 0.01)	B4 (0, 1/12, 0.01)

5 城市轨道交通车站客流管控理论体系

通过对北京市地铁车站调研分析可知,工作人员以经验判断站台客流状态等级的指标中,乘客平均排队长度指标的重要性比人均占用面积指标的重要性高,这里假设人均占用面积指标的重要性权值为 $\theta_1 = 1/3$,平均排队长度指标的重要性权值为 $\theta_2 = 2/3$,计算可得站台客流状态等级模板云 I_i(Ex_i,En_i,He_i)的数字特征,如表 5-17 所示。

表 5-17 站台客流状态模板云的数字特征

站台客流状态级别	客流状态	Ex	En	He
I	通畅	1.000	0.078	0.01
II	较通畅	0.764	0.078	0.01
III	拥挤	0.269	0.089	0.01
IV	重度拥挤	0	0.089	0.01

城市轨道交通车站设施设备客流管控触发指标云均以 5 000 个云滴为基准,利用 MATLAB7.0 软件编程生成客流状态模板云图,如图 5-35 所示。

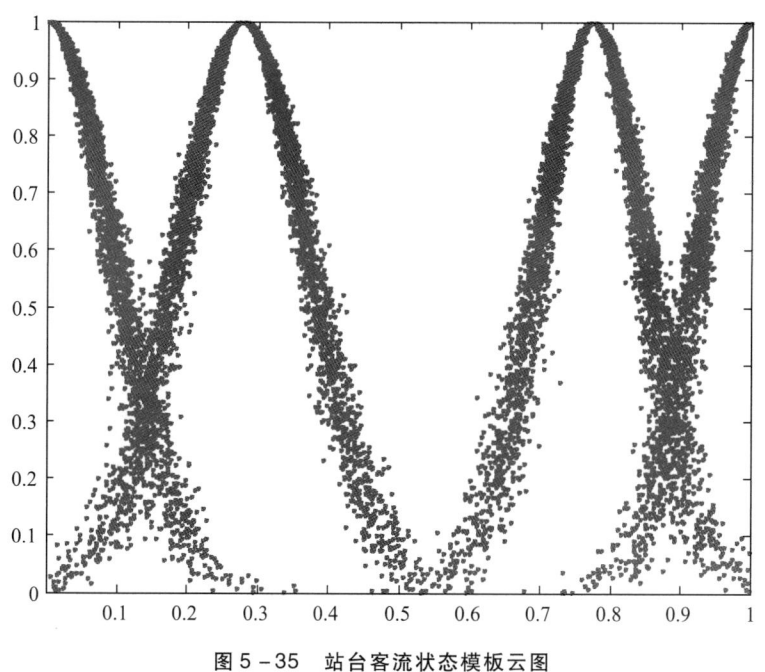

图 5-35 站台客流状态模板云图

实测数据地点选取惠新西街北口站。该站站台为侧式站台,数据采集时间为早 7:35,采集天通苑北→宋家庄方向的站台平均排队长度为 $2d/3$,人均占用面积为 0.32 m^2。对采集数据进行标准化处理,所得结果如表 5-18 所示。

表 5-18 实测站台客流状态数据

设施设备	指标	原始数据	数据标准化
站台	人均占用面积	0.32 m^2	0.24
	平均排队长度	$2d/3$	0.167

利用 MATLAB7.0 软件及判别方法 Step3 计算得到实测站台指标云的 3 个数字特征 Ex、En 和 He，如表 5-19 所示。

表 5-19 实测站台客流状态指标云的数字特征

设施设备	指标	Ex	En	He
站台	人均占用面积	0.271	0.1	0.01
	平均排队长度	0.249	0.083	0.01

利用实测站台指标云的数字特征合成指标云模型，其云模型的 3 个数字特征如表 5-20 所示，同样以 5 000 个云滴为基准并利用 MATLAB7.0 软件实现实测的站台客流状态合成指标云与模板云对比图，如图 5-36 所示。

表 5-20 实测站台客流状态指标合成云的数字特征

设施设备	Ex	En	He
站台	0.260	0.089	0.01

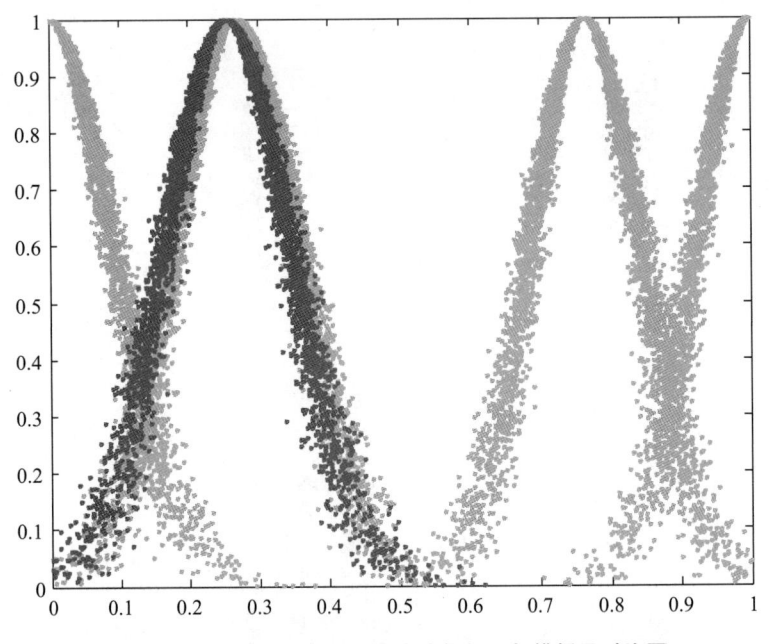

图 5-36 实测站台客流状态合成指标云与模板云对比图

根据客流管控触发判别方法 Step4 进行计算，确定实测站台客流状态指标云与模板云 [$I_Ⅰ$，$I_Ⅱ$，$I_Ⅲ$，$I_Ⅳ$] 的相似概率值分别为 [0.000 0，0.000 2，0.889 8，0.110 0]，结合实测站台客流状态合成指标云与模板云对比图可发现，实测站台客流状态介于Ⅲ级客流状态（拥挤）和Ⅳ级客流状态（重度拥挤）之间，且与Ⅲ级客流状态的相似概率最高，相似概率为 0.889 8，因此，可认为该实测站台客流状态属于Ⅲ级客流状态，站台客流处于拥挤状态，已经达到了车站一级客流管控启动的条件，需要及时实施相应的一级客流管控措施，来缓解站台客流的拥挤程度。同时，根据当前车站客流状态需继续进行车站二级客流管控判别，判断车站是否达到二级客流管控的启动条件。

（2）二级客流管控判别

根据上一小节中得出的结论，车站客流状态已经达到了一级客流管控启动的条件，因此，再次根据当前车站客流状态判断是否达到二级客流管控启动条件。二级客流管控的所需判别客流状态的设施设备为通道或楼扶梯区域，根据惠新西街北口站站内结构，以下行楼梯为例，进行二级客流管控触发判别分析。下行楼梯区域客流状态分级同样划分为 4 个等级，分别为Ⅰ、Ⅱ、Ⅲ、Ⅳ级，判别指标为 3 个，分别为人均占用面积、流量和速度。

对下行楼梯客流状态级别原指标数据进行标准化并计算各客流状态等级下指标云的数字特征，即下行楼梯客流状态级别Ⅰ、Ⅱ、Ⅲ、Ⅳ的模板云的数字特征，如表 5-21 所示。

表 5-21 下行楼梯各指标云的数字特征

客流状态级别	客流状态	人均占用面积	流量	速度
Ⅰ	通畅	A1 (1, 1/12, 0.01)	B1 (1, 1/12, 0.01)	C1 (1, 1/14, 0.01)
Ⅱ	较通畅	A2 (0.75, 1/12, 0.01)	B2 (0.75, 1/12, 0.01)	C2 (11/14, 1/14, 0.01)
Ⅲ	拥挤	A3 (0.25, 1/12, 0.01)	B3 (0.25, 1/12, 0.01)	C3 (2/7, 2/21, 0.01)
Ⅳ	重度拥挤	A4 (0, 1/12, 0.01)	B4 (0, 1/12, 0.01)	C4 (0, 2/21, 0.01)

这里假设人均占用面积、流量和速度指标的重要性权值分别为 1/3，即 $\theta_1 = \theta_2 = \theta_3 = 1/3$，计算可得下行楼梯客流状态等级模板云 I_i（Ex_i，En_i，He_i）的数字特征，如表 5-22 所示。

表 5-22　下行楼梯客流状态模板云的数字特征

客流状态级别	客流状态	Ex	En	He
Ⅰ	通畅	1.000	0.079	0.01
Ⅱ	较通畅	0.761	0.079	0.01
Ⅲ	拥挤	0.263	0.087	0.01
Ⅳ	重度拥挤	0	0.087	0.01

城市轨道交通车站设施设备客流管控触发指标云均以 5 000 个云滴为基准，利用 MATLAB7.0 软件编程生成下行楼梯客流状态模板云图，如图 5-37 所示。

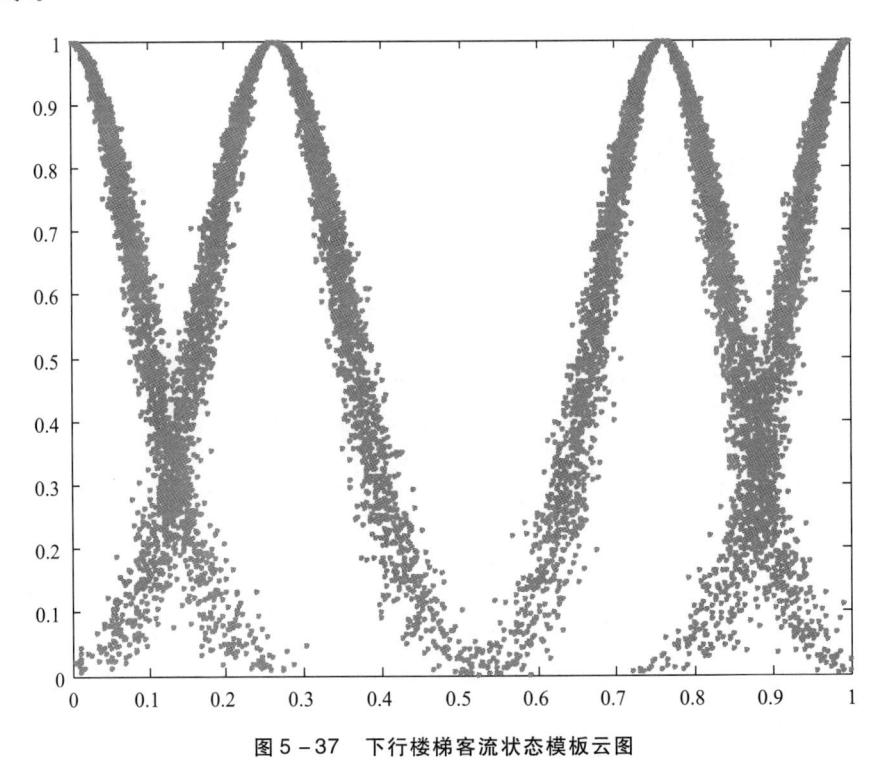

图 5-37　下行楼梯客流状态模板云图

实测数据地点选取惠新西街北口站下行方向天通苑北→宋家庄方向的站厅至站台的下行楼梯，数据采集时间同样为早 7:35，采集人均占用面积为 0.58 m²，流量为 45 人·m^{-1}·min^{-1}，速度为 0.52 m/s，对采集数据进行标准化处理，所得结果如表 5-23 所示。

表5-23 实测下行楼梯客流状态指标数据

设施设备	指标	原始数据	数据标准化
下行楼梯	人均占用面积	0.58 m^2	0.3
	流量	45 人·m^{-1}·min^{-1}	0.625
	速度	0.52 m/s	0.686

利用 MATLAB7.0 软件及判别算法 Step3 计算得到实测下行楼梯指标云的 3 个数字特征 Ex、En 和 He，如表 5-24 所示。

表5-24 实测下行楼梯客流状态指标云的数字特征

设施设备	指标	Ex	En	He
下行楼梯	人均占用面积	0.249	0.083	0.01
	流量	0.750	0.083	0.01
	速度	0.674	0.071	0.01

利用实测下行楼梯指标云的数字特征合成指标云模型，其云模型的 3 个数字特征如表 5-25 所示，同样以 5 000 个云滴为基准并利用 MATLAB7.0 软件实现实测的下行楼梯客流状态合成指标云与模板云对比图，如图 5-38 所示。

表5-25 实测下行楼梯客流状态指标合成云的数字特征

设施设备	Ex	En	He
下行楼梯	0.552	0.079	0.01

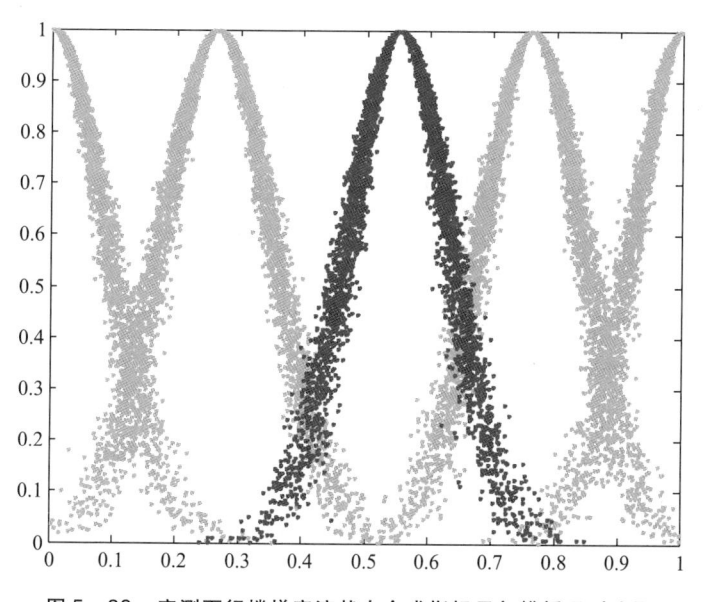

图5-38 实测下行楼梯客流状态合成指标云与模板云对比图

根据客流管控触发判别方法 Step4 进行计算,确定实测下行楼梯客流状态指标云与模板云 $[I_{I}, I_{II}, I_{III}, I_{IV}]$ 的相似概率值分别为 $[0.0028, 0.7645, 0.2325, 0.0002]$,结合实测下行楼梯客流状态合成指标云与模板云对比图可发现,实测下行楼梯客流状态介于 II 级客流状态(较通畅)和 III 级客流状态(拥挤)之间,且与 II 级客流状态的相似概率最高,相似概率为 0.7645。因此,可认为该实测下行楼梯客流状态属于 II 级客流状态,楼梯客流处于较通畅状态,暂时不需要实施二级客流管控措施,待下行楼梯客流继续增长,直到达到了二级客流管控的启动条件再进行相应的客流管控措施。根据当前车站客流状态情况,暂不需要进行车站三级客流管控判别,待车站达到二级客流管控的启动条件之后,再进行三级客流管控判别。

(3) 车站客流管控措施

根据 5 号线惠新西街北口站早高峰某时刻客流管控等级的判别分析可知,车站已达到了一级客流管控触发条件且暂未达到二级客流管控触发条件,因此,此时需进行一级客流管控措施,即在惠新西街北口站的站台区域进行相应的客流管控措施,具体措施如下:

一是加强客流组织,减少客流交织、紊乱引起的拥挤,加快下车乘客的出站。

二是在通道/楼扶梯区域进行相应的客流管控措施,即在进站通道设置导流设施,封闭部分进入站台的通道/楼梯,控制电梯速度或关闭电梯,在通道/楼扶梯设置隔离围栏、警戒绳以及调整楼扶梯通行方向。

三是在安检/检票设备区域进行相应的客流管控措施,即关闭部分进站闸机,适时控制进站闸机开放数量,关闭自动售票机,减缓售票及安检速度。

5.8 小　　结

本章全面地分析了车站客流状态并准确判定设施设备服务水平,为车站安全运营管理、客流管控方案制定、应急处置方案编制等提供技术支撑。首先,本章在明确车站结构、设施设备布局的基础上,选取各个设施设备服务水平指标,针对地铁设施设备客流状态评判指标的模糊性和随机变化性,提出了基于云模型的设施设备客流状态辨识模型;其次,通过状态隶属关系,结合马尔科夫状态转移理论,分析了设施设备客流状态动态变化情况,系统完整地实现了针对车站设施设备路网客流状态判断与动态预测;最后,结合车站实地调查以及数据分析,仿真验证了基于马尔科夫状态转移的客流状态预测模型的合理性,从而实现车站客流状态预测判别。

6 城市轨道交通路网客流主动管控方法

城市轨道交通路网客流管控方案制定存在较大不足，主要体现在主观性强、难以适用于大规模路网的实际运营。为此，本章从运输能力瓶颈这一拥挤根源出发，以疏解能力瓶颈为基本手段构建反馈式控制方案生成方法，即基于能力瓶颈疏解策略的客流管控方案生成方法。该方法特点是：①物理含义明确、计算简便；②能充分考虑客流管控过程中涉及的影响因素，可扩展性强；③能满足大规模路网的实际运营需求，便于计算机实现。

6.1 算法概述

6.1.1 算法需求

为满足超大规模城市轨道交通路网客流协同管控方案编制的实际应用需求，构建方法应满足如下基本要求：

①理论准确、清晰、明确。方法准确与否是衡量其价值的基本依据。

②具备高效运算效率。算法应满足超大规模路网需求，应对城市轨道交通路网规模的进一步扩大。

③便于程序化语言描述。为满足客流管控方案的自动化编制需求，需开发对应的客流管控方案编制系统，算法需满足开发需求。

④可扩展性强。客流管控方案编制需考虑不同车站、不同场景下的多种因素，算法需具备良好的可扩展性，能够考虑多种实际因素。

⑤协同要素的考虑。相比单点局部控制策略，应能考虑车站间的协调联动。

6.1.2 算法思想——"溯源"

提出一种可靠、完备的客流管控方案编制算法，该算法的核心思想是溯源，即对流经关键拥挤区间的客流源头进行摸排，针对性地对源头站进行管控，从而对关键拥挤区间进行疏解。客流拥挤的根源在于能力瓶颈，因此，从能力瓶颈这一拥挤根源出发,以疏解能力瓶颈为目标来构建相应的反馈客流管控策略。

下面以一个简单示例来说明控制算法的基本过程,如图 6-1 所示。

图 6-1 (a) 描述了进站客流的目的地流向分布,该分布关系可通过 OD 矩阵获取,通过客流分配模型,即可获取流经每一区间的客流量,同时得到进站客流与区间客流的内在分布关系。

图 6-1 (b) 描述了区间运量的分布状态,结合运力要素,即可获得能力瓶颈区间,即拥挤区间。实际中可直接对车站 3 进行限流,但是若该区间的拥挤状态十分严峻时,还需结合前方车站 1、2 来协同管控。

图 6-1 (c) 描述了流经特定区间的客流来源情况,该过程称为客流源回溯。假设流经拥挤区间的客流主要来自车站 1 和车站 3,那么,在进行协同管控时应选择车站 1,而不是车站 2,如图 6-1 (d) 所示。

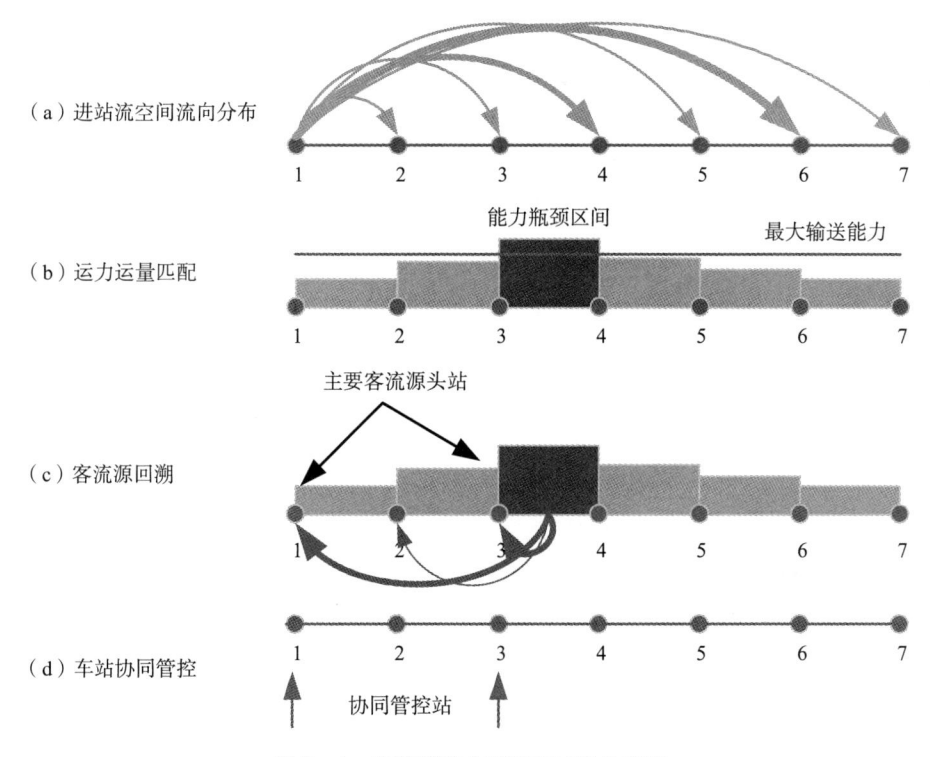

图 6-1 客流管控方案编制过程示意图

上述示例清晰地给出客流管控方案编制算法的基本流程,归纳起来包含以下关键步骤:客流分布状态确定;客流内在关系构建;运力运量匹配;能力瓶颈疏解;协同管控方案生成。

虽然上述示例简单明了,但对于大规模复杂路网而言,客流分布规律复杂，且能力瓶颈往往不止一个，瓶颈间存在多重内在关联，实现该算法仍是一件复杂的事情。下面对算法实施过程中涉及的关键技术进行分析：

①动态客流分配技术。客流在路网上具有动态传播性，需利用动态配流技术获取客流分布状态及流量关系；然而，受限于城市轨道交通路网规模庞大、客流高度离散化（乘客出行以列车为载体，与列车运行过程高度相关），目前尚缺乏有效的城市轨道交通网动态配流模型来高效实现客流分配过程。为此，提出一种基于路径离散的方式来近似实现动态客流分配过程，虽然该方式在分配结果精度方面有所降低，但能够满足方案编制的需求。

②能力瓶颈辨识技术。理论上根据运力运量关系可辨识出能力瓶颈区间，但是从客流分析结果显示，按照理论能力来确定瓶颈区间过于理想化，路网上超出能力的区间较少，而实际中乘客的感受却是十分拥挤。这种情形产生的原因主要有两方面：一是能力计算有误，过高估计了列车的载客能力；二是能力利用不均衡，不能完全按照理论能力来辨识能力瓶颈。为此，提出采用特定服务水平下的能力计算值来作为实际可用能力，对理论能力进行一定折减，从而与实际情况贴近。

③能力瓶颈疏解技术在确定能力瓶颈区间的基础上，如何根据流量关系科学确定协同管控站点及对应的管控强度，直接决定了最终客流管控方案的优劣。利用客流的回溯关系，构建基于反馈机制的瓶颈疏解策略，以消除路网能力瓶颈区间为目标，反向确定管控车站及管控强度。

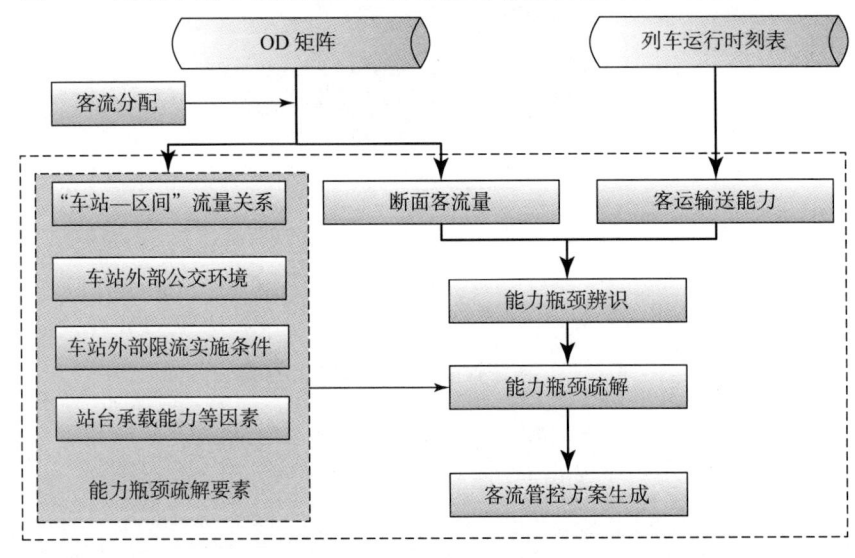

图6-2给出了基于能力瓶颈疏解算法的客流管控方案生成框架。

图6-2 基于能力瓶颈疏解的客流管控方案生成框架

6.2 动态客流分布状态及流量关系

客流分配模型可分为静态配流模型和动态配流模型。静态配流模型不关注交通流在路网上的动态传播过程，一般应用于交通规划、交通政策评估，其分配的时间粒度较大，如周期为一日；动态配流模型是在静态模型基础上发展而来的，其能够刻画动态交通流的动态传播特性，在进行交通控制、交通拥挤等问题分析时能够发挥良好的效果。

利用动态配流模型主要是为了获取分时断面客流以及进站客流与断面客流之间的时空分布内在关系，对客流管控方案编制结果的准确性起到关键性作用。动态交通配流理论已发展数十年，但其主要集中在道路交通领域，轨道交通客流具有高度离散性，既有模型难以有效适应，尤其对于大规模路网而言，实现客流的动态分配仍是一项极其复杂的工作。

为此，借鉴既有动态分配的主体思路，提出一种近似的准动态客流分配模型，它将分配过程分为可行路径集搜索、乘客路径选择、路网时空推演三个主要步骤，分配框架如图6-3所示。

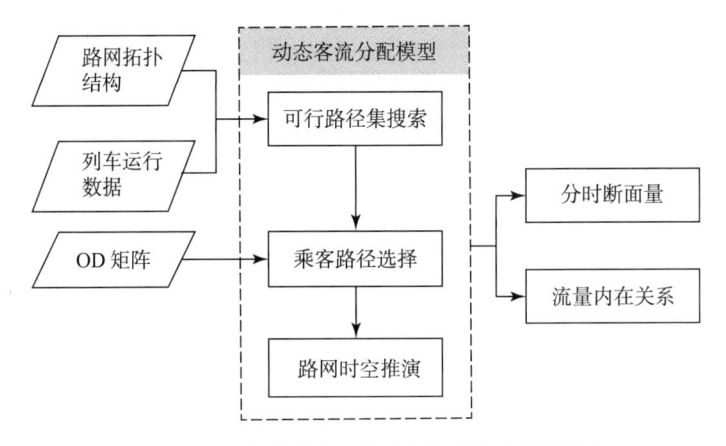

图6-3 城市轨道交通准动态客流分布模型框架

6.2.1 可行路径集搜索

定义城市轨道交通网络 $G = (N, E)$，其中 N 为车站集合，$N = \{1, 2 \cdots i, j\}$，对于换乘站采用虚拟站点分开描述；E 为区间集合，$E = \{1, 2 \cdots m, n\}$，

包含区间及换乘通道；将研究范围（如高峰时段）离散化为等长时段，T 为研究时段集合，T={1, 2…t}，Δt 为时段长度；$C_m(t)$ 为时段 t 内区间 m 的输送能力；$q_m(t)$ 为时段 t 内通过区间 m 的客流量；$d_{ij}(t)$ 为时段 t 内 OD 对 (i, j) 间交通需求量；R_{ij} 为 OD 对 (i, j) 间可行路径集合，r_{ijk} 为集合中第 k 条路径，$r_{ijk} \in R_{ij}$。

采用路径综合阻抗描述路径费用，计算公式如式（6-1）~式（6-3）所示：

$$W_{rs}^k = T_{rs}^k + E_{rs}^k \qquad (6-1)$$

$$T_{rs}^k = \sum_{i,j \in k}(t_{ij} + s_i) \quad \forall k \in R_{rs} \qquad (6-2)$$

$$E_{rs}^k = \sum_{i,j \in k}(t_{ij}^{WALK} + t_j^{WAIT}) \times \alpha \quad \forall k \in R_{rs} \qquad (6-3)$$

式中，W_{rs}^k 为 OD 对 (r, s) 间第 k 条路径的综合阻抗值；T_{rs}^k 为 OD 对 (r, s) 间第 k 条路径中列车运行区间的阻抗值；E_{rs}^k 为 OD 对 (r, s) 间第 k 条路径中换乘弧的阻抗值；t_{ij} 为节点 i 与节点 j 间（同线路上的站台节点）列车区间运行时间；s_i 为列车在节点 i 的停站时间；t_{ij}^{WALK} 为节点 i 与节点 j（不同线路上的站台节点）间平均换乘时间；α 为换乘时间放大系数；t_j^{WAIT} 为乘客在节点 j 平均候车时间，采用 $t_j^{WAIT} = H_{j \in q}^q / 2$ 计算，$H_{j \in q}^q$ 为 j 节点所在线路 q 的发车间隔时间；R_{rs} 为 OD 对 (r, s) 间可行路径集合。

通过 k 短路径搜索算法对任意 OD 间 k 短路径进行搜索，为保证可行路径集的完整构建，一般 $k \geq 5$。k 短路径搜索算法已相对成熟，在此不再描述。通过路径搜索算法得到的 k 短路径中，不合理的路径可以认为乘客不会选择，需要对 k 条路径的合理性进行判断，从而生成有效的可行路径集。路径合理性判断条件如式（6-4）和式（6-5）所示：

$$W_{max}^{rs} = \min(W_{min}^{rs}(1+\theta), W_{min}^{rs} + U) \qquad (6-4)$$

$$W_{effective}^{rs} \leq W_{max}^{rs} \qquad (6-5)$$

式中，θ 为比例系数，描述可行路径阻抗值与最小路径阻抗值的相对偏移比例；U 为常数，描述可行路径阻抗值与最小路径阻抗值的绝对偏移量。

6.2.2 乘客路径选择

弄清路网客流分布特征是构建管控方案的第一步，利用广泛应用的 Logit 模型对乘客路径选择过程进行描述。为真实反映客流需求的初始分布特征，分配过程中不考虑区间运能约束。实际中因运输能力限制而产生的客流拥挤表现为站台乘客的滞留，当不考虑区间运能约束时，则表现为区间客流量大于区间运输能力。

假设某时段 t 内交通需求（OD 表）已知，以某 OD 对 (i,j) 为例详细介绍流量关系的构建过程。基于随机用户均衡理论，OD (i,j) 间乘客选择第 k 条路径的概率 p_{ijk} 如式（6-6）所示：

$$p_{ijk} = \frac{\exp(W_{r_{ijk}}/\overline{W})}{\sum_{r_{ijk} \in R_{ij}} \exp(W_{r_{ijk}}/\overline{W})} \quad (6-6)$$

式中，$W_{r_{ijk}}$ 为 OD (i,j) 间第 k 条路径的综合阻抗；$\overline{W}$ 为可行路径集中路径的平均阻抗；综合阻抗为路径上所经过区间及节点阻抗的加权值。

则 OD (i,j) 间第 k 条路径的流量计算如式（6-7）所示。

$$q_{r_{ijk}}(t) = d_{ij}(t) \cdot p_{ijk} \quad (6-7)$$

完成该 OD 内所有可行路径的流量分配，得到区间 m 的通过客流量 $q_m^{ij}(t)$，如式（6-8）所示：

$$q_m^{ij}(t) = \sum_{r_{ijk} \in R_{ij}} d_{ij}(t) \cdot p_{ijk} \cdot \delta_{r_{ijk}}^m \quad (6-8)$$

式中，$q_m^{ij}(t)$ 表示时段 t 内通过区间 m 的客流中来自 OD 对 (i,j) 的量；$\delta_{r_{ijk}}^m$ 为 0—1 变量，1 表示区间 m 位于路径 r_{ijk} 上，反之为 0。

进一步对路网中所有 OD 对进行客流分配，即得到区间 m 的通过客流总量 $q_m(t)$，如式（6-9）所示：

$$q_m(t) = \sum_{i \in N} \sum_{j \in N} q_m^{ij}(t) \quad (6-9)$$

6.2.3 路网时空推演

目前，时空推演的方式有多种，如基于列车运行过程、发车频率的推算。该方法能够获得较为精细的推算结果，缺点在于耗时长，计算量大。本研究中对于算法计算效率要求高，为此，采用路径时空离散的方式来完成推演过程，从而满足时效性需求。

下面以一个简单示例予以说明。如图 6-4 所示，假设车站 1~7 仅有一条路径，那么乘客仅能选择该路径出行，按照划分时间的粒度将该路径离散化为若干子路径，子路径长度按照列车区间运行时间长度确定，途中将其划分为 3 个子路径；分配过程中初期（7:00—7:05）乘客只会经过区间 1~3，后续区间上是没有客流的；随着时间推移，该股客流将在路径上逐步前移。

① 对于多条可行路径的 OD 对而言，需将每条路径离散化，结合乘客的路径选择概率来最终确定分配的流量。

② 对于换乘乘客而言，换乘时间采用平均乘客走行时间刻画。

③ 该分配过程需对分配的每一时段内的客流设置时间标签，从而便于统计分析。

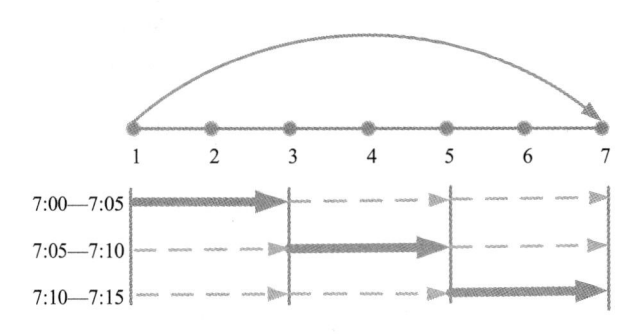

图 6-4 基于路径时空离散的客流推演示意图

④相比基于列车运行过程的推演方式,该方法简便,但仍是一项复杂的工作。以北京地铁为例,全网 OD 对超过 90 000 对,OD 间平均可行路径超过 3 条,若需在 30 s 内完成全网客流分配全过程仍具有相当大的难度。

6.2.4 流量时空关联关系

本节将介绍两个重要参数:车站客流区间通过率、区间运能占有率,这是构建管控方案的关键要素。

（1）车站客流区间通过率

车站客流区间通过率表示从车站进入的客流会流经哪些区间,以及占车站总进站量的百分比是多少,示意图如图 6-5 所示。

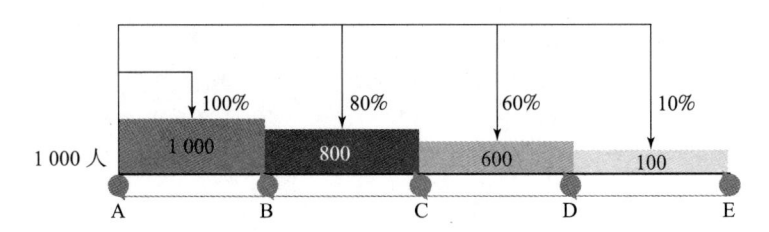

图 6-5 车站客流区间通过率示意图

假设单位时间内 A 站进站客流为 1 000 人,其中流经 A-B/B-C/C-D/D-F 区间的客流量分别为 1 000、800、600、100 人,那么其对应的车站客流区间通过率分别为 100%、80%、60%、10%。不难理解,当对 A 站实施限流后,其对前方不同区间的客流拥挤疏解效果存在较大差异。车站客流区间通过率越大,则疏解效果越明显。

定义 φ_i^m 为车站 i 关于区间 m 的客流通过率,其表示车站 i 的所有进站客流中流经区间 m 的客流量与总进站客流量的比值,计算公式如式（6-10）所示:

6 城市轨道交通路网客流主动管控方法

$$\varphi_i^m(t) = \sum_{j \in N} q_m^{ij}(t) / \sum_{j \in N} d_{ij}(t) \qquad (6-10)$$

（2）区间运能占有率

相对于车站客流区间通过率而言，区间运能占有率是从区间的角度来刻画其与车站间关系。区间运能占有率表示流经区间的所有客流中来自某具体车站客流的百分比，用于刻画源自车站的客流需求占用区间运能的关系，如图6-6所示。

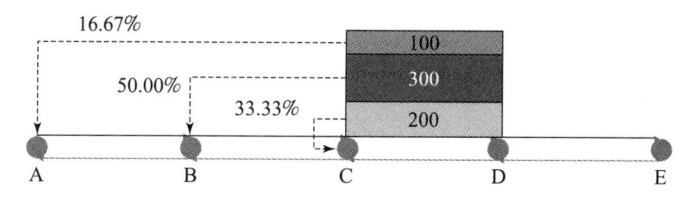

图 6-6 区间运能占有率示意图

假设单位时间内区间 C—D 间总客流量为 600 人，其中来自 A 站的为 100 人，来自 B 站的为 300 人，来自 C 站的为 200 人，对应的区间运能占有率则分别为 16.67%、50.00%、33.33%。不难理解，当 C—D 区间处于拥挤状态时，若需缓解其拥挤，管控效果最好的车站为 B，因为来自 B 站的客流占用该区间的运能最大。

定义 θ_m^i 为区间运能占有率，表示通过区间 m 的客流中来自车站 i 的百分比，用于刻画区间运能占用与车站客流需求间的内在关系，其越大则两者间关系越紧密。该系数是构建管控方案的重要参数，计算公式如式（6-11）所示：

$$\theta_m^i(t) = \sum_{j \in N} q_m^{ij}(t) / q_m(t) \qquad (6-11)$$

式中，$\theta_m^i(t)$ 为时段 t 内对应的区间运能占有率，其随不同时段内需求分布特征而变化。

6.3 运输能力瓶颈区间辨识

6.3.1 客运输送能力计算

1. 车辆定员数

车辆定员数指城市轨道交通列车车辆的额定载客量，由车辆的座位人数和站立人数组成，为车厢座位数和空余面积上站立的乘客数之和。站立面积即车厢空余面积，为车厢面积减去座位面积，一般按每平方米站立 6~8 名乘客计算。车辆定员数的计算公式如式（6-12）所示：

$$车辆定员数 = 座位数 + 站立面积 \times 规定的站立密度 \qquad (6-12)$$

需要注意的是，目前通过客流清分结果获得的运力运量匹配结果显示，区间客流拥挤程度较轻，但实际中人们的乘车体验却是十分拥挤。原因主要有两方面：

①列车间运力利用不均衡，某时段内并不是所有列车的能力得到充分利用。

②能力计算标准有误。我国城市轨道交通的列车能力采用 6 人/m² 的站立标准；在世界其他国家或城市中，新加坡采用 5.3 人/m²，莫斯科采用 4.5 人/m²，美国 F 级水平大致相当于 3.33~4.17 人/m²（设计常用的 E2 级 相当于 2.78~3.23 人/m²），伦敦采用 3.3 人/m²，维也纳采用 4~6 人/m²，东京采用 3.5 人/m²，欧洲多数国家与地区则采用 4 人/m² 的标准。明显看出我国列车能力采用的标准高于国外大多城市，实际中的有效运力达不到设计水平。研究中在计算运力时通过考虑服务水平来对理论运力进行调节，从而贴近实际情况。

2. 列车能力

列车能力是每辆车定员数与每列车编组数的乘积，如式（6-13）所示：

$$列车能力（每列车乘客数）= 每列车编组数 \times 每辆车定员数 \qquad (6-13)$$

城市轨道交通线路的列车能力是在单位时间内所能运送的乘客人数，在线路能力一定的条件下，主要决定于列车编组数和每辆车定员数。

3. 线路通过能力

线路通过能力是指在采用一定的车辆类型、信号设备和行车组织方法的条件下，城市轨道交通系统线路的各项固定设备在单位时间内所能通过的列车数。线路能力是系统综合能力的反映，主要取决于最小列车间隔和车站停留时间，其计算公式如式（6-14）所示：

$$n_{\max} = 3600/t_{间} \qquad (6-14)$$

式中，$n_{\max}$ 代表线路在 1 h 内能够通过的最大列车数（列）；$t_{间}$ 代表线路的最小列车间隔时间（s）。

需要注意的是：从线路整体来看，通过能力可采用式（6-14）粗略计算；然而，实际中即使同一时段内线路上不同区间的通过能力也是有差异的。例如，起始发车时段内，列车沿着某方向行驶，顺着列车运行方向各区间通过能力逐步增大，需要对区间通过能力进行精确计算。为此，采用列车运行图来确定各区间的精确通过能力。判定某列车是否在特定时段内通过某区间的规则如式（6-15）所示：

$$t_发 - t_x > 0 \cap t_发 - \vec{t} < 0 \qquad (6-15)$$

式中，$t_发$表示某列车在某站的发车时刻；t_x表示统计时段的下界（起始统计时刻）；$\vec{t}$表示统计时段的上界（终止统计时刻）。

4. 线路设计输送能力

输送能力是指某线路某方向单位时间内通过某断面的旅客空间数量。设计输送能力相当于最大能力、理论能力或理论最大能力，在实际运输生产过程中很难实现。影响设计输送能力的因素主要有两个：一是线路能力，二是列车能力，如式（6-16）所示：

$$设计输送能力 = 线路能力 \times 列车能力 \qquad (6-16)$$

线路能力是指每小时通过的列车数；列车能力是指列车容纳的乘客人数，等于每列车编组数乘以每辆车定员数，如式（6-17）所示：

$$设计输送能力 = 线路能力 \times 每列车编组数 \times 每辆车定员数 \qquad (6-17)$$

5. 线路有效输送能力

从理论层面而言，地铁单向输送能力可达 40 000 人/h 以上（不考虑超载情况），然而，清分客流结果显示实际中难以有区间超过该值，而乘客的感受却是十分拥挤的。究其原因主要在于：车辆能力取值过大（前述已分析）；客流波动影响导致实际有效输送能力达不到设计输送能力。借鉴《公共交通通行能力和服务质量手册》上关于有效输送能力的确定，采用客流不均衡系数来对设计输送能力进行折减，从而获取有效输送能力，如式（6-18）所示：

$$有效输送能力 = 设计输送能力 \times 客流不均衡系数 \qquad (6-18)$$

客流不均衡系数一般取值为 0.70~0.95，且不同线路、不同时段存在差异，根据 15 min 内最大进线量和总进线量比值确定。

6.3.2 换乘通道通过能力

换乘通道通过能力可通过查定车站设计规范以及通道宽度来计算，按照通道的瓶颈宽度（整个通道内最窄处）以及设备（楼扶梯）的最小通过能力来确定。在此不再详述。

6.3.3 能力瓶颈区间辨识

当区间通过量大于输送能力时便形成能力瓶颈（分配中未考虑能力约束，而实际中区间通过量存在严格上限），实际中表现为前方紧邻车站的客流拥挤。定义 Δq_m 为需求与运力间差值，如式（6-19）所示，差值越大则供需矛盾越突出，对应车站的客流拥挤越严重。

$$\Delta q_m(t) = q_m(t) - C_m(t) \qquad (6-19)$$

式中，$q_m(t)$ 为区间 m 在时段 t 内通过量，$C_m(t)$ 为同条件下的运力。

此处所采用运力为特定服务水平下的运力，并非理论计算运力。如运营企业希望列车满载率最大为 90%，那么实际采用运力为理论运力的 90%。

6.4 能力瓶颈区间疏解算法

高峰时段由于客流方向性突出，需求旺盛，形成的能力瓶颈往往是永久性瓶颈，即每日均出现拥挤。此时，如何通过客流管控进行能力瓶颈疏解成为关键。本节将从单瓶颈和多瓶颈两个角度来描述瓶颈疏解过程。

6.4.1 单瓶颈区间疏解策略

6.4.1.1 基本策略

图 6-7 给出单瓶颈区间疏解示意图。假设 m_3 为能力瓶颈区间，那么车站 i_3 将出现乘客滞留。缓解车站 i_3 客流压力的方案包含两种：对车站 i_3 进行客流管控，即本站管控；对多个车站（如 i_1，i_2 与 i_3）进行管控，即协同管控。在此，定义目标管控车站为缓解特定区间而选定的管控车站（可为单个或多个）；定义有效客流管控量为管控车站所需控制的有效流量（注意与实际进站量不同），所谓有效流量是指该部分流量能够真正起到缓解拥挤作用，即能够流经瓶颈区间的流量。

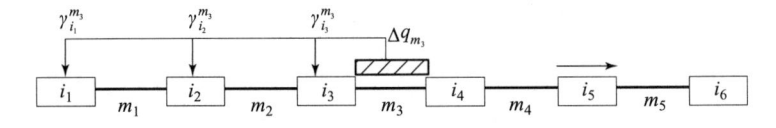

图 6-7 单瓶颈区间疏解示意图

（1）本站管控，即对车站 i_3 进行管控，目标管控车站为 i_3，为缓解区间 m_3 的客流拥挤，有效客流管控量如式（6-20）所示：

$$\Delta d_{i_3}(t) = \Delta q_{m_3}(t) \cdot \gamma_{i_3}^{m_3} \qquad (6-20)$$

式中，$\Delta d_{i_3}(t)$ 表示管控车站 i_3 的有效客流管控量，$\gamma_{i_3}^{m_3}$ 表示车站 i_3 在疏解瓶颈

区间 m_3 时的权重系数,权重系数越大则作用越大,相应有效客流管控量也越大。

(2)协同管控。以图 6-7 为例说明,假设对车站 i_1、i_2 与 i_3 进行协同管控,那么管控车站所需有效客流管控量应满足的关系如式(6-21)所示:

$$\Delta q_{m_3} \cdot \gamma_{i_1}^{m_3} + \Delta q_{m_3} \cdot \gamma_{i_2}^{m_3} + \Delta q_{m_3} \cdot \gamma_{i_3}^{m_3} = \Delta q_{m_3} \quad (6-21)$$

那么,权重系数应满足式(6-22)的约束条件:

$$\sum_{i \in N'_m} \gamma_i^m(t) = 1 \quad (6-22)$$

式中,N'_m 为疏解瓶颈区间 m 所选定的管控车站集合,定义为目标管控车站,本例中即为车站 i_1、i_2 与 i_3。此时,车站 i 的有效客流管控量如式(6-23)所示:

$$\Delta d_i(t) = \Delta q_m(t) \cdot \gamma_i^m \quad (6-23)$$

可以看出,合理确定目标管控车站及权重系数是进行协同管控的关键,下面将详细介绍其确定过程。

6.4.1.2 目标管控车站确定

响应管控车站需根据瓶颈区间的客流拥挤压力来确定,一般客流拥挤压力越大,响应管控车站应越多。在疏解瓶颈过程中,响应管控车站选取越少,对应的控制强度越大,客流管控压力越大;响应管控车站选取越多,对乘客出行影响则越大。因此,合理选择目标管控车站是编制客流管控方案的关键。在此,提出一种试探算法来进行目标管控车站的选择,如图 6-8 所示。

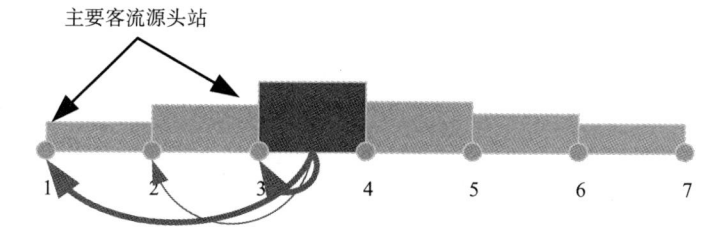

图 6-8 目标管控车站选择示意图

假设区间 3—4 为能力瓶颈区间,流经该区间的客流源头站排序为 1—3—2,目标管控车站试探算法为:

①首先将车站 1 选为目标管控车站,计算此时的客流管控率,为保证车站的基本组织,一般车站管控强度不得超过 70%(或者其他值),即不能完全封闭车站。

②若车站 1 的管控强度达到最大时仍不能疏解瓶颈区间,那么,选择车站 1 和车站 3 为目标管控车站,重新计算客流管控率。

③若此时能够实现瓶颈的疏解,且车站管控强度小于最大设定阈值,则结束;否则,转入步骤②,直至达到要求。

6.4.1.3 管控车站权重系数确定

在确定目标管控车站集合的基础上,下一步即如何确定各管控车站的权重系数。车站权重系数刻画了车站对瓶颈疏解作用的大小,是制定管控方案的关键。下面对车站权重系数的影响因素及计算进行分析。

(1) 区间运能占用率

区间运能占有率 θ_m^i 表示通过区间 m 的客流中来自车站 i 的比例,该值越大则表示车站与区间关联性越强,在缓解区间 m 的客流拥挤时,车站 i 的控制效果越明显。它是计算权重系数关键的要素。

(2) 响应时间

响应时间表示管控车站与瓶颈区间在时空上的关联性,管控车站离瓶颈区间越近,其管控效果越明显。在此,以管控车站距瓶颈区间所对应的列车运行时间来量化表示响应时间,定义为 Δt_i^m。对于瓶颈区间前方紧邻的车站,其响应时间表示为区间运行时间的一半。

(3) 外部交通环境

外部交通环境主要包括站外广场及公交运营情况,其决定了该站是否具备站外管控的可能。定义 S_i^o 为站外广场面积,V_i 为站外运营公交线路数。一般而言,站外广场面积较小或公交线路不足时,应减小车站的管控强度。

(4) 站台承载能力

站台承载能力是制定管控方案的另一主要因素。一般站台承载能力越大,抵抗客流拥挤风险的能力越大。在此,采用站台面积来量化站台承载能力,定义 S_i^p 为车站 i 某方向站台(上下行)的面积。由于客流具有明显的方向性,在进行某一瓶颈疏解时仅需考虑某一方向站台能力的利用情况。岛式站台可实现能力共用,可设定相应的系数来标定;侧式站台则采用实际面积确定。

结合上述影响因素的分析,车站权重系数可表示为相关因素的函数形式,如式(6-24)所示:

$$\gamma_i^m(t) = f(\theta_m^i(t), \Delta t_i^m, S_i^o, V_i, S_i^p) \tag{6-24}$$

考虑到各要素间差异性,对各要素进行归一化处理,从而确定最终的权重系数。具体计算公式如式(6-25)所示:

$$\gamma_i^m(t) = \mu_1 \frac{\theta_m^i(t)}{\sum_{i \in N_m'} \theta_m^i(t)} + \mu_2 \frac{\Delta t_i^m}{\sum_{i \in N_m'} \Delta t_i^m} + \mu_3 \frac{S_i^o}{\sum_{i \in N_m'} S_i^o} + \mu_4 \frac{V_i}{\sum_{i \in N_m'} V_i} + \mu_5 \frac{S_i^p}{\sum_{i \in N_m'} S_i^p}$$

$$(6-25)$$

式中，μ_1，μ_2，$\cdots$，μ_5 分别表示区间运能占用率、响应时间等要素对应的重要度参数，取值位于区间（0，1），且满足 $\mu_1 + \mu_2 + \mu_3 + \mu_4 + \mu_5 = 1$。其中，区间运能占用率、站台承载能力以及响应时间是考虑的主要因素，重要度较大。

6.4.2 多瓶颈区间疏解策略

一般而言，路网上往往存在多个瓶颈区间，在对某一瓶颈疏解时会对其他瓶颈区间产生影响。图 6-9 给出了线路上多瓶颈区间客流关联示意图。

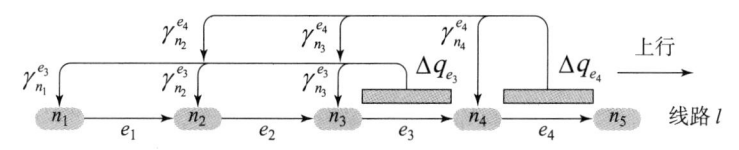

图 6-9 多瓶颈区间客流关联示意图

由于客流在路网分布具有内在关联性，往往对某一瓶颈区间疏解后，其相关联的瓶颈区间客流拥挤压力会降低或者消失，因此，多瓶颈区间疏解时需考虑客流内在关联性。以图 6-10 为例进行说明，假

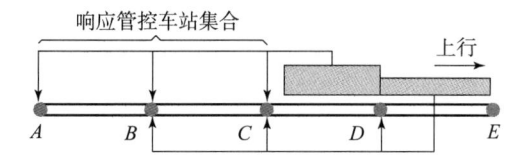

图 6-10 多瓶颈区间疏解示意图

设区间 C—D、D—E 为瓶颈区间，在进行瓶颈区间 C—D 疏解时，选取车站 A、B 和 C 为响应管控车站，当对这些站流量进行控制时，流经瓶颈区间 D—E 的客流也会随之减少。图 6-11 给出了瓶颈区间之间流量关系影响示意图，当对 A 站进站管控时，由 A 站出发流经区间 C—D、D—E 的客流均会减少。

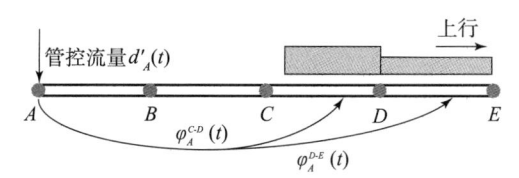

图 6-11 瓶颈区间流量关系示意图

为保证路网瓶颈的合理疏解，以拥挤压力（q_m/C_m）为指标对瓶颈区间进行排序，遵循从大到小的顺序依次疏解；每完成一个瓶颈区间的疏解后对路网各区间流量予以更新，流量更新公式如式（6-26）所示。待流量关系更新后，重新进行能力瓶颈区间辨识及排序，按照从大到小的顺序进行疏解，直至路网所有瓶颈区间完成疏解。

$$\bar{q}_m(t) = q_m(t) - \sum_{i \in N'_m} d'_i(t) \cdot \varphi_i^m(t), \forall m \in E, t \in T \quad (6-26)$$

式中，$\bar{q}_m(t)$ 为更新后的客流量。

图 6-12 给出了路网条件下多瓶颈区间疏解算法。

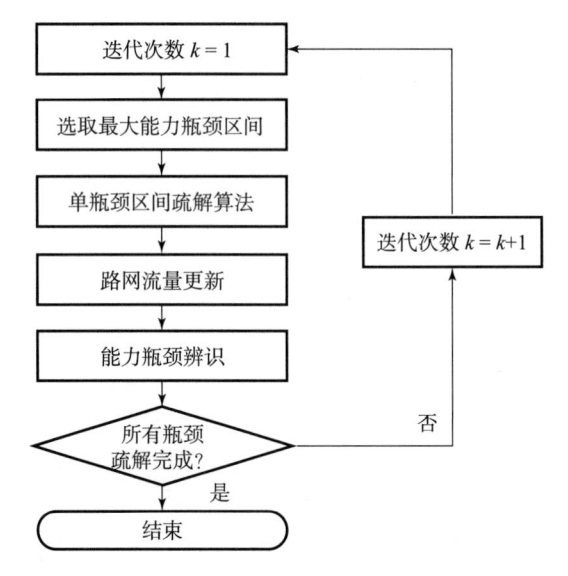

图 6-12 多瓶颈区间疏解算法

6.5 路网协同管控策略生成方法

6.5.1 车站客流管控方案

定义车站客流管控率 β_i 来量化表示客流管控强度，用单位时间内限制进入车站的客流量（管控条件下不能满足的需求量）与实际客流需求量的比值来表示，如式（6-27）所示。客流管控率越大则管控强度越大。

$$\beta_i(t) = \frac{d'_i(t)}{d_i(t)} \cdot 100\% \qquad (6-27)$$

式中，$d_i(t)$ 为时段 t 内车站 i 的实际需求量（即到站量）；$d'_i(t)$ 为进站受限制的客流量（即客流管控量）；$\beta_i(t)$ 为对应时段的客流管控率。

根据式（6-23）可知，目标控制车站的有效客流管控量为 $\Delta d_i(t) = \Delta q_m(t) \cdot \gamma_i^m$，在此，需要注意的是有效客流管控量与车站客流管控量存在一定差异，这是因为：进站量包含去往其他各个车站的客流，难以将特定客流区分；并不是所有客流都会流经瓶颈区间。因此，需利用车站客流区间通过率对客流管控量予以校正，如式（6－28）所示：

$$d'_i(t) = \Delta q_m(t) \cdot \gamma_i^m / \varphi_i^m \qquad (6-28)$$

确定车站客流管控率后需制定具有可实施性的客流管控方案，例如围栏设置长度和宽度、开放闸机数目、分批放行速率。该部分内容不在本研究范围内，当确定客流管控率之后可得单位时间内进站速率，以此为依据可进一步制定相应控制措施。

6.5.2 路网客流管控方案编制流程

路网客流管控方案制定基本流程为：①离散化研究时段（一般为高峰时段）。对每一时段进行客流分配，获取需求与区间能力的内在关系，以及区间断面量。②瓶颈辨识与疏解。利用瓶颈疏解策略依次对瓶颈进行疏解，确定管控车站及控制强度。③根据不同时段内瓶颈疏解结果，确定研究时段内整体的路网客流管控方案（三要素）。路网层客流管控方案生成的具体流程如图6－13所示。

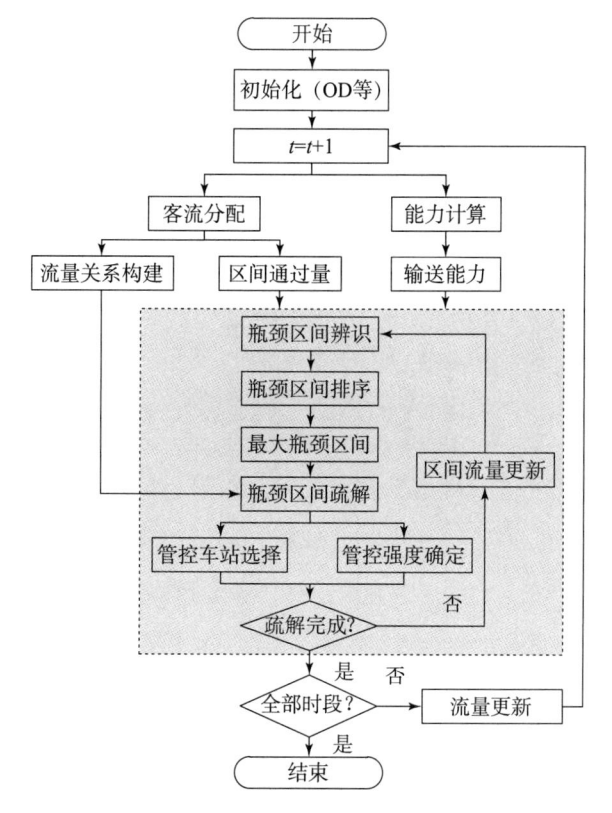

图6－13 路网客流管控方案生成流程

6.5.3 客流管控时段长度设置

实际中客流管控方案给出了各站的起终时间，比较宽泛，车站值班员可根据客流实际需求进行柔性调整。站在管理者角度，编制方案时希望尽可能精细化构建客流管控方案（如客流管控时间），然而，由于客流波动较为明显，往往过于精细化的客流管控方案并不能发挥良好效果。原因在于客流管控方案的编制是以历史客流规律为基础的，一旦当前客流和历史客流波动较大时，既有的客流管控方案将难以发挥作用。因此，在追求客流管控方案精细化同时应关注客流管控方案的鲁棒性问题，在两者之间寻求平衡。

既有认知中大家普遍认为地铁客流十分稳定，在某种程度上的确如此，但是客流的稳定存在其前提条件，例如：若将当前日客运量与前日或上周同期对比，会发现两者间偏差很小。以 2018 年 8 月 1 日（星期三）为例，图 6-14 给出了北京地铁 1 号线日客运量与上周同期的对比情况，可以看出：绝大部分线路与上周同比波动均在 5% 以内，若以路网整体为单位，该波动将更小。可见从客运量来看客流的确具有很强的稳定性。

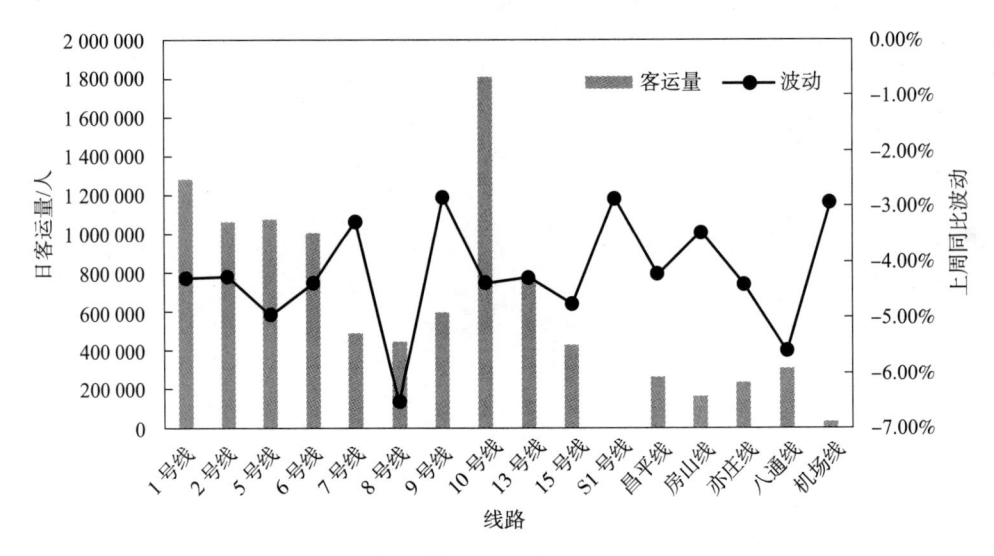

图 6-14 北京地铁 1 号线日客运量稳定性分析

另外，从日进线量或车站日进站量来看客流也具有相似特征，均表现出极强的稳定性。但是，若将分析时间粒度缩小，会发现客流的稳定性急剧下降。例如，以 30 min 为统计粒度，对车站进站量进行对比分析，图 6-15 给出了苹果园站分时进站量与上周同比分析结果，可以看出有多个时段波动百分比超过 10%，客流的波动性已十分明显，从全天所有时段来看，平均波动率达

7%。不难猜想，若客流的统计时间粒度更小（如 15 min），该波动将愈发明显。

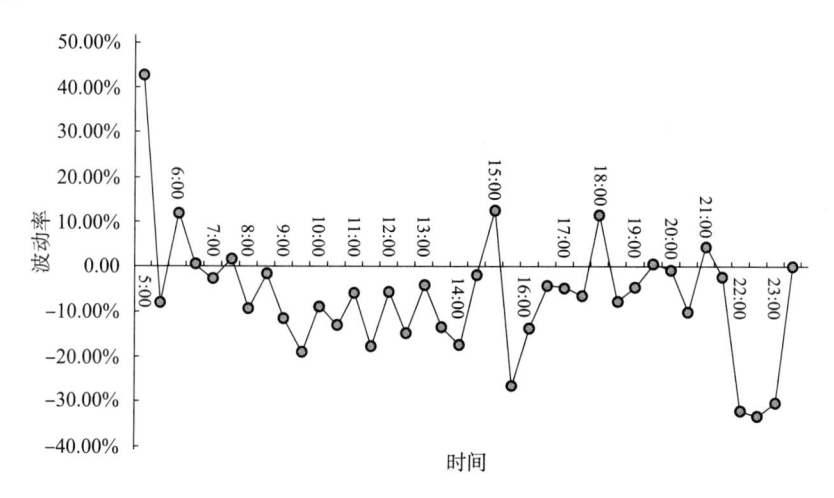

图 6-15 苹果园站分时进站量波动分析

下面进一步对 OD 客流的稳定性进行分析。OD 客流直接决定了客流在路网上的分布状态，其是研究路网客流拥挤、区段运力运量匹配等一系列问题的基础数据，也是本研究在进行客流管控方案编制时采用的关键数据。对不同统计时间粒度（5 min、10 min、15 min、30 min、1 h、2 h、1 d）下 OD 客流的波动性进行分析，计算某工作日（星期一）与上周同期（星期一）两日间 OD 客流的加权相对偏差，如式（6-29）所示：

$$RE(t) = \sum_{i=1}^{n}\sum_{j=1, j \neq i}^{n}\left[\gamma_{ij}(t) \times \frac{|q_{ij}(t) - q_{ij}^{*}(t)|}{q_{ij}(t)}\right] \times 100\%, \forall t \in K \tag{6-29}$$

式中，$\gamma_{ij}(t)$ 为 OD 对 (i, j) 的权重系数，即 OD 客流量占当前时段内路网总出行客流的比重，OD 客流量越大则权重系数越大；$q_{ij}^{*}(t)$ 表示上周同期 OD 客流量；$q_{ij}(t)$ 为当前 OD 客流量。

对路网上每一 OD 对进行计算后得到最终结果，如图 6-16 所示。可以看出：

①以全日为分析粒度，两日 OD 客流偏差小于 10%，说明轨道交通客流具有较强稳定性。

②随着统计时段的逐步缩小，两日 OD 客流偏差逐渐增大，当时间粒度为 5 min 时，平均偏差大于 70%，此时，历史 OD 客流几乎无任何参考价值。

③高峰时段内 OD 客流偏差明显减小，说明高峰时段客流较为稳定，当时

间粒度为 15 min 时,最小偏差约为 28%,当为 30 min 时,最小偏差约为 20%。

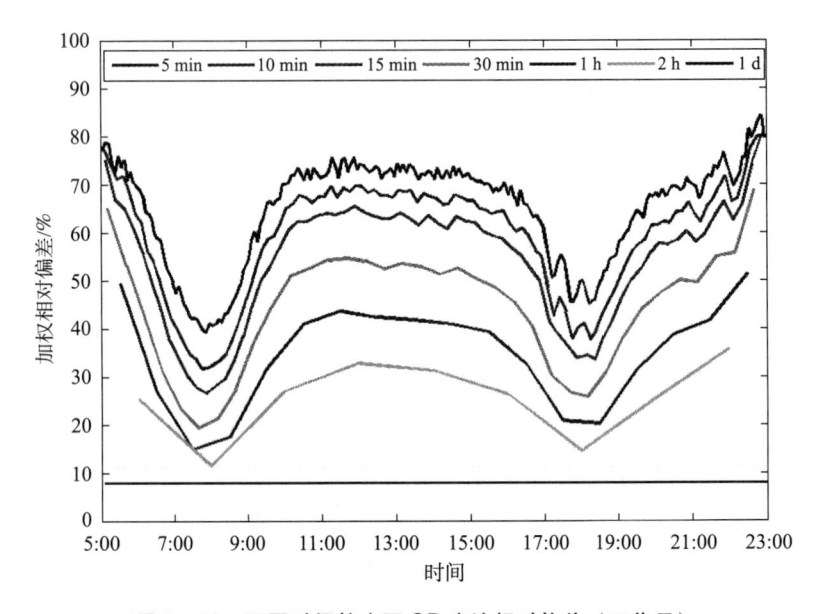

图 6-16 不同时间粒度下 OD 客流相对偏差(工作日)

因此,若精细化编制客流管控方案时仍以历史客流为主要依据,那么,所编制方案的时间粒度不能过小,不然由于客流的波动,历史客流的参考性将下降,不具参考意义。考虑到输入 OD 客流的稳定性和可参考性,建议在进行客流管控方案编制时以 30 min 为时间粒度,最小不宜小于 15 min。可通过连续多日平均 OD 客流来作为输入,从而提高输入的稳定性;抑或通过多日的客流管控方案来综合确定方案。倘若过于追求方案的精细化,那么所得出的方案必将是一个不准确、不够可靠的结果,并无实际价值。

下面对构建方案中时间粒度的设置进行简要分析。从算法求解角度,对时间粒度设置并无具体要求,若 OD 客流细化至 1 min,仍可编制精度为 1 min 的方案。但从实际操作以及输入数据稳定性来看,管控时间设置不宜过短。首先,实际中不可能短时内频繁调整客流管控设施设备;其次,短时间粒度下的方案鲁棒性较低。因此,建议采用的客流管控时间为 30 min,在所开发系统中提供 15 min、30 min 两种时间粒度。所编制方案属于一个轮廓方案,具体客流管控组织时值班员可在该轮廓方案的前提下根据实时客流情况来灵活调整客流管控的起始和终止时间。

6.6 小　　结

本章构建了城市轨道交通路网层客流协同管控方案生成方法，详细介绍了该方法的构建框架以及主要内容。该生成方法以能力瓶颈疏解为基本手段，通过对路网能力瓶颈的疏解来反向确定管控车站的选取，物理含义明确，计算简便，满足大规模实际路网的需求。

7 城市轨道交通客流管控方案评估体系

本部分内容依据路网客流管控方案制定原则，综合分析了客流管控方案评估要素，通过分析线路各个客流管控车站间的协同关系，构建了线网客流管控方案评估指标体系，形成了两套城市轨道交通客流管控方案评估方法：一种是车站客流管控方案动态闭环反馈优化方法；另一种是基于客流管控指数的客流管控方案评估方法。这两种方法均可对客流管控方案实施效果进行综合评价，进一步优化路网客流管控方案。

7.1 路网客流管控方案评估原则

北京地铁按照"先外围线路后骨干线路、先远端车站后中心车站"的路网客流管控组织原则和"限站外保站内、限本站保换乘"的车站客流管控实施原则，在列车满载率达到高峰区段的前方车站进行客流管控，安排公共文明引导员，并与公交安保总队密切配合，加强站外客流管控组织疏导力量，利用站外限流围栏和闸机进出站方向转换严格控制进站人数和速度，降低列车拥挤度，保证车站客流可控、组织有序。

随着北京地铁线路的扩张，地铁客运量也日益增多，为缓解客流压力和运能紧张，对早晚高峰时段实行车站客流管控成为一种常态措施。北京地铁运营部门会在每个月对各线路车站的客流进行研究，以一个月为一个调整时段，原则上对客流波动较大的车站进行常态客流管控调整，如果变化较小将维持上一个月的常态客流管控方案。

7.1.1 客流管控时段的确定

车站客流管控方案中客流管控时段主要包括客流管控的启动时间节点、终止时间节点及管控持续时间。在早晚高峰时段运营中，车站客流管控的启动时间节点、客流管控的终止时间节点取决于路网运输能力瓶颈区间满载率、车站进站客流量及站外、站台客流排队情况。

工作日早晚高峰出行客流以通勤客流为主，常态客流管控的启动时间节点应以早晚高峰客流进峰时间节点作为客流管控的启动时间节点，常态客流管控终止时间节点应以早晚高峰客流退峰时间节点作为客流管控的终止时间节点。因此，客流管控持续时间主要取决于高峰客流的持续时间，与站台的能力和列车满载率等因素有关。

车站客流管控方案的制定以提高客流管控的效率、提高服务质量为目的，使乘客出行更有序、方便和舒适，根据常态早晚高峰客流变化情况，合理确定客流管控时间。一般情况下，常态客流管控的启动时间节点、客流管控的终止时间节点及客流管控的持续时间相对固定，且客流管控持续时间不应过短或过长，根据各条线路客流高峰时段分析，车站的客流管控持续时间一般介于30~90 min。在突发事件条件下，车站启动临时客流管控方案，客流管控的启动时间节点、客流管控的终止时间节点及客流管控的持续时间主要取决于突发事件的性质及实际客流异常变化等因素，根据应急处置预案和现场实际客流情况实时调整车站客流组织。

7.1.2 管控点的确定

客流管控点的确定主要包括路网常态化的客流管控车站的确定及常态化的客流管控车站内客流管控的位置选取。在早晚高峰时段运营中，路网常态化的客流管控车站的选取主要以早晚高峰时段内车站的进出站客流量与车站客流承载能力的匹配情况、线路区间客流量与运输能力的匹配情况为依据。一般选择早晚高峰时段内进站量大且车站承载能力与进站客流不匹配的车站作为主要的客流管控车站。

由于高峰时段路网客流具有潮汐性，因此，路网中常态化的客流管控车站的选取还会受到早晚高峰时段内客流出行方向的影响。在早高峰时段内，客流出行方向以郊区向市区方向为主，因此，客流管控车站多分布在郊区线路；在晚高峰时段内，客流出行方向刚好相反，因此，客流管控车站多分布在市区中心线路。

常态化客流管控车站内的客流管控位置的选取多在车站的出入口、安检设备区、进站闸机、换乘通道等处。根据客流管控等级的划分，具体客流管控的措施以"站台层—站厅层—换乘通道—出入口"的客流管控级别次序实施。在突发事件条件下，客流管控车站以客流聚集现象严重或瞬时大客流无法快速疏散的车站为主，站内临时客流管控的位置一般根据突发事件的影响程度、现场实际客流状况，按照"先站内、后站外""先进站客流、后换乘客流"的原则逐级实施。

7.1.3 客流管控措施的制定

客流管控措施与客流管控级别和客流管控强度有关。根据客流规模与运输能力的不匹配程度，客流管控级别可划分为车站级客流管控、线路级客流管控与路网级客流管控。其中，车站级客流管控可根据客流密度定义不同的客流等级，其客流管控措施的实施应根据车站客流拥挤程度和突发事件等级"由低级向高级"逐级执行。客流管控强度即单位时间内限制进站的人数，是根据路网、线路、车站、列车等各个设施的特征和布局情况，以各个设施的最大负荷能力为基础来确定的。客流管控措施分客流管控与站车协同两种。客流管控是指减缓乘客进站速度和限制单位时间乘客的进站量，具体包括设置栅栏、放慢安检速度、减缓人工售票、减少闸机的开放数量、关闭自动扶梯、关闭自动售票机及车站进出口等。站车协同措施则是将客流管控与多种列车运行调整措施组合运用来缓解客流集聚在站内的问题。

7.2 路网客流管控方案的评估与优化

7.2.1 客流管控方案评估指标体系构建

7.2.1.1 车站客流管控方案评估要素分析

车站客流管控方案评估是在实地车站客流调研的基础上，综合考虑线路协同客流管控情况，针对车站客流管控方案中的启动时间、结束时间和客流管控强度等实施效果进行评价。制定合理、有效的车站客流管控方案需综合考虑的要素主要包括高峰时段的线路最大断面满载率、车站进站量、换乘车站换乘量、站台单方向乘客平均滞留人数、乘客进站排队时间、乘客进站排队人数、乘客换乘排队时间、乘客换乘排队人数等，如图7-1所示。

(1) 高峰时段线路最大断面满载率

高峰时段线路最大断面满载率是指在早晚高峰时段内，地铁线路单向最大客流断面的车辆载客能力利用率。降低高峰小时线路最大断面满载率的方法主要包含两种：一种是进一步提升线路运输能力，另一种是通过大客流车站的客流管控措施，改变拥挤线路的乘客时空分布。为降低高峰小时线路最大断面满载率，在线路运力一定的条件下，通过适当调节客流需求，从需求管理的角度对高峰小时线路客流总量以及客流时空分布进行调节。通过高峰小时线路

7 城市轨道交通客流管控方案评估体系

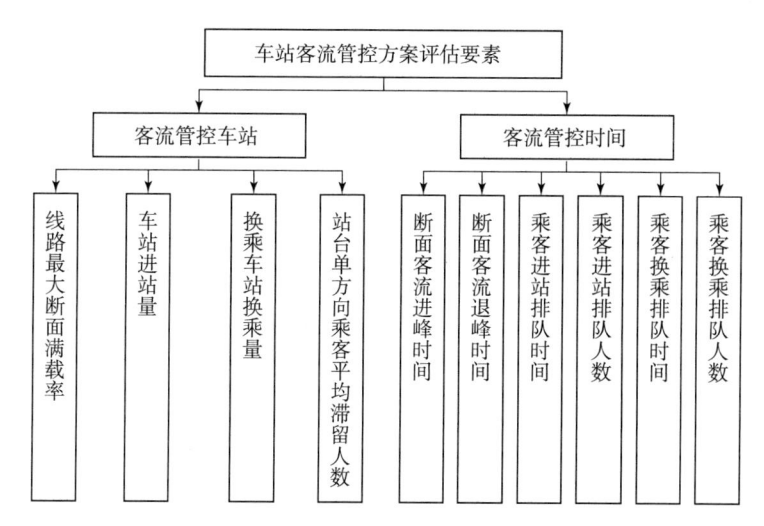

图 7-1 车站客流管控方案评估要素

最大断面满载率的情况,分时分段评价客流管控车站客流管控方案的实施效果。

(2) 高峰时段客流管控车站进站量

北京地铁早晚高峰期乘客出行时间较为集中,早高峰短时段内郊区线路车站乘客进站量较大,晚高峰短时段内中心城区线路车站乘客进站量较大,短时较大的进站客流易造成车站进出站口、通道内、站厅非付费区安检设备和闸机处客流拥挤现象,影响车站安全运营。为使得乘客安全有序的排队进站,这些大客流车站需要实施客流管控措施,保障车站安全运营。

(3) 高峰时段客流管控换乘车站换乘量

早高峰时段多为郊区线路换乘城市中心线路客流量非常大,晚高峰时段多为城市中心线路换乘郊区线路客流量非常大,早晚高峰大客流易给地铁换乘站换乘通道通过能力带来压力。短时间内较大的换乘客流易造成换乘车站换乘通道内客流拥挤现象,影响换乘车站的安全运营。为使得乘客安全有序的排队换乘,这些大客流换乘车站需要在换乘通道内实施客流管控措施,使乘客有序排队换乘,保障车站安全运营。

(4) 高峰时段客流管控车站站台单方向乘客平均滞留人数

高峰时段客流管控车站站台单方向乘客平均滞留人数反映了该站台客流拥挤程度。高峰时段客流管控车站站台客流拥挤程度也是判断该车站是否应该客流管控的一项指标,通过分析站台客流承载能力和站台客流量的匹配关系,根据站台客流密度更为精准地推断该车站启动客流管控措施的时间。

（5）高峰时段断面客流进峰时间

高峰时段断面客流进峰时间是指在早晚高峰时段内，线路最大断面满载率逐步增大且高于某一定值的时间节点。高峰时段断面客流进峰时间可作为判断车站启动客流管控的时间节点的一项重要指标，利用该指标分析判断出通过最大断面满载率区间的客流来源车站，进而按照列车运行时间推断出客流来源车站的具体客流管控启动的时间节点。

（6）高峰时段断面客流退峰时间

高峰时段断面客流退峰时间是指在早晚高峰时段内，线路最大断面满载率达到最大值后逐步减小且低于某一定值的时间节点。高峰时段断面客流退峰时间可作为判断车站终止客流管控的时间节点的一项重要指标，按照列车运行时间推断出客流来源车站的具体客流管控终止的时间节点，从而可精准地评价客流管控车站客流管控方案的实施效果。

（7）高峰时段客流管控车站乘客进站排队时间

高峰时段常态客流管控车站采取常态化客流管控措施，如客流管控围栏、分批客流管控等措施。该时段内进站乘客排队依次进站，其进站排队等待时间的延长主要受客流管控措施延长的影响。

（8）高峰时段客流管控车站乘客进站排队人数

高峰时段常态客流管控车站通过采取常态化客流管控措施使得进站乘客出现排队现象，乘客进站排队人数的多少反映了客流管控车站在高峰时段时段内客流管控强度的大小，客流管控强度越大，则进站排队的乘客人数就越多。

（9）高峰时段客流管控车站乘客换乘排队时间

高峰时段常态客流管控车站如果为换乘车站，因换乘客流集中到达而采取常态化客流管控措施，如分批客流管控等措施，在换乘通道内乘客排队依次换乘，其排队等待时间的延长主要受客流管控措施延长的影响。

（10）高峰时段客流管控车站乘客换乘排队人数

高峰时段常态客流管控车站如果为换乘车站，因换乘客流集中到达而通过采取常态化客流管控措施使得换乘乘客出现排队现象。换乘通道内排队客流量的大小反映了客流管控车站在高峰时段内客流管控强度的大小，客流管控强度越大，则换乘排队人数就越多。

7.2.1.2 客流管控方案评估指标体系

在分析车站客流管控方案评估要素的基础上，针对北京地铁路网客流管控车站客流组织方案进行了深入研究，通过分析线路各客流管控车站间的协同关系，构建车站客流管控方案评估指标体系，对客流管控方案实施效果进行综合评价，进一步优化现有车站客流管控方案。地铁车站客流管控方案评价指标体系分析说明具体如下：

（1）高峰时段线路最大断面满载率

定义：高峰时段运营线路单向最大断面客流量与相应断面运力的比值。

指标含义：线路高峰时段最大满载率反映了高峰时段线路单向乘客在列车内的最大拥挤程度。

计算公式如式（7－1）所示：

$$\beta = \frac{Q}{L} \times 100\% \qquad (7-1)$$

式中，β 为高峰时段最大断面满载率；L 为高峰时段断面运力，高峰时段断面运力指高峰时段经过该断面的列车数与列车定员的乘积（单位：人次）；Q 为高峰时段最大断面客流量（单位：人次）。

（2）高峰时段客流管控车站进站量

定义：高峰时段内车站的进站客流量。

指标含义：高峰时段车站进站量反映了车站在高峰时段内乘客集中到达的程度。

表达式：对于某线路第 i 个车站，在高峰时段内的进站客流量为 P_{inflow}^{i}。

（3）高峰时段客流管控换乘车站换乘量

定义：高峰时段内换乘车站的换乘客流量。

指标含义：高峰时段换乘车站换乘量反映了换乘车站在高峰时段内乘客换入某线路的集中程度。

表达式：对于某线路第 i 个车站，在高峰时段内的换乘客流量为 $P_{transfer}^{i}$。

（4）高峰时段客流管控车站站台单方向乘客平均滞留排队人数

定义：高峰时段内，常态客流管控车站站台单方向候车乘客在列车驶离后平均滞留排队的人数。

指标含义：高峰时段站台单方向乘客平均滞留人数反映了高峰时段客流管控车站站台客流的拥挤程度。

计算公式如式（7－2）所示：

$$\bar{p}_j = \frac{\sum_{l=1}^{\bar{r}} p_l}{\bar{r}} \qquad (7-2)$$

式中，$\bar{p}_j$ 为高峰时段第 j 个客流管控车站站台单方向乘客平均滞留排队人数；$\bar{r}$ 为高峰时段客流管控车站单方向通过列车的数量；p_l 为第 l 辆列车驶离后站台排队候车的客流数。

(5) 高峰时段断面客流进峰时间

定义：高峰时段内，线路最大断面满载率逐步增大且大于 α 的时间节点。

指标含义：高峰时段线路最大断面满载率超过 α 的时间节点反映了该断面客流来源车站的客流管控启动时间的判定精确性。

计算公式如式（7-3）所示：

$$t_{in} = t(\tau_t \geq \alpha) \cap t(\tau_{t-1} < \alpha) \qquad (7-3)$$

式中，t_{in} 为高峰小时断面客流进峰时间；$t(\tau_t \geq \alpha)$ 为线路最大断面满载率大于或等于 α 的时间节点，τ_t 为 t 时段内线路最大断面满载率；$t(\tau_{t-1} < \alpha)$ 为线路最大断面满载率小于 α 的时间节点，τ_{t-1} 为 $t-1$ 时段内线路最大断面满载率。

(6) 高峰时段断面客流退峰时间

定义：高峰时段内，线路最大断面满载率达到最大值后逐步减小且小于 α 的时间节点。

指标含义：高峰小时线路最大断面满载率低于 α 的时间节点反映了该断面客流来源车站的客流管控终止时间节点的判定精确性。

计算公式如式（7-4）所示：

$$t_{return} = t(\tau_t < \alpha) \cap t(\tau_{t-1} \geq \alpha) \qquad (7-4)$$

式中，t_{return} 为高峰时段内断面客流进峰时间；$(\tau_t < \alpha)$ 为线路最大断面满载率小于 α 的时间节点，τ_t 为 t 时段内线路最大断面满载率；$t(\tau_{t-1} \geq \alpha)$ 为线路最大断面满载率大于或等于 α 的时间节点，τ_{t-1} 为 $t-1$ 时段内线路最大断面满载率。

(7) 高峰时段乘客进站排队时间

定义：高峰时段常态客流管控车站因客流管控措施导致乘客排队进站等待时间。

指标含义：高峰时段乘客进站排队时间反映了高峰时段客流管控车站乘客在进站过程中受客流管控措施的影响而延误。

(8) 高峰时段乘客进站排队人数

定义：高峰时段常态客流管控车站因客流管控措施导致在客流管控围栏排队等待进站的客流量。

指标含义：高峰时段乘客进站排队人数反映了高峰时段客流管控车站乘客在进站过程中受客流管控措施的影响而延迟进站的客流量。

(9) 高峰时段乘客换乘排队时间

定义：高峰时段常态客流管控车站如果为换乘车站，因客流管控措施导致乘客在换乘通道内排队等待的时间。

指标含义：高峰时段乘客换乘排队时间反映了高峰时段客流管控车站乘客

在换乘过程中受客流管控措施的影响而延误。

（10）高峰时段乘客换乘排队人数

定义：高峰时段常态客流管控车站如果为换乘车站，因客流管控措施导致在换乘通道内排队等待的客流量。

指标含义：高峰时段乘客换乘排队人数反映了高峰时段客流管控车站乘客在换乘过程中受客流管控措施的影响而延误进站的客流量。

7.2.2 客流管控方案评估与优化方法

对地铁车站客流管控方案实施效果进行评估是一个动态闭环反馈优化系统，先通过历史客流数据、线路运力的分析，初步制定并实施客流管控方案，再通过客流管控方案评估体系对客流管控车站、客流管控时间、客流管控人数以及客流管控措施进行评估，优化客流管控方案，最后实施优化后的客流管控方案，并根据车站及线路实际客流变化情况进行进一步的优化和调整。城市轨道交通车站客流管控方案动态闭环反馈优化方法步骤如下：

Step1 在当前路网客流管控方案实施的条件下，根据客流管控方案评估指标确定各时段客流管控车站集合的合理性。

Step1.1 根据各时段线路分方向最大断面满载率 β 初步确定客流管控车站集合：

当线路最大断面满载率 $\beta \geq \alpha$ 时，该线路客流管控组织方案中的第 j 个客流管控车站应属于该断面（瓶颈区段）上游车站；

Step1.2 根据瓶颈区段所有上游车站相应时段的进站量 P_{inflow}^i、换乘车站换入客流量 $P_{transfer}^i$ 以及客流管控车站站台单方向乘客平均滞留排队人数 $\bar{p}_j$ 进一步确定客流管控车站集合：

如果第 j 个客流管控车站的进站量与换乘量之和满足式（7-5）：

$$P_{inflow}^j + P_{transfer}^j \geq \frac{\sum_{i=1}^{k}(P_{inflow}^i + P_{transfer}^i)}{k} \quad (7-5)$$

或站台单方向乘客平均滞留排队人数 $\bar{p}_j \geq \lambda \cdot p_j$（这里，如果第 i 或 j 个车站为非换乘车站，则 $P_{transfer}^i = 0$ 或 $P_{transfer}^j = 0$；如果第 j 个车站站台为侧式站台，则 $\lambda = 1/3$；如果第 j 个车站站台为岛式站台，则 $\lambda = 1/4$；p_j 为第 j 个客流管控车站站台乘客平均滞留排队人数上限值），则判定第 j 个客流管控车站应为相应时段内的客流管控车站，反之则为非客流管控车站。

Step2 在当前路网客流管控方案实施的条件下，根据客流管控组织评估指标确定各时段客流管控时间的合理性。

Step2.1 根据各时段线路瓶颈区段客流进峰时间 t_{in}、退峰时间 t_{return} 确定客流管控车站客流管控启动时间和结束时间：第 j 个客流管控车站启动客流管控的时间应为 $t_{in}^j = t_{in} - t_{operation}$；第 j 个客流管控车站结束客流管控的时间应为 $t_{return}^j = t_{return} - t_{operation}$。这里，$t_{operation}$ 为第 j 个客流管控车站至瓶颈区段列车运行时间。

Step2.2 根据第 j 个客流管控车站的进站客流排队时间/排队人数，确定该车站出现排队现象的时间节点 t_{inflow}^j 和结束排队现象的时间节点 $\bar{t}_{inflow}^j$，那么，时间节点 t_{inflow}^j 确定为第 j 个客流管控车站的客流管控启动时间节点，时间节点 $\bar{t}_{inflow}^j$ 确定为第 j 个客流管控车站的客流管控结束时间节点；如果第 j 个客流管控车站为换乘车站，则根据换乘客流排队时间/排队人数，确定该车站出现排队现象的时间节点 $t_{transfer}^j$ 和结束排队现象的时间节点 $\bar{t}_{transfer}^j$，那么，时间节点 $t_{transfer}^j$ 确定为第 j 个客流管控车站的客流管控启动时间节点，时间节点 $\bar{t}_{transfer}^j$ 确定为第 j 个客流管控车站的客流管控结束时间节点。

Step2.3 当第 j 个客流管控车站的站台单方向乘客平均滞留人数 $\bar{p}_j \geq \lambda \cdot p_j$ 时，该时间节点 t_{strand}^j 确定为第 j 个客流管控车站的客流管控启动时间节点；当第 j 个客流管控车站的站台单方向乘客平均滞留人数 $\bar{p}_j < \lambda \cdot p_j$ 时，该时间节点 $\bar{t}_{strand}^j$ 确定为第 j 个客流管控车站的客流管控结束时间节点。

Step2.4 根据指标体系综合判断第 j 个客流管控车站客流管控时间为：

$$[t_{start}^j, t_{stop}^j] = [t_{in}^j, t_{return}^j] \cup [t_{inflow}^j, \bar{t}_{inflow}^j] \cup [t_{transfer}^j, \bar{t}_{transfer}^j] \cup [t_{strand}^j, \bar{t}_{strand}^j]$$

Step3 评估优化客流管控组织方案并实施后，根据路网客流阶段性的变化情况和客流组织评估指标体系，返回 Step2，对客流管控组织方案进行进一步的评估、优化和调整。

城市轨道交通车站客流管控组织方案动态闭环反馈优化流程如图 7-2 所示。

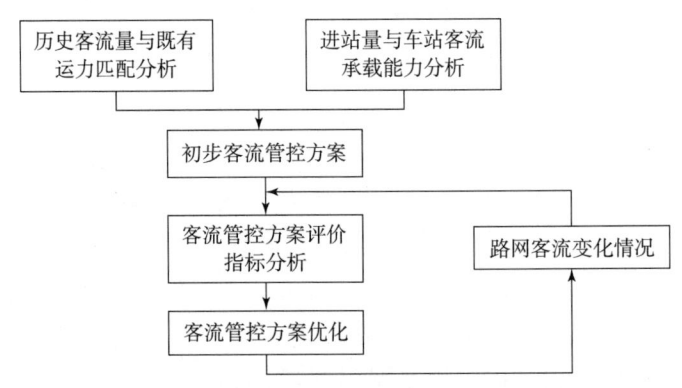

图 7-2 车站客流管控方案动态闭环反馈优化流程图

7.3 基于客流管控指数的管控方案评估方法

客流管控方案实施效果评估是客流管控组织中的重要环节。然而，长期以来无论是在方案编制阶段，还是方案实施后评估阶段，均缺少方案实施效果的量化评估，导致客流管控方案在编制及调整时不确定性增大，更多依靠管理者经验。上一章描述了如何从路网客流分布规律视角构建新客流管控方案，本节则从客流管控方案实施后的效果评估视角进一步展开研究。

7.3.1 客流管控评估需求

在车站客流分析及路网客流时空分布分析的基础上，对城市轨道交通路网客流管控方案进行评估，进一步优化路网客流管控方案，使之更适用于网络化高质量运营的需求。

目前，评估客流管控方案主要采用两类方式：

第一类：利用方案编制模型的解析性，通过设定优化目标来评判，例如延误客流量最小、运力利用率最大化等，该类指标及评估方法主要用在优化模型中。其优点是解析性强，容易理解，不足在于其必须以真实客流需求为基础，而真实客流需求是无法得到的（AFC 统计的客流量为客流管控后的需求，非真实的）。

第二类：交通调查法，利用调查来获取站台排队人数、站外候车人数等指标。该方法原则上能对方案实施后的效果进行评估，但在操作过程中存在一定不足：进行全网评估时需大量人员参与调查所以需耗费大量人力；调查结果精度较低，尚缺乏自动化的客流统计工具，人工统计方式很难保障调查精度；客流波动使得单次调查的可信度较低，而又难以做到连续一定时期内多次调查；运力调整、外部运营环境变化均会导致客流发生较大变化，一旦运力调整，客流状态变化十分明显，此时又需开展新的调查。

这两类方法在实用性方面均存在不足，因此，有必要从另外的角度来解决这一问题。为此，从路网客流状态变化视角来建立相应的评估指标及方法。客流管控组织措施及运力供给条件发生变化后，均能在路网客流状态上得以体现。例如：运力提升后，区间通过能力增大，若客流管控方案不变，那么区间满载率必然下降，车站站内拥挤情况也将随之缓解；若线路运力不变，而客流管控强度增大（客流管控车站增多或时长增长），那么区间满载率也将下降，车站拥挤情况也将得以缓解。基于这样的思想来构建客流管控指数,从车站、区间客流状态的变化视角来间接评估客流管控方案的合理性,从而为客流管控方案优化提供决策参考。

7.3.2 客流管控指数内涵

从客流管控方案制定角度阐述客流管控指数的内涵。目前,客流管控方案的确定并不是完全编制新的客流管控方案,而是在既有方案的基础上进行局部调整。从实用化角度来看,"调方案"比"编方案"更具实用性。如果能够构建指标对客流管控方案实施后车站拥挤风险进行量化评估,那么该指标势必能够为客流管控方案的调整提供指导性意见。为此,提出客流管控指数这一指标来对客流管控方案实施后的风险进行评估,通过与上月的环比分析,即可确定调整的方向。客流管控评估与客流管控方案调整之间的逻辑关系如图7-3所示。

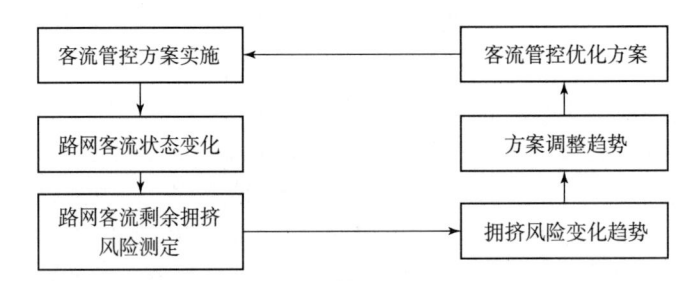

图7-3 客流管控评估与客流管控方案调整之间的逻辑关系

客流管控指数用于评估已实施客流管控方案的效果,而不直接用于客流管控方案编制。虽然客流管控指数不直接用于客流管控方案编制,但能通过不同时期客流管控指数的波动变化来间接指导客流管控方案优化,为方案调整提供趋势性指导意见。

客流管控产生的根源在于供需不匹配,表现形式为客流拥挤。因此,客流管控评价的关键需抓住"拥挤"这一问题。不难理解,拥挤程度越高,运营安全风险越大,则客流管控强度应越大。客流管控指数可理解为客流管控方案实施后剩余客流拥挤风险的量化。

由于客流管控指数更多地从车站层考虑,难以考虑车站间的协同机制,因此,不能完全根据客流管控指数来制定客流管控标准。例如,一般起始站的客流管控指数较低(单从拥挤角度看,其客流风险并不大),但实际中为保障后续车站的安全,也需对其进行客流管控。客流管控方案编制算法与客流管控指数起到相互补充的作用,通过事前事后两方面来共同优化客流管控方案,建议不单纯依靠某一种方式来确定客流管控方案。

根据对象不同，客流管控指数包含多个层次：车站、线路、路网，不同层次其目的不同。

①车站层客流管控指数是从车站疏解效率和站台承载能力两个因素出发。在车站疏解效率方面，车站内部客流流入量、流出量以及滞留量遵循流量守恒原理，因此，从进站量、出站量、断面客流量以及车站滞留量之间可以推算出车站疏解效率，疏解效率越高则车站内部滞留客流越少，车站的风险越低；在站台承载能力方面，车站的风险评估不仅与滞留人数有关，还涉及车站自身的承载能力，其中，风险较高的区域就是站台，因此通过滞留客流量与站台承载能力来评估车站的滞留风险。车站客流管控指数充分考虑到站内流量关系与自身承载能力，主要评估单个车站在一定时期内（一月）或一日内不同时段客运安全风险。

②线路层客流管控指数是从车站客流管控指数、列车载客能力利用率和区间满载率三个因素出发。线路由车站及区间构成，在车站客流管控指数方面，综合考虑线路上各个车站的风险评估情况；在列车载客能力利用率方面，从客运周转量以及列车运力两方面考虑，通过二者的比值描述列车载客能力利用率，比值越高，则列车运力利用程度越高；在区间满载率方面，以超负荷区间作为主要参考指标，超负荷区间比重越高，则其他车站可疏解客流量越小，整条线路的风险越高。线路层客流管控指数从车站、列车以及区间三个层面进行分析，全面评估线路运营风险，主要用于衡量线路的总体客流拥挤风险。

③路网层客流管控指数更为宏观，是从路网内各条线路的风险评估情况出发，综合考量各条线路的客流管控指数情况。为避免线路客运量、长度等的影响，利用各条线路的列车载客能力利用率作为权重，路网层客流管控指数越高，则路网整体风险越大。

需要注意的是：对于已实施客流管控的车站，客流管控指数表示在当前方案下的剩余拥挤风险；对于未实施客流管控的车站，客流管控指数表示真实的拥挤风险。

7.3.3　客流管控指数计算

7.3.3.1　变量定义

客流管控指数对车站、线路、路网三个层次分别进行评估，且综合考虑车站疏解效率、区间拥挤情况等，因此计算过程涉及较多变量，在此进行统一定义。

（1）基本定义

L = {1, 2, …, l, …} 为运行线路集合，其中线路由车站和区间组成，l = (N, E)，N 为车站集合，N = {1, 2, …i, j, …}，E 为区间集合，E = {1, 2, …, m, n, …}；T = {1, 2, …, t} 为时段集合，将时段（如早晚高峰）离散化为等长的子时段。

（2）车站层客流管控指数变量定义

$I_{l,i}(t)$，$O_{l,i}(t)$ 分别表示线路 l 上第 i 个车站在时段 t 内的进站客流量和出站客流量；

$Q_{l,m}(t)$ 表示线路 l 上第 m 个区间在时段 t 内的通过客流量；

$\vec{i}$ 表示车站 i 的上行方向，$\overleftarrow{i}$ 表示车站 i 的下行方向；

$m \leftrightarrow \vec{i}$ 表示区间 m 为车站 i 上行方向的紧邻区间，同理，$m \leftrightarrow \overleftarrow{i}$ 表示区间 m 为车站 i 的下行紧邻区间；

$\Delta_{l,\vec{i}}(t)$ 表示单位时段内线路 l 上行方向车站 i 的滞留人数；

$\gamma_{l,\vec{i}}(t)$ 表示车站单方向客流管控指数；

$C_{l,\vec{i}}$ 表示车站 i 上行方向站台承载能力，可根据有效候车面积与单位客流密度确定；

$E_k(t)$，$E'_k(t)$ 分别表示每一股换入换出客流量；

K 表示换乘流流向集合。

（3）线路层客流管控指数变量定义

$\gamma_l(t)$ 表示线路 l 在 t 时段内的客流管控指数；

$\lambda_l(t)$ 表示列车载客能力利用率，为客运周转量（人·km）与运力（车·km）的比值；

$\theta_l(t)$ 表示超负荷区间数与总区间数的比值（超负荷区间指满载率大于 100% 或设定的其他满载率的区间）。

（4）路网层客流管控指数变量定义

$\gamma(t)$ 表示 t 时段内路网客流管控指数；

$P_l(t)$ 表示线路 l 在 t 时段内的列车载客能力利用率。

7.3.3.2　车站层客流管控指数

这里，对车站客流管控指数的内在机理进行分析。若将车站看作一个漏斗，当进站客流能够随列车快速流走，则表明该站的客流需求与列车对该站分配的运能匹配，车站站内及站台不会出现拥挤。倘若单位时间内进站客流大于随车消散的客流，那么车站站台就会形成乘客滞留，一旦滞留人数超过站台承

7 城市轨道交通客流管控方案评估体系

载能力的安全阈值,则安全风险急剧增加。通过车站的客流疏散效率便可从侧面刻画车站的拥挤程度。为此,从进站客流疏散角度来构建车站客流管控指数。

图7-4给出车站聚集客流的变化过程。当单位时间内车站进站量大于客流消散量时便产生拥挤;若该过程持续下去,则滞留在车站的人数不断增加,直至达到安全风险临界点,此时,就需对进站客流加以控制来保障运营安全。那么,可以从进站客流量与疏散客流量间相对关系来构建客流管控指数。

（1）普通站客流管控指数

普通站是指除换乘站之外的

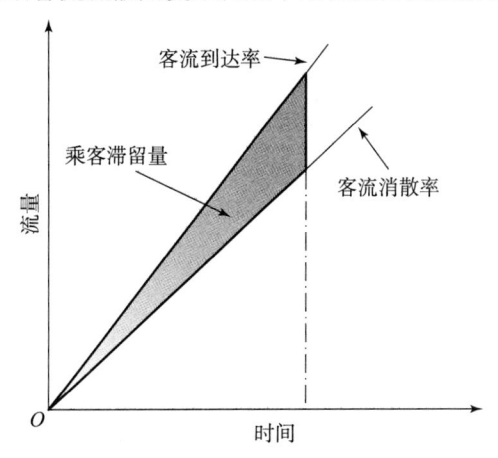

图7-4 车站客流流入疏散（流出）关系图

其他车站。图7-5给出典型中间站上行方向客流流量关系（本节所指流量均指单方向流量,如进站流仅指去往上行方向的进站流）。根据流量守恒原理,存在两种情形:

①理想情况:后向断面量=前向断面量-出站量+进站量,表明进站客流能够完全疏散,不存在客流拥挤;

②拥挤情况:后向断面量=前向断面量-出站量+进站量-滞留量。

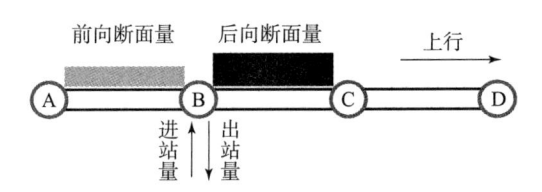

图7-5 中间站客流流量关系

图7-6给出起始站的客流流量关系,相比中间站其客流关系更为简单,仅包含一个流出方向。

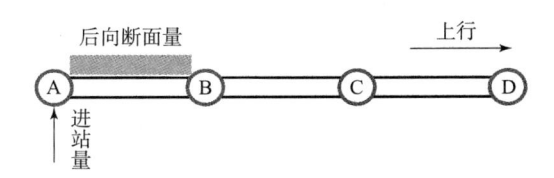

图7-6 起始站客流流量关系

城市轨道交通路网客流协同管控理论与应用

根据上述分析，车站 i 上行方向单位时间内滞留乘客数可由式（7-6）计算：

$$\Delta_{l,\vec{i}}(t) = Q_{l,m-1\leftrightarrow\vec{i}}(t) - Q_{l,m\leftrightarrow\vec{i}}(t) - O_{l,\vec{i}}(t) + I_{l,\vec{i}}(t) \qquad (7-6)$$

需要注意的是，高峰时段滞留现象突出，往往前一时段站台已存在滞留乘客，需对式（7-6）进行修正，如式（7-7）所示：

$$\Delta_{l,\vec{i}}(t) = Q_{l,m-1\leftrightarrow\vec{i}}(t) - Q_{l,m\leftrightarrow\vec{i}}(t) - O_{l,\vec{i}}(t) + I_{l,\vec{i}}(t) + \Delta_{l,\vec{i}}(t-1)$$

$$(7-7)$$

根据式（7-7）的递推关系，车站 i 在时段 t 内实际滞留量的计算公式如式（7-8）所示：

$$\Delta_{l,\vec{i}}(t) = \sum_{t=1}^{t} Q_{l,m-1\leftrightarrow\vec{i}}(t) - \sum_{t=1}^{t} Q_{l,m\leftrightarrow\vec{i}}(t) - \sum_{t=1}^{t} O_{l,\vec{i}}(t) + \sum_{t=1}^{t} I_{l,\vec{i}}(t)$$

$$(7-8)$$

虽然滞留量能较好地刻画车站安全风险，但是车站安全风险还与进站量、站台承载能力相关。例如，车站滞留量虽大，但车站站台承载能力大、进站流小，此时车站仍处安全可控状态。客流管控指数主要从两方面考量：一是车站疏解效率（或者滞留率），即车站流出与流入间比值，当疏解效率越高，则客流管控指数越低；二是站台承载能力，当滞留量达到站台承载能力安全阈值时，安全风险增大，客流管控指数变高。需要说明的是，当分析时段较长时（如 30 min），可认为滞留乘客均处站台之上，忽略乘客在通道滞留带来的误差。因此，客流管控指数计算公式如式（7-9）所示：

$$\gamma_{l,\vec{i}}(t) = \left[1 - \frac{Q_{l,m\leftrightarrow\vec{i}}(t) - Q_{l,m-1\leftrightarrow\vec{i}}(t) + O_{l,\vec{i}}(t)}{I_{l,\vec{i}}(t) + \Delta_{l,\vec{i}}(t-1)}\right] \cdot \frac{\Delta_{l,\vec{i}}(t)}{C_{l,\vec{i}}} \qquad (7-9)$$

式中，前半部分表示车站客流滞留率，$\dfrac{Q_{l,m\leftrightarrow\vec{i}}(t) - Q_{l,m-1\leftrightarrow\vec{i}}(t) + O_{l,\vec{i}}(t)}{I_{l,\vec{i}}(t) + \Delta_{l,\vec{i}}(t-1)}$ 表示车站单位时间内净流走的客流量与待流走的客流量间比值，该值越大则表示客流疏散效率越高；后半部分结合站台承载能力确定客流安全风险。

客流一般包含上下行两个方向，定义进站分流率、出站分流率来刻画客流流向比例，进站分流率指车站进站客流去往上行方向和下行方向的比例，出站分流率表示出站客流中分别来自上下行的比例。该参数可在已知 OD 矩阵的基础上通过客流分配。利用分流率参数即可对式（7-9）中的进出站流进行修正，从而对车站上行和下行分别计算客流管控指数，在此不再赘述。一般而言，高峰时段进站客流具有明显的单方向性，车站某一方向拥挤，而另一方向客流较少。因此，车站最终客流管控指数取上下行方向中最大值，如式（7-10）所示：

$$\gamma_{l,i}(t) = \max\{\gamma_{l,\vec{i}}(t), \gamma_{l,\overleftarrow{i}}(t)\} \qquad (7-10)$$

对于起终站而言，客流流入或流出方向仅一个，可视为中间站的特殊形式，在此不再详述其计算过程。

（2）换乘站客流管控指数

相比普通站，换乘站包含的客流流向较为复杂，如图7-7和图7-8所示。计算换乘站客流管控指数时不仅需考虑进站客流，还需对换乘客流予以考虑。计算思路是将换乘站虚拟为多个车站，将换乘流视为进站流（流入流），从而使客流管控指数计算过程与普通站保持一致。

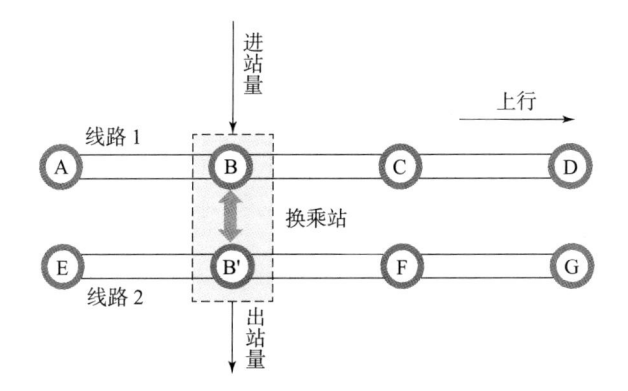

图7-7 换乘站客流流量关系

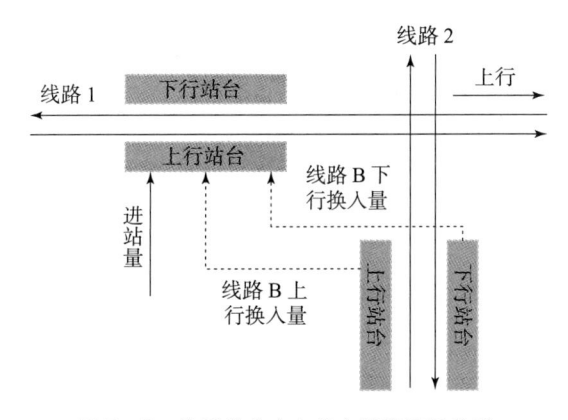

图7-8 换乘站单方向站台客流流量关系

将换乘站B虚拟化为两个独立的车站，即车站B和B′。以车站B上行方向为例，与普通站客流管控指数计算不同在于：流入量包含本站进站流、换乘客流（车站B′上行换入流、车站B′下行换入流）两部分；进出站流拆解过程更为复杂，包含更多的客流方向。车站B上行方向客流管控指数计算公式如式

(7-11)所示：

$$\gamma_{1,\vec{B}}(t) = \left(1 - \frac{Q_{1,m\leftrightarrow\vec{B}}(t) - Q_{1,m-1\leftrightarrow\vec{B}}(t) + O_{1,\vec{B}}(t) + \sum_{k\in K}E'_k(t)}{I_{1,\vec{B}}(t) + \Delta_{1,\vec{B}}(t) + \sum_{k\in K}E_k(t)}\right) \cdot \frac{\Delta_{1,\vec{B}}(t)}{C_{1,\vec{B}}}$$

(7-11)

需注意的是，进行滞留量推算及客流管控指数计算时所采用的进出站流均为拆解之后对应方向的客流量。虽然换乘站客流方向较多，但通过 OD 客流对客流流向进行判别仍较为简单。

7.3.3.3 线路层客流管控指数

线路客流管控指数是从线路整体角度衡量客流拥挤风险，不仅考虑线路内各站客流拥挤风险，还需考虑区间客流拥挤。线路客流管控指数主要考虑三方面要素：①线路内各站客流安全风险（即车站客流管控指数）；②线路运力利用综合情况（以列车载客能力利用率刻画）；③线路内超负荷区间情况（以区间满载率超过 100% 的区间占比进行刻画）。线路客流管控指数计算公式如式（7-12）所示：

$$\gamma_l(t) = \left\{\sum_{i\in N}\gamma_{l,i}(t) \frac{I_{l,i}(t)}{\sum_{i\in N}I_{l,i}(t)}\right\} \cdot \lambda_l(t) \cdot \theta_l(t) \qquad (7-12)$$

另外，线路客流管控指数也可分方向计算，所采用的车站客流管控指数、列车能力利用率以及高负荷区间占比均为单方向取值，此处不再详细描述。

7.3.3.4 路网层客流管控指数

相比车站与线路客流管控指数，路网客流管控指数更为宏观，主要目的是把握路网总体客运风险。路网客流管控指数是在线路客流管控指数基础上通过加权方式获得，权值采用线路列车载客能力利用率归一化后获得。选择列车载客能力利用率为权值计算依据是因为其更能综合体现线路总体运输生产效率，不受进线量、线路长度、开行列车对数等因素影响。路网客流管控指数计算公式如式（7-13）所示：

$$\gamma(t) = \sum_{l\in L}\left\{\gamma_l(t) \cdot \frac{P_l(t)}{\sum_{l\in L}P_l(t)}\right\} \qquad (7-13)$$

7.3.4 客流管控指数特点

①计算简便。从计算公式可以看出，客流管控指数的计算过程简单，含义清晰。

②数据容易获取。该客流管控指数的计算主要利用运营公司已有的清分结果数据（除客流流向比例需 OD 矩阵外，其他均已有），客流流向比例可定期更新，在一定时期内较为稳定。

③能够真实地反映运营效果。所利用数据为清分结果，而不是通过某种理论方法推导而来，避免了计算误差。

④能够多层次评价客流管控方案。车站—线路—路网三个层次的客流管控指数目的不同，能够综合捕捉客流管控方案的实施效果。

7.3.5 基于客流管控指数的管控方案评估方法

客流管控指数无具体物理含义，更多地体现客流管控后的疏散效率。客流管控指数越高，表明客流疏散效率越低，客流拥挤越突出，客流管控强度则应加强。

下面对如何利用客流管控指数来指导实际客流管控组织进行分析，图 7-9 给出具体应用框架。由于客流管控指数更多的是从客流疏散角度对已实施客流管控方案的后评估，因此，评估作用主要体现在客流管控趋势的指导层面。例如，若某站客流管控指数对比上月出现明显降低，则表明车站客流拥挤缓解，在下月制定客流管控方案时可酌情降低客流管控强度；若线路层客流管控指数上升，则表明该线路拥挤问题愈加严峻，需加大客流管控。

图 7-9 客流管控指数应用框架

下面以一个简单示例介绍客流管控指数在客流管控方案调整中发挥的作用，详细应用将在实证分析中介绍。

以 2018 年某日（星期三）北京地铁八通线客流情况为例，分析时段为 5：00—12：00。图 7-10 给出八通线传媒大学站客流管控指数分布，可以看出 7：00—9：30 客流管控指数大于 0，表明该时段内车站存在客流拥挤风险，且 8：00—8：30 风险最大。图 7-11 给出八通线上所有车站高峰时段平均客流管控指数分布（共管站四惠、四惠东归属 1 号线），可看出：

①客流管控指数较高的车站均为实际中客流拥挤突出的车站，八通线仅土桥和高碑店两站不进行客流管控。

②客流管控指数随客流流向（土桥→四惠）呈增长趋势，表明拥挤程度

逐步增大。实际中由于前方车站占据列车大部分运能，导致后续车站乘客难以上车，车站滞留现象越来越突出，与实际相符。

③从客流管控指数来看，八里桥和临河里这两站客流拥挤风险较小，在调整客流管控方案时可逐步降低客流管控强度或取消客流管控。

因此，客流管控只是可以在客流管控时间以及客流管控站选取方面起到辅助决策作用。

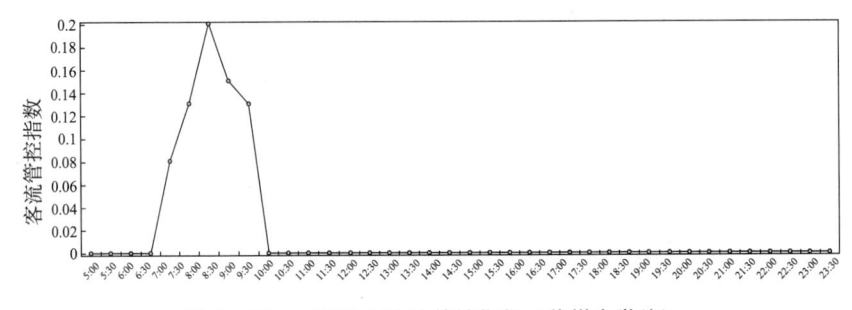

图7-10 车站分时客流管控指数（传媒大学站）

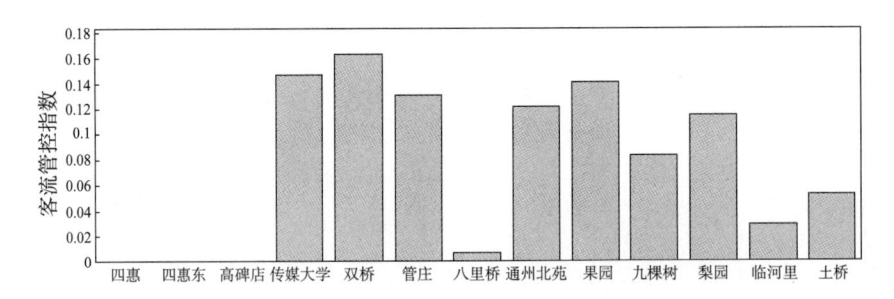

图7-11 线路分站客流管控指数（八通线）

图7-12进一步给出线路层客流管控指数分布情况，可以看出：在当前客流管控方案实施后，昌平线、5号线、1号线、9号线客流拥挤风险仍相对较高，在编制客流管控方案时应重点关注。

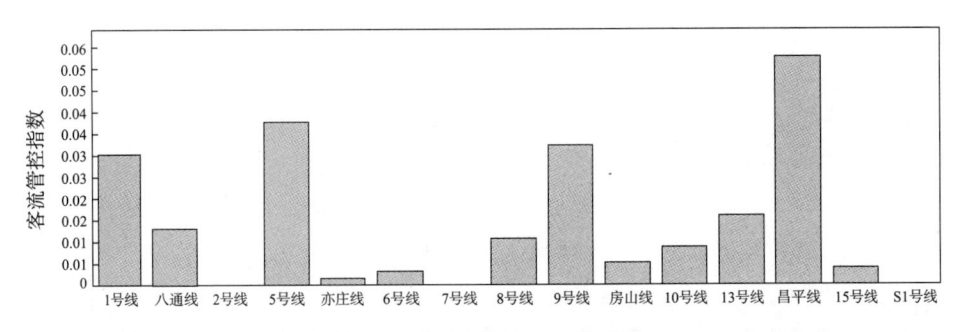

图7-12 线路客流管控指数对比

图 7-13 给出网络分时客流管控指数以及与上月环比分析，可看出 8:00—8:30 是路网上安全风险最大的时段，环比上月晚高峰时段客流管控指数增长较为明显，应加强客流管控力度。

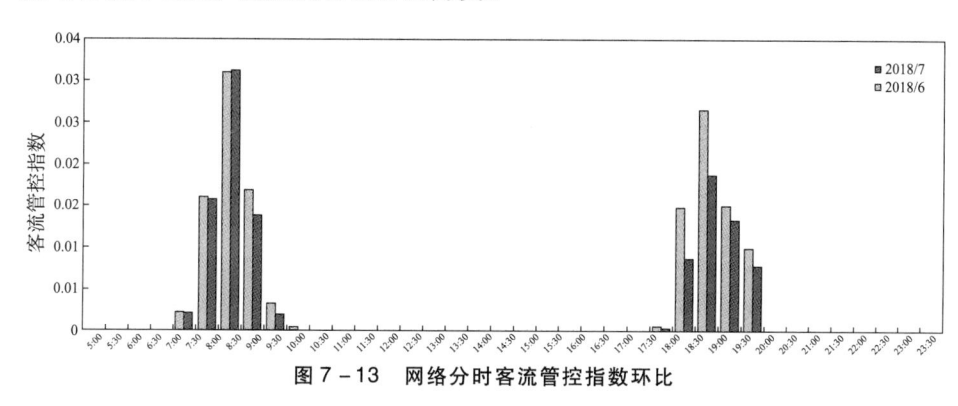

图 7-13 网络分时客流管控指数环比

综上分析，客流管控指数能够很好地刻画路网客流拥挤状态，与实际情况保持一致，验证了所提出方法的有效性。客流管控指数本身不具备特定物理含义，难以直接利用客流管控指数来确定客流管控方案。客流管控指数作用体现在利用横向对比或不同时期纵向对比来为客流管控方案调整提供趋势性指导意见，如：通过车站间客流管控指数横向对比可为客流管控站的选择提供依据（客流管控指数高的车站相比低的车站更应加强客流管控组织）；通过不同时期客流管控指数的纵向对比来为客流管控力度优化提供参考。

7.4 客流管控方案评估案例分析

7.4.1 评估方法验证流程

评估方法的验证采用实证分析，从历史数据出发，通过对历史客流管控方案及客流数据的分析，提出客流管控方案优化方法，并将优化后的方案与现行客流管控方案进行比较，验证客流管控方案评估及优化方法的合理性。

首先，对评估区域客流及运力运量匹配进行分析，初步判定历史客流管控方案是否需要优化；其次，利用客流管控指数对评估区域进行风险评估，初步确定客流管控方案的优化方向；再次，对客流管控车站选取及时间区段进行逐步分析，从而得出具体的客流管控方案优化建议；最后，将历史客流管控优化方案与现行客流管控方案进行比对，从而验证评估方法的合理性。具体验证流程如图 7-14 所示。

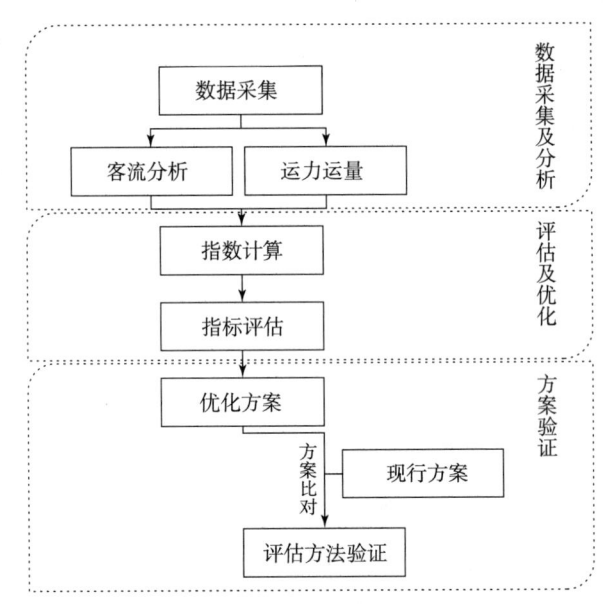

图 7 – 14　客流管控方案评估优化流程图

北京地铁 1 号线客流变化较为明显，同时，昌平线运力提升后，相关线路拥挤程度均有一定程度降低，为此，北京地铁调整了路网客流管控方案，在保障安全的前提下提高了乘客服务水平。因此，本节对这两条线路的历史客流数据与客流管控方案进行评估案例分析，并给出优化方案，将优化方案与现行方案进行对比分析。

7.4.2　评估案例 1

7.4.2.1　实际客流管控方案基本情况

北京地铁 1 号线共有 23 个车站，其中换乘站 10 个，2017 年 11 月早高峰时段常态客流管控车站达到 6 个，客流管控总时间为 680 min，如表 7 – 1 所示。

表 7 – 1　北京地铁 1 号线早高峰时段客流管控方案

线路	总计	站名	限流时间（早）
1 号线	6	苹果园	6:50—8:30
		古城	6:50—8:50
		八角游乐园	6:50—8:30
		八宝山	7:00—8:30
		四惠东	7:00—9:30
		四惠	7:00—9:00

7 城市轨道交通客流管控方案评估体系

以 2017 年 11 月 1 号线西段早高峰常态客流管控方案为案例进行研究分析，依据路网断面满载率和现场实地调研客流等数据及本书中所提出的车站客流管控方案评估体系及评估方法，对 1 号线苹果园站区早高峰常态客流管控方案进行评估，给出建议优化方案，对该线路早高峰时段客流管控方案实现优化，科学缩短客流管控时间，提升服务品质。

苹果园站区包含 5 个运营车站，分别是苹果园站、古城站、八角游乐园站、八宝山站、玉泉路站，其中，苹果园站为 1 号线的终点站。五个车站均为地下站，苹果园、古城站、八角游乐园站为侧式站台，八宝山站和玉泉路站为岛式站台，如表 7-2 所示。

表 7-2 1 号线苹果园站区所辖车站结构

车站	车站类型	站厅形式	站台形式	站台单列可容排队人数上限	是否实施客流管控
苹果园	始发终到站	端头厅	侧式	8	是
古城	中间站	端头厅	侧式	7	是
八角游乐园	中间站	端头厅	侧式	7	是
八宝山	中间站	端头厅	岛式	8	是
玉泉路	中间站	端头厅	岛式	11	否

苹果园站区所辖车站的客流具有明显的时空分布特性，高、低峰起伏较大，高峰客流主要以通勤通学公交转乘为主，且客流方向性强，早高峰客流多集中在 1 号线上行，晚高峰多集中在 1 号线下行，其中尤以周一早高峰和周五晚高峰最为明显。节假日期间客流较工作日平稳。

五个运营车站客流构成各有不同，苹果园站地处交通枢纽，以通勤通学客流以及旅游、商业购物客流为主；古城站毗邻居民区，以通勤通学客流为主；八角游乐园站毗邻石景山游乐园，平日以通勤通学客流为主，节假日以旅游客流为主；八宝山站毗邻居民小区和公墓，平日以通勤通学客流为主，清明以祭奠扫墓客流为主；玉泉路站毗邻居民小区、商业区及国际雕塑公园，平日以通勤通学客流为主，节假日以商业购物和休闲旅游客流为主。

2017 年 11 月，苹果园站、古城站、八角游乐园站、八宝山站 4 个车站在工作日早高峰时段均采取客流管控措施，属于早高峰常态客流管控车站，如表 7-3 所示。

表7-3　北京地铁1号线西段早高峰时段客流管控方案

线路	总计	站名	限流时间（早）
1号线	4	苹果园	6:50—8:30
		古城	6:50—8:50
		八角游乐园	6:50—8:30
		八宝山	7:00—8:30

7.4.2.2　客流特征及运力运量匹配分析

从图7-15所示1号线西段车站进站量分布来看，进站客流主要来自西段苹果园—五棵松站，相比5号线、13号线，车站进站客流并不太大。

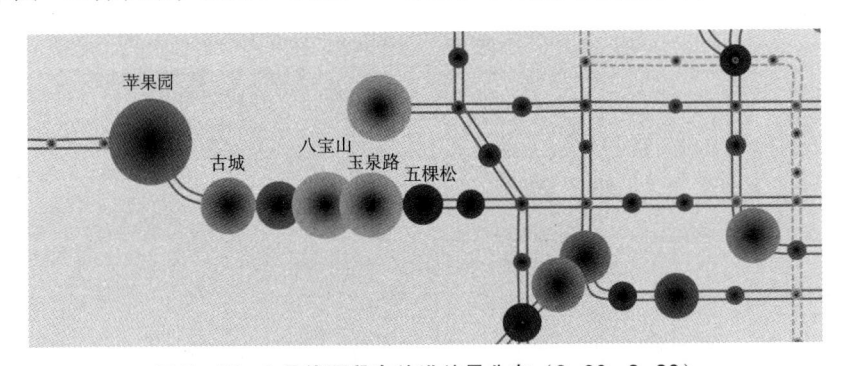

图7-15　1号线西段车站进站量分布（8:00—8:30）

从图7-16所示1号线运力运量匹配情况来看，满载率超过100%的区间仅在7:30—8:30上行的部分区间出现，未出现满载率超过120%的情形，表明1号线目前的客流拥挤问题不突出，客流管控组织时无须重点关注。

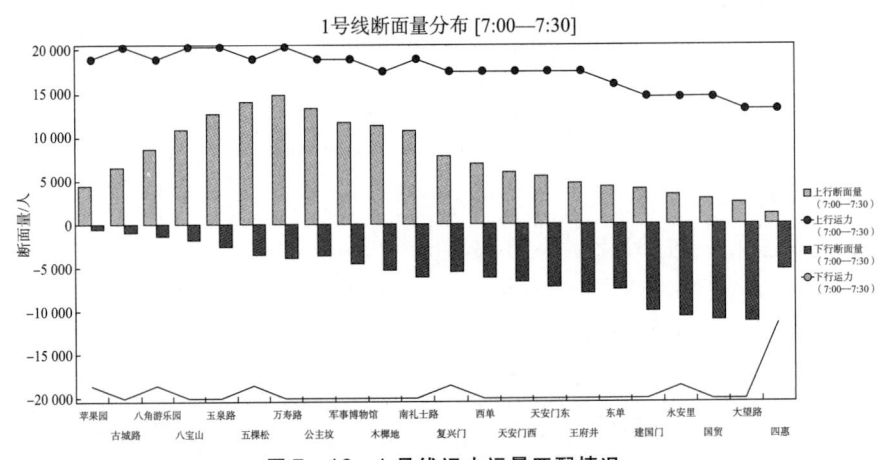

图7-16　1号线运力运量匹配情况

7 城市轨道交通客流管控方案评估体系

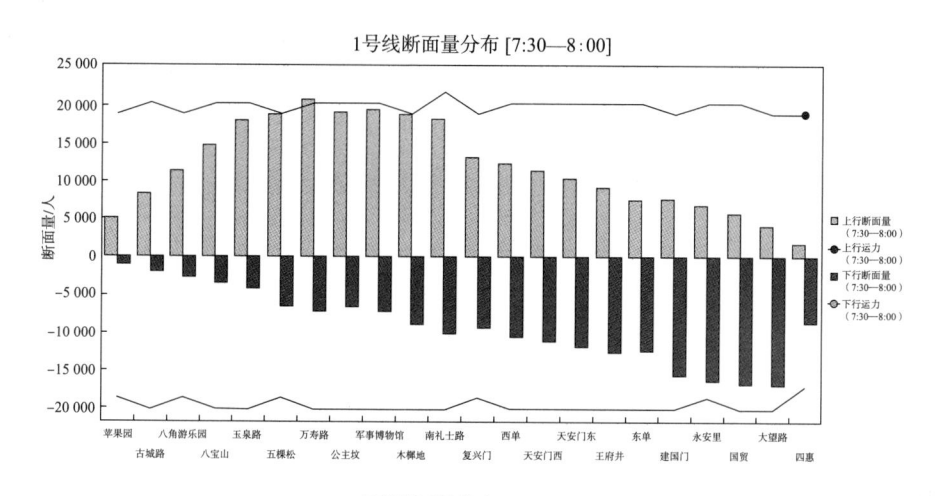

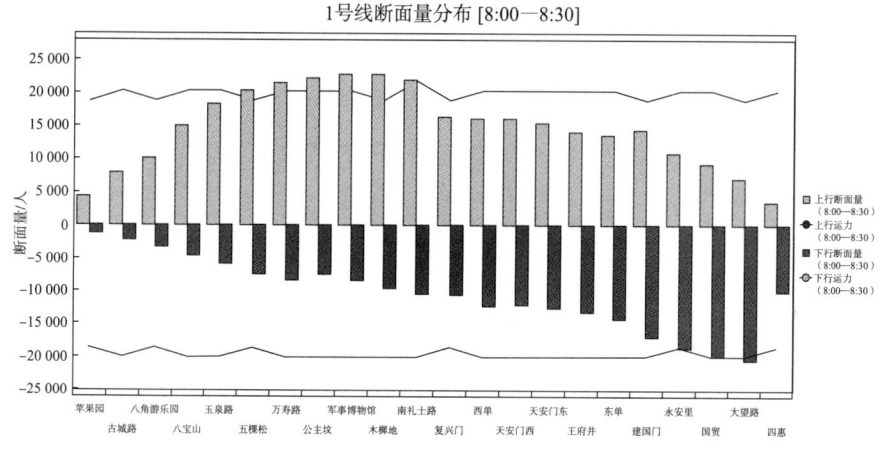

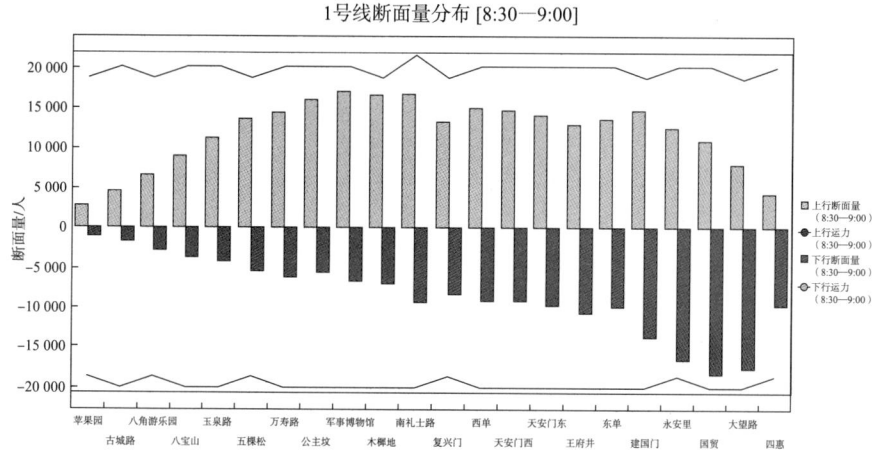

图 7-16　1 号线运力运量匹配情况（续）

1号线拥挤持续时间为7:30—8:30,而目前客流管控时间集中在7:00—8:00,建议苹果园站—八宝山站客流管控时间根据管控方案评估指标体系进行评估优化。

7.4.2.3 客流管控指数评估

从图7-17所示1号线早高峰时段车站客流管控指数来看,五棵松站客运安全风险较大(超过0.3),玉泉路站也存在一定风险,苹果园以及八角游乐园站客流管控之后客运风险较小。为有效缓解五棵松站的客运风险,可以加大苹果园、八角游乐园的客流管控力度,或者增加五棵松站为客流管控站。

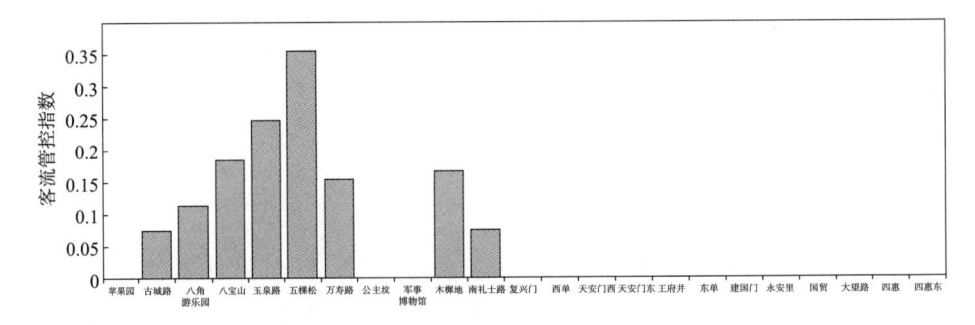

图7-17 1号线早高峰时段车站客流管控指数

苹果园、八角游乐园、五棵松等相邻车站的进站量接近,客流管控方案制定时相互间具有可替代性。若从运力利用角度考虑,可将五棵松站设为客流管控站,而取消八角游乐园站的客流管控,这样可提高五棵松西侧区间的运力利用率。

7.4.2.4 评估指标分析

通过历史客流数据分析发现,1号线西段4座客流管控车站在2017年11月客流量接近全年均值,选取2017年11月某日(星期三)进行现场实地客流调研并整理获取的客流数据,分析、评估1号线现有的客流管控方案。

(1) 客流管控车站的评估

①高峰时段最大断面满载率。在当前路网客流管控方案实施的条件下,分析1号线分时段各断面客流量及运力匹配情况,得到早高峰各时段断面最大满载率分布状况,如图7-18所示。

7 城市轨道交通客流管控方案评估体系

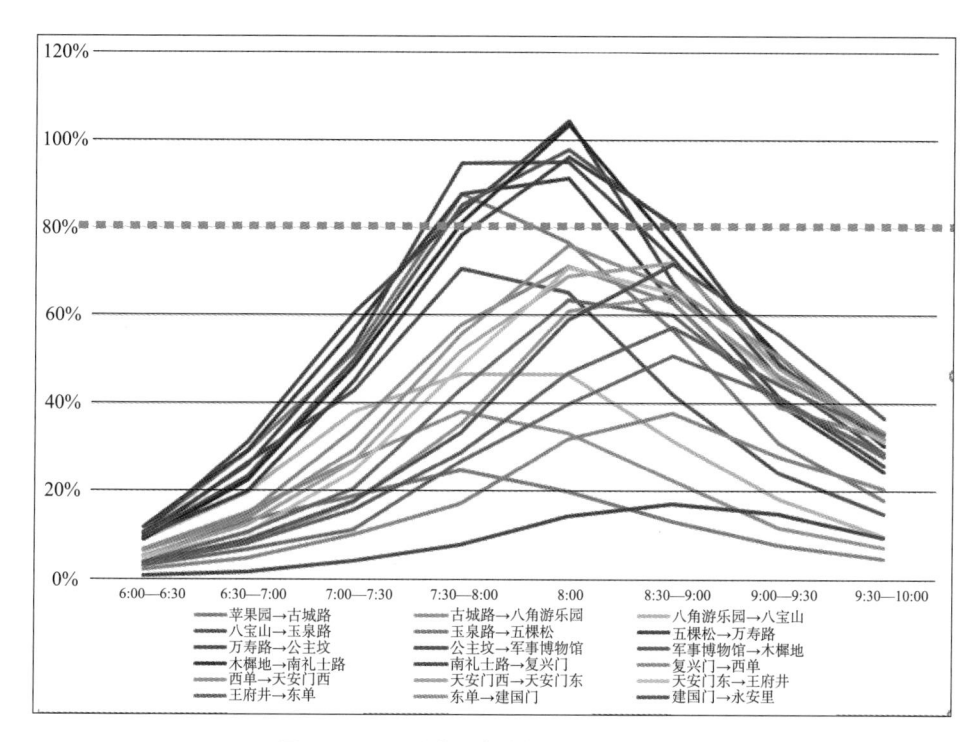

图7-18 1号线早高峰断面满载率统计图

通过对1号线早高峰运力运量匹配情况及进站量情况进行分析，选取最大断面满载率阈值 $\alpha=80\%$，根据客流管控组织评估方法步骤Step1.1，7:30—8:00，1号线上行最大断面满载率为94.8%，断面为公主坟→军事博物馆，此时段内客流管控车站初定为军事博物馆站的上游车站，分别为苹果园、古城、八角游乐园、八宝山、玉泉路、五棵松、万寿路和公主坟；8:00—8:30，1号线上行最大断面满载率为104.4%，断面为万寿路→公主坟，此时段内客流管控车站初定为公主坟站的上游车站，分别为苹果园、古城、八角游乐园、八宝山、玉泉路、五棵松和万寿路；8:30—9:00，1号线上行最大断面满载率为80.9%，断面为南礼士路→复兴门，此时段内客流管控车站初定为复兴门站的上游车站，分别为苹果园、古城、八角游乐园、八宝山、玉泉路、五棵松、万寿路、公主坟、军事博物馆、木樨地和南礼士路站。

通过上述分析可知，1号线早高峰时段苹果园、古城、八角游乐园、八宝山均属于早高峰7:30—9:00最大断面满载率超过80%的上游车站，因此，初步判定客流管控组织方案中1号线西段早高峰客流管控车站的设置较为准确。

②高峰时段客流管控车站进站量和站台单方向乘客平均滞留人数。根据评

估方法步骤 Step1.2，分析苹果园、古城、八角游乐园、八宝山 4 个早高峰客流管控车站的分时段进站量，如图 7-19 所示。

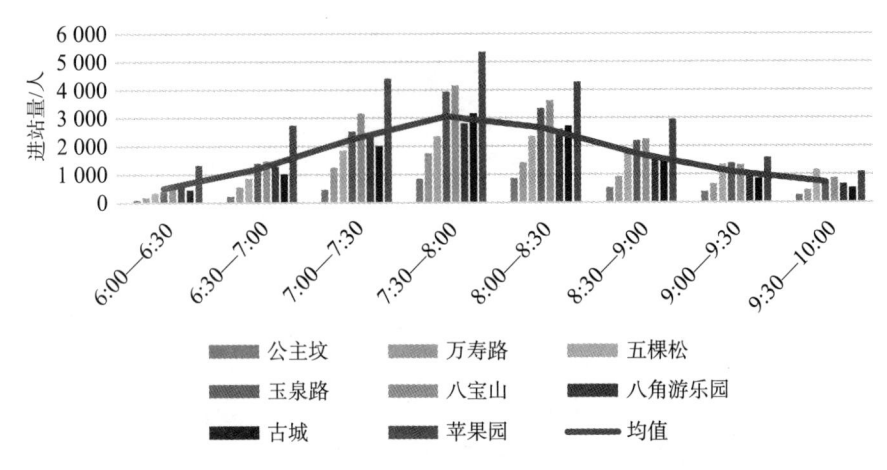

图 7-19　早高峰客流管控车站的分时段进站量

通过分析各站进站量发现，在早高峰 6:00—7:30，进站量超过均值的客流管控车站为苹果园站、八角游乐园站和八宝山站；在早高峰 7:30—8:30，进站量达到早高峰时段的峰值，且进站量超过均值的客流管控车站为苹果园站、古城站和八宝山站；在早高峰 8:30—10:00，各站进站量均有所下降，且进站量超过均值的客流管控车站为苹果园站和八宝山站。

根据 1 号线早高峰 4 个客流管控车站站台可容排队人数和站台单方向乘客平均滞留人数的调研数据，分析得出早高峰不同时段内苹果园、古城、八角游乐园、八宝山 4 个早高峰客流管控车站站台乘客平均滞留人数变化趋势，如图 7-20~图 7-23 所示。

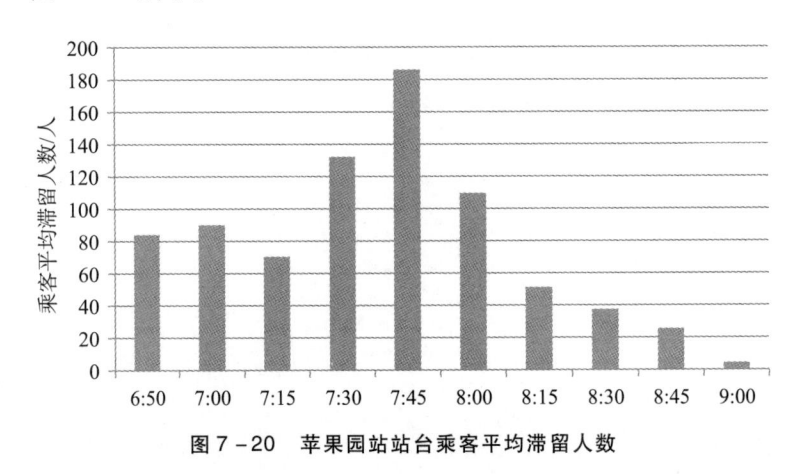

图 7-20　苹果园站站台乘客平均滞留人数

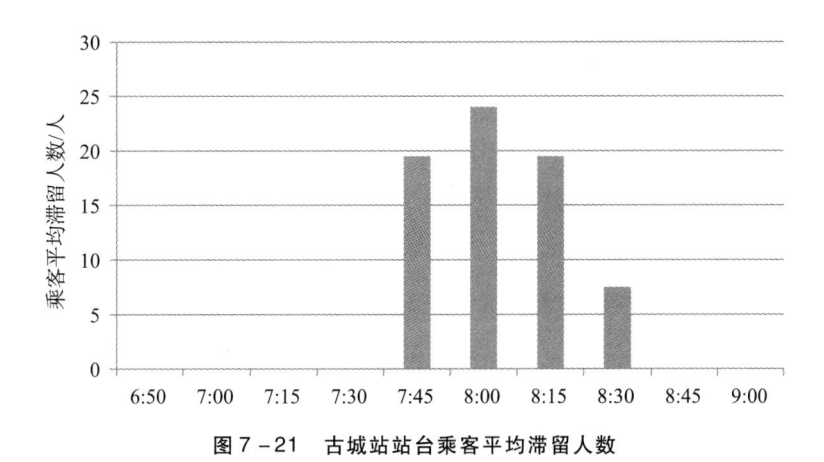

图 7-21 古城站站台乘客平均滞留人数

图 7-22 八角游乐园站站台乘客平均滞留人数

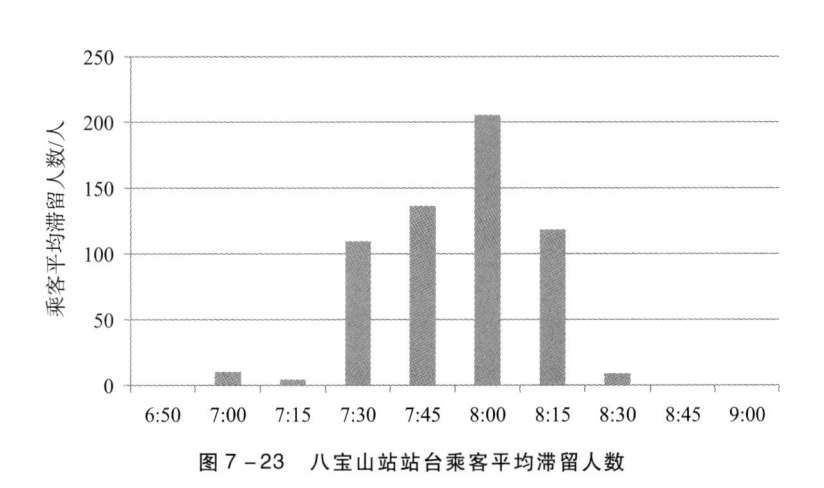

图 7-23 八宝山站站台乘客平均滞留人数

通过早高峰客流管控车站站台乘客平均滞留人数变化趋势图可知，苹果园站和八宝山站站台在早高峰部分时段单方向乘客平均滞留人数超过阈值，即 $\bar{p}_j \geq 1/3 p_j$，$\bar{p}_j \geq 1/4 p_j$（八宝山站为岛式车站，这里取 1/4）。考虑线路各车站间协同客流管控组织情况，判定 1 号线客流管控组织方案中早高峰客流管控车站苹果园、古城、八角游乐园、八宝山 4 个客流管控车站的设置准确。

（2）客流管控时间的评估

①断面客流进峰时间和退峰时间。根据图 7-18 中 1 号线早高峰断面满载率统计情况分析，在早高峰 7:30 之前，各断面最大满载率均未超过 80%。7:30—8:00，1 号线上行最大断面满载率为 94.8%，断面为公主坟→军事博物馆，该断面最大满载率超过了客流管控阈值 80%，且后一时段 8:00—8:30 该断面最大满载率同样超过了客流管控阈值 80%，因此，确定早 7:30 为断面客流进峰时间。

8:00—8:30，1 号线上行最大断面满载率为 104.4%，断面为万寿路→公主坟，该断面最大满载率超过了客流管控阈值 80%，而后一时段 8:30—9:00 该断面最大满载率未超过客流管控阈值 80%，由此可判断早 8:30 为断面客流退峰时间。

根据苹果园、古城、八角游乐园、八宝山 4 个早高峰客流管控车站到达上行最大断面满载率的列车运行时间表（如表 7-4 所示），可计算得出各客流管控车站的客流管控启动时间节点 t_{in}^j 和结束时间节点 t_{return}^j，如表 7-5 所示。

表 7-4 列车运行时间表

车站	万寿路	公主坟
苹果园	16 min	18 min
古城路	13 min	15 min
八角游乐园	10 min	12 min
八宝山	8 min	10 min

表 7-5 客流管控启动时间和结束时间表

车站	客流管控启动时间 t_{in}^j	客流管控结束时间 t_{return}^j
苹果园	7:12	8:14
古城路	7:15	8:17
八角游乐园	7:18	8:20
八宝山	7:20	8:22

7 城市轨道交通客流管控方案评估体系

②高峰时段客流管控车站乘客进站排队时间和排队人数。通过对苹果园、古城、八角游乐园、八宝山 4 个早高峰客流管控车站实施客流管控措施后的客流管控进行调研分析，得到从早 6：50 至 8：30 客流管控时段内每 15 min 时间粒度的乘客进站排队时间和排队人数变化趋势图。

由图 7 - 24 和图 7 - 25 可知，苹果园站早高峰时段内实施客流管控措施后，苹果园站 A 口在早高峰时刻 7：15 时出现排队现象，直至 7：45，苹果园站 B 口在早高峰 6：50 时出现排队现象，直至 8：15。因此，可判断苹果园站出现排队现象的时间节点为 6：50，结束排队现象的时间节点为 8：15。

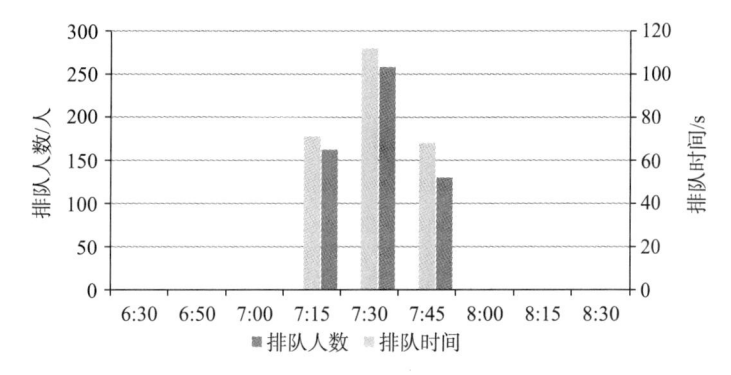

图 7 - 24 苹果园站 A 口排队时间和排队人数

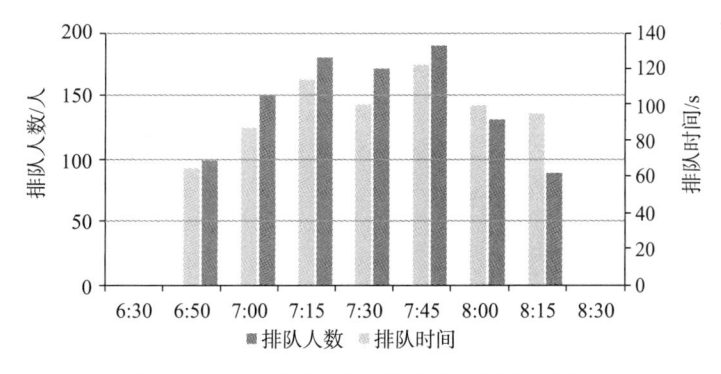

图 7 - 25 苹果园站 B 口排队时间和排队人数

由图 7 - 26 和图 7 - 27 可知，古城站早高峰时段内实施客流管控措施后，古城站 A 口/B 口在早高峰 7：30 时出现排队现象，直至时刻 8：15，古城站 C 口/D 口在早高峰 7：30 时出现排队现象，直至时刻 8：15。因此，可判断古城站出现排队现象的时间节点为 7：30，结束排队现象的时间节点为 8：15。

由图 7 - 28 可知，八角游乐园站早高峰时段内实施客流管控措施后，八角游乐园站 A 口/B 口在早高峰 7：15 时出现排队现象，直至 8：15。因此，可判

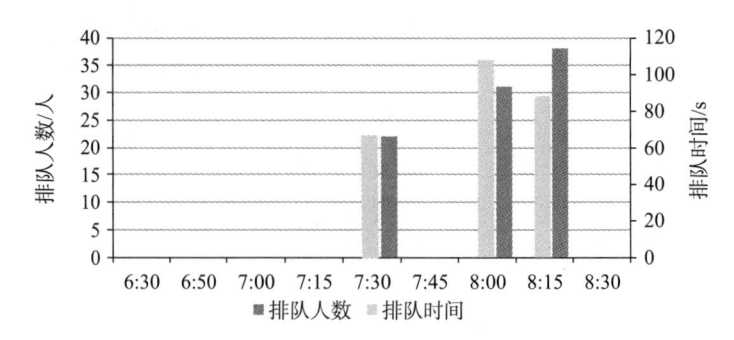

图 7-26　古城站 A 口/B 口排队时间和排队人数

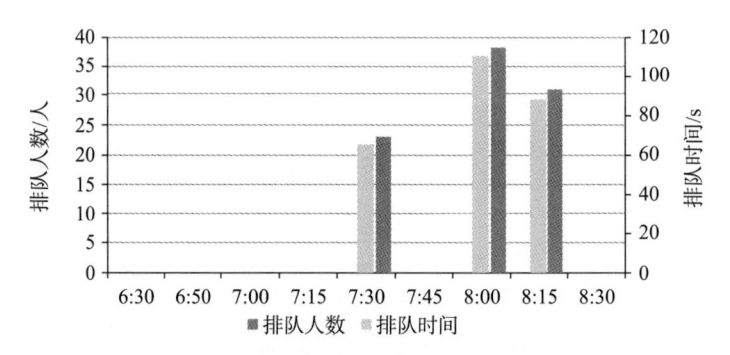

图 7-27　古城站 C 口/D 口排队时间和排队人数

断八角游乐园站出现排队现象的时间节点为 7:15，结束排队现象的时间节点为 8:15。

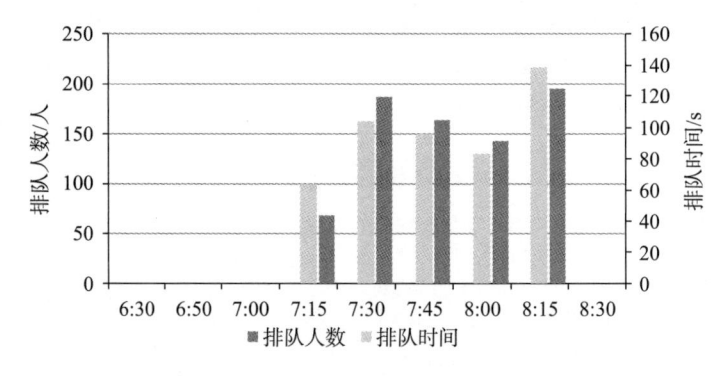

图 7-28　八角游乐园站 A 口/B 口排队时间和排队人数

由图 7-29 和图 7-30 可知，八宝山站早高峰时段内实施客流管控措施后，八宝山站 C 口在早高峰 7:30 时出现排队现象，直至 8:30；八宝山站 D

口在早高峰 7:15 时出现排队现象，直至 8:15。因此，可判断八宝山站出现排队现象的时间节点为 7:15，结束排队现象的时间节点为 8:30。

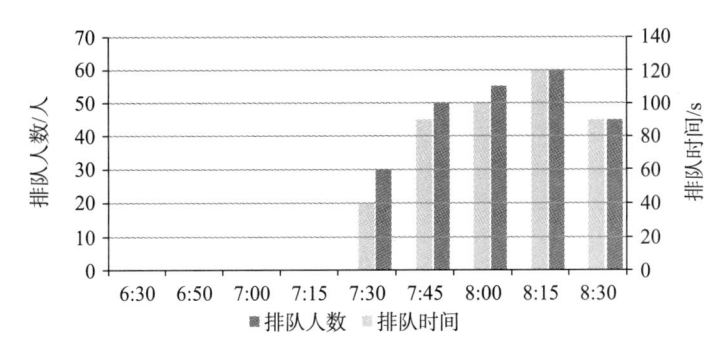

图 7-29 八宝山站 C 口排队时间和排队人数

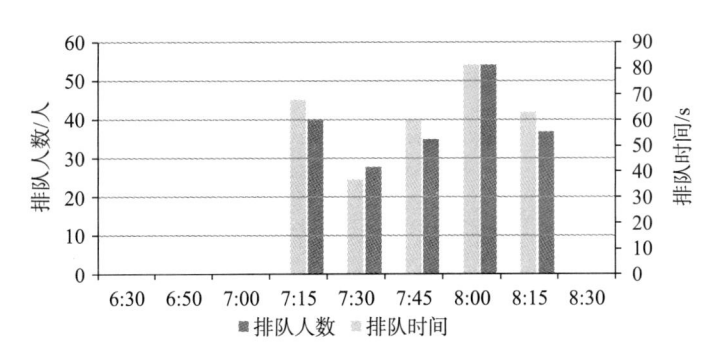

图 7-30 八宝山站 D 口排队时间和排队人数

根据苹果园、古城、八角游乐园、八宝山 4 个早高峰客流管控车站客流排队情况可计算得出各客流管控车站的客流管控启动时间节点 t_{inflow}^j 和结束时间节点 $\bar{t}_{inflow}^j$，如表 7-6 所示。

表 7-6 客流管控启动时间和结束时间表

车站	客流管控启动时间 t_{inflow}^j	客流管控结束时间 $\bar{t}_{inflow}^j$
苹果园	6:50	8:15
古城	7:30	8:15
八角游乐园	7:15	8:15
八宝山	7:15	8:30

③ 高峰时段客流管控车站站台单方向乘客平均滞留人数。通过早高峰客流管控车站苹果园站站台乘客平均滞留排队人数变化趋势图 7-20 可知，苹果园站早高峰时段内站台乘客平均滞留人数超过阈值 128 人的时间节点为 7:30，

此时滞留人数为132人，低于阈值的时间节点为8：00。由古城站站台乘客平均滞留人数变化趋势图7－21可知，古城站早高峰时段内站台乘客平均滞留人数均未超过阈值112人，因此，由此指标得出该站客流管控时长为0。由八角游乐园站站台乘客平均滞留人数变化趋势图7－22可知，八角游乐园站早高峰时段内站台乘客平均滞留人数均未超过阈值112人，因此，由此指标得出该站客流管控时长为0。由八宝山站站台乘客滞留排队人数变化趋势图7－23可知，八宝山站早高峰时段内站台乘客滞留排队人数超过阈值96人的时间节点为7：30，此时滞留人数为110人，低于阈值的时间节点为8：15。

根据苹果园、古城、八角游乐园、八宝山4个早高峰客流管控车站站台乘客平均滞留人数变化情况，可计算得出各客流管控车站的客流管控启动时间节点 t_{strand}^{j} 和结束时间节点 $\bar{t}_{strand}^{j}$，如表7－7所示。

表7－7 客流管控启动时间和结束时间表

车站	客流管控启动时间 t_{strand}^{j}	客流管控结束时间 $\bar{t}_{strand}^{j}$
苹果园	7：30	8：00
古城路	—	—
八角游乐园	—	—
八宝山	7：30	8：15

7.4.2.4 客流管控优化建议方案

通过地铁车站客流管控方案动态闭环反馈优化评估方法，根据车站客流管控启动时间综合评价公式 $t_{start}^{j} = t_{in}^{j} \cup t_{inflow}^{j} \cup t_{strand}^{j}$ 和车站客流管控结束时间综合评价公式 $t_{stop}^{j} = t_{return}^{j} \cap \bar{t}_{inflow}^{j} \cap \bar{t}_{strand}^{j}$，综合判断4个客流管控车站客流管控启动时间和客流管控结束时间，得到1号线西段客流管控优化方案，如表7－8所示。

表7－8 综合评估客流管控优化方案

车站	客流管控启动时间	客流管控结束时间
苹果园	6：50	8：15
古城	7：30	8：15
八角游乐园	7：15	8：20
八宝山	7：15	8：30

建议北京地铁按照1号线西段客流管控优化方案实施常态客流管控工作，

并根据优化方案实施后车站及线路实际客流变化情况进行进一步的优化和调整。

7.4.3 评估案例 2

7.4.3.1 昌平线编制方案

昌平线部分车站进站客流量较大,昌平线和 13 号线换乘站(西二旗站)换乘压力也大,通过评估方法计算得到的编制方案如表 7-9 所示,同期实际客流管控方案如表 7-10 所示。两个方案均对进站量大的车站实施了客流管控,除西二旗站、朱辛庄站两个换乘站之外,基本保持一致。

表 7-9 编制客流管控方案

客流管控站	所属线路	客流管控率					
		6:30—7:00	7:00—7:30	7:30—8:00	8:00—8:30	8:30—9:00	9:00—9:30
生命科学园	昌平线			70%	70%	70%	70%
沙河	昌平线	2.62%	61.93%	70%	70%	70%	70%
沙河高教园	昌平线		24.99%	70%	70%	70%	
昌平	昌平线			70%	70%	12.88%	

表 7-10 实际客流管控方案

编号	车站	启动时间	终止时间	持续时间/min
1	西二旗	7:00	9:00	120
2	朱辛庄	7:00	9:00	120
3	生命科学园	6:40	9:00	140
4	沙河	6:40	9:30	170
5	沙河高教园	6:30	9:00	150

图 7-31 给出昌平线的进站量及拥挤区段分布,可以看出目前昌平线已处于无站可限的状态,即便 13 号线拥挤问题仍无法有效缓解,在方案层面也已经无法进行大的调整。若 13 号线西段拥挤问题进一步加剧,可考虑对昌平站实施客流管控,但所给方案显示其客流管控力度较小(缓解拥挤区段的作用已较弱)。

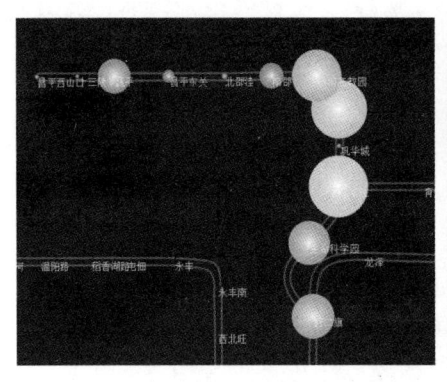

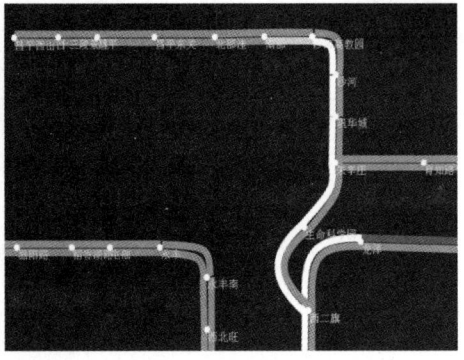

图 7-31 昌平线的进站量及拥挤区段分布（8:00—8:30）

7.4.3.2 昌平线运力提升后客流管控评估

长期以来昌平线下行方向客流拥挤问题严峻，主要原因在于运力不足。2015—2017 年昌平线共进行 5 次运力提升。2017 年 8 月 7 日（星期一）昌平线进行了运力提升（高峰时段运力提升 17.6%），下面以此为案例背景进行分析。

图 7-32 给出昌平线运力提升前后运力分布情况，可以看出 6:30—8:30 运力得到了较大幅度提升。图 7-33 给出运力提升前后昌平线进线量分布（采用调图前后紧邻周的星期三表示），可以看出进线量略微上升，波动较小。因此，在进行客流管控指数分析时可排除客流波动的影响。

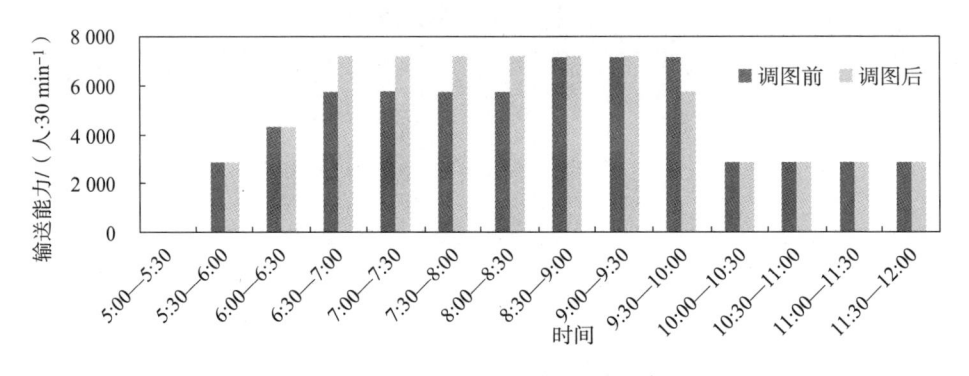

图 7-32 昌平线调图前后运力分布

（1）客流管控指数环比分析

图 7-34 给出昌平线 2017 年 8 月线路客流管控指数与 2017 年 7 月环比情况，可以看出线路客流管控指数在早高峰各个时段下降明显，表明客流疏解风险降低，运力提升对缓解昌平线客流拥挤发挥了积极作用。

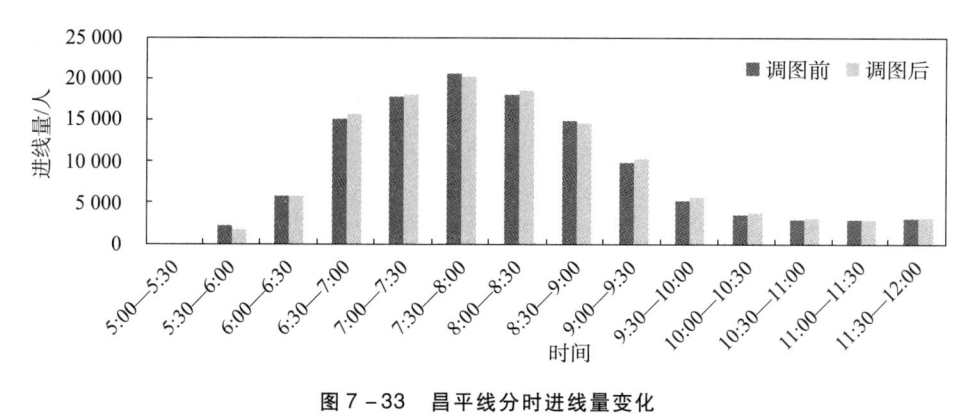

图 7-33　昌平线分时进线量变化

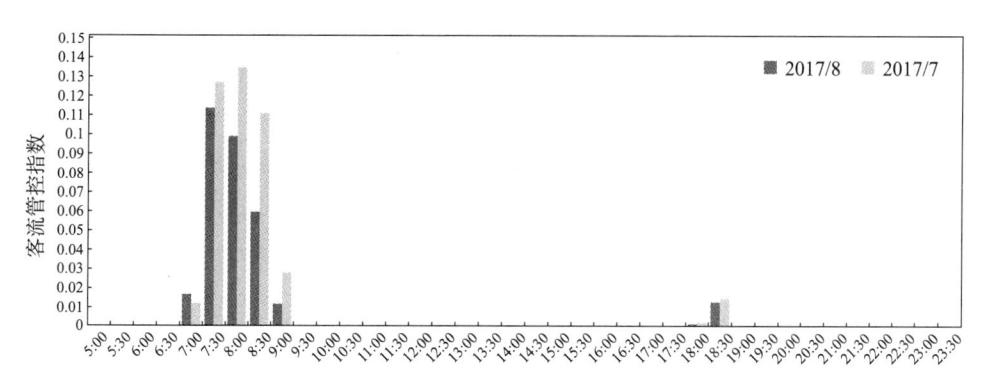

图 7-34　2017 年 8 月昌平线客流管控指数环比

（2）客流管控方案变化趋势

利用客流管控指数对客流管控方案进行评估前，需要结合实际客流管控方案进行说明。2017 年 7 月昌平线客流管控站为 6 个，具体信息如表 7-11 所示。

表 7-11　昌平线客流管控方案信息（2017 年 7 月）

编号	车站	启动时间	终止时间	持续时间/min
1	朱辛庄	7:00	9:00	120
2	生命科学园	6:40	9:00	140
3	沙河	6:40	9:30	170
4	沙河高教园	6:30	9:00	150
5	南邵	6:30	8:30	120
6	昌平	5:30	8:00	150

昌平线客流管控方案直至 2017 年 11 月才进行了局部调整，2017 年 12 月客流管控力度进行了较大幅度降低。图 7-35 给出昌平线在较长时期内客流管控方案的调整趋势。2017 年 11 月以前西二旗客流管控站归属 13 号线，之后调整至昌平线。因此，若按前期客流管控站归属方式来统计，2017 年 11 月与 2017 年 7 月客流管控方案并未发生变化，所以可认为昌平线在 2017 年 8 月运力提升后直至 2017 年 11 月客流管控方案并未发生变化。

图 7-35 昌平线客流管控方案调整趋势

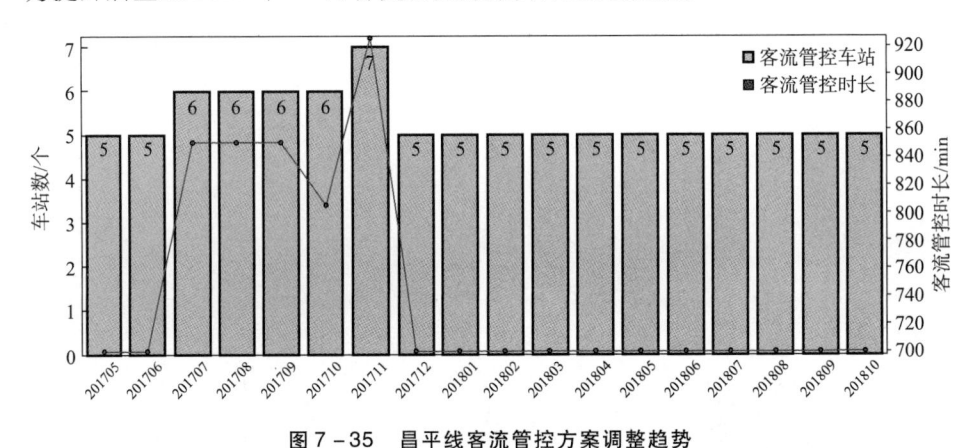

表 7-12 给出 2017 年 12 月昌平线客流管控方案的具体信息。考虑到西二旗客流管控站长期归属 13 号线，便于与 2017 年 7 月进行对比，可认为 2017 年 12 月客流管控车站数为 4 个（不包含西二旗），取消了南邵和昌平两站客流管控，其他车站在客流管控时长方面并未发生变化。

表 7-12 昌平线客流管控方案信息（2017 年 12 月）

编号	车站	启动时间	终止时间	持续时间/min
1	西二旗	7:00	9:00	120
2	朱辛庄	7:00	9:00	120
3	生命科学园	6:40	9:00	140
4	沙河	6:40	9:30	170
5	沙河高教园	6:30	9:00	150

（3）基于客流管控指数的方案评估

图 7-36 给出昌平线 2017 年 7 月和 8 月高峰时段分站客流管控指数对比情况，可以看出：运力提升后各站客流管控指数均明显降低，表明拥挤得以缓解，客运风险降低，客流管控力度也应该降低；南邵和昌平站客流管控指数很低，已无须客流管控，表明 2017 年 8 月两站客流管控应该取消，但实际中直

至 2017 年 12 月两站才取消客流管控；按照 2017 年 8 月客流管控指数大小，既定方案实施之后的客运安全风险由大至小依次为朱辛庄、生命科学园、沙河、沙河高教园，可考虑缩减沙河、沙河高教园的客流管控时长，提高朱辛庄站的客流管控力度。客流管控指数计算结果与实际较为吻合，能够反映真实情况，但从各站客流管控力度来看存在一定差异，表明实际客流管控方案有待进一步优化。

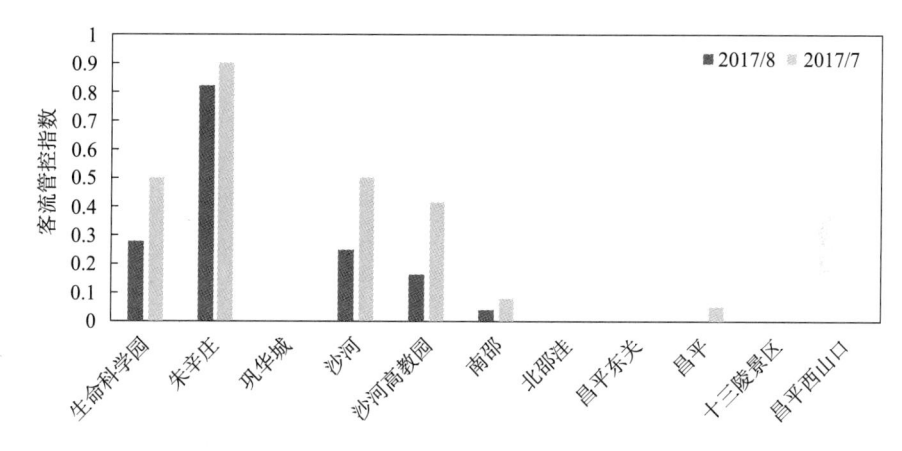

图 7-36 昌平线分站客流管控指数环比

下面将结合各站分时客流管控指数来深入分析，从而优化客流管控方案。按照 2017 年 7 月各站客流管控时间的长短顺序来依次分析，顺序为：沙河（170 min）、沙河高教园（150 min）、昌平（150 min）、生命科学园（140 min）、南邵（120 min）、朱辛庄（120 min）。

①沙河站。沙河站客流管控时间为 6：40—9：30，客流管控时长最长。图 7-37 给出沙河站 2017 年 8 月客流管控指数情况，与 2017 年 7 月对比可以看出：客流管控指数在各时段内明显降低，尤其是 7：00—7：30 降幅最大，表明客流拥挤风险得到了有效控制；9：00 后客流管控指数已降低至 0.05 以下，风险较小，因此建议其客流管控截止时间可调整至 9：00；6：30—7：00 客流管控指数仍处于高位水平，因此客流管控起始时间建议不调整。

②沙河高教园站。沙河高教园站客流管控时间范围为 6：30—9：00，客流管控时长为 150 min。图 7-38 给出该站 2017 年 8 月客流管控指数情况，与 2017 年 7 月对比可以看出：客流管控指数在各时段内明显降低，尤其是 7：30—8：30 降幅最大，表明客流拥挤风险得到了很好的控制；6：30—7：00 该站客流管控指数为 0，表明客流疏解通畅，此时段已无须客流管控，建议客流管控起始时间调整至 7：00；8：30—9：00 客流管控指数很小，建议客流管控

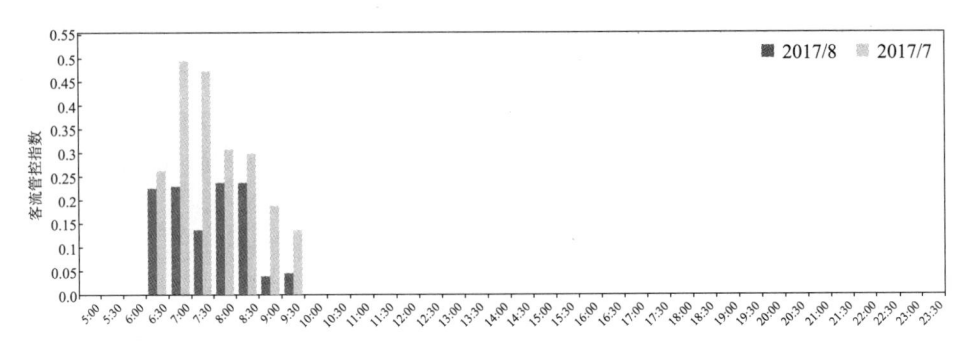

图 7-37 沙河站客流管控指数环比

截止时间提前至 8:30。所以综合来看，建议沙河高教园的客流管控时间范围调整为 7:00—8:30。

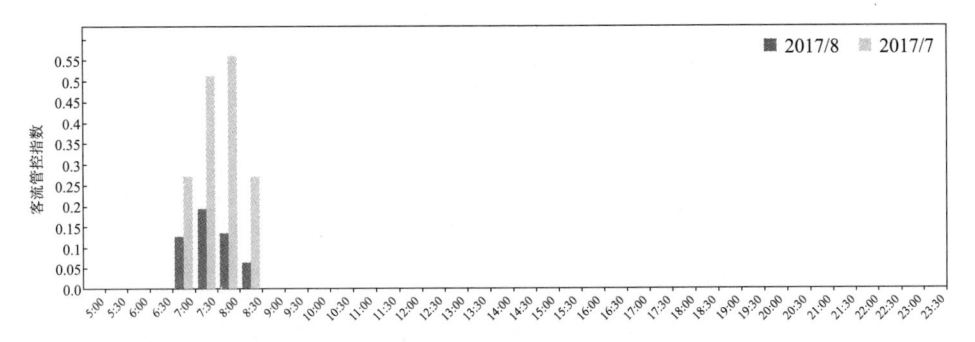

图 7-38 沙河高教园站客流管控指数环比

③昌平站。昌平站客流管控时间范围为 5:30—8:00，客流管控时长为 150 min。客流管控指数计算结果显示昌平站已无客流拥挤风险，应该取消客流管控。事实证明 2017 年 12 月以后昌平站取消了客流管控。

④生命科学园站。生命科学园站客流管控时间范围为 6:40—9:00，客流管控时长 140 min。图 7-39 给出该站 2017 年 8 月客流管控指数情况，与 2017 年 7 月对比可看出：8:00—9:00 客运安全风险降低明显，表明运力提升对该站拥挤缓解起到了重要作用；6:30—7:00 客流管控指数显示客运风险较低，建议将客流管控起始时间调整至 7:00；8:30—9:00 客流管控指数仍处于相对高位，建议截止时间不变。

⑤南邵站。南邵站客流管控时间范围为 6:30—8:30，客流管控时长为 120 min。图 7-40 给出该站 2017 年 8 月客流管控指数情况，与 2017 年 7 月对比可以看出：该站客流管控指数很小，各时段客流管控指数均小于 0.1，认为该站客流风险较小，已无须客流管控。事实证明后续该站已取消客流管控措施。

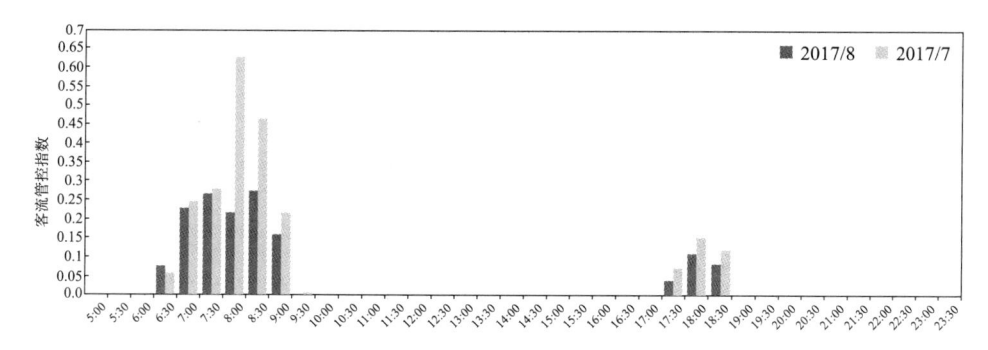

7 城市轨道交通客流管控方案评估体系

图 7-39 生命科学园站客流管控指数环比

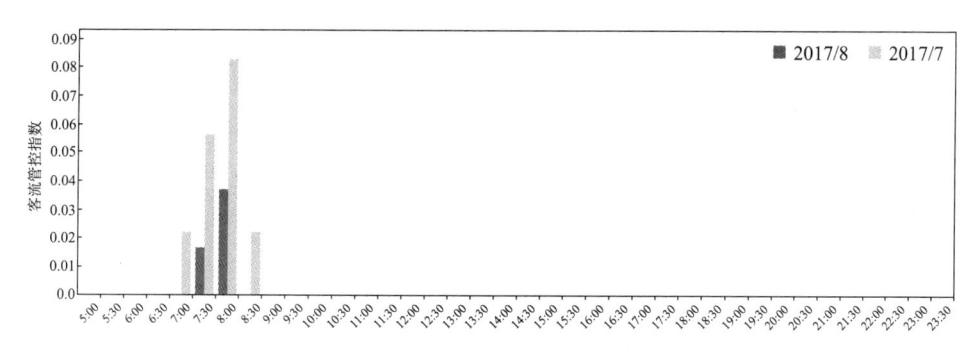

图 7-40 南邵站客流管控指数环比

⑥朱辛庄。朱辛庄站客流管控时间为 7:00—9:00。图 7-41 给出朱辛庄站的客流管控指数情况,与 2017 年 7 月对比,可以看出:相比昌平线上其他车站,朱辛庄站的客运安全风险最大,其风险一部分来自较大的进站流,另一部分来自换乘客流,其采用同站台换乘,站台能力有限;从客流管控指数来看,9:00—9:30 客流安全风险仍处于高位,建议其客流管控截止时间延迟至 9:30,客流管控起始时间不变。

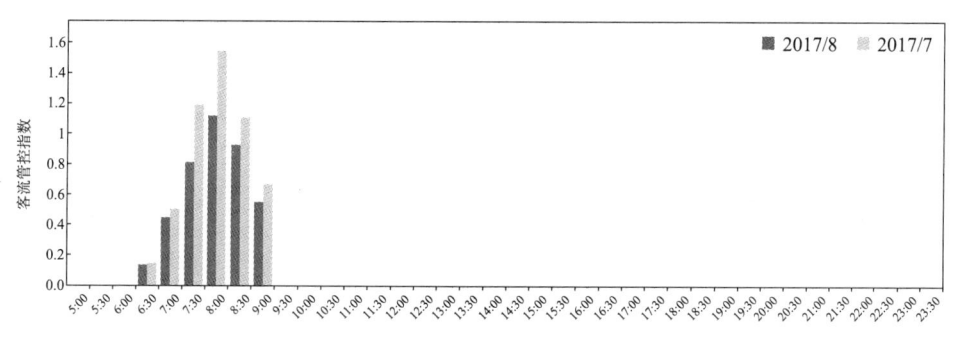

图 7-41 朱辛庄站客流管控指数环比

按照客流管控指数分析结果，对昌平线上各站客流管控方案调整建议如表7-13所示。

表7-13 昌平线客流管控方案调整建议

编号	车站	目前客流管控方案	建议客流管控方案	备注
1	昌平	5:30—8:00	/	取消客流管控
2	南邵	6:30—8:30	/	取消客流管控
3	沙河高教园	6:30—9:00	7:00—8:30	降低客流管控力度
4	沙河	6:40—9:30	6:40—9:00	降低客流管控力度
5	朱辛庄	7:00—9:00	7:00—9:30	增大客流管控力度
6	生命科学园	6:40—9:00	7:00—9:00	降低客流管控力度
	总计	850 min	500 min	总体管控力度降低

结合2017年12月的客流管控方案调整情况来看（如表7-12所示），取消了昌平和南邵两站客流管控，客流管控时长为700 min（包含13号线西二旗站120 min），若不考虑西二旗站，那么其客流管控总时长为580 min，与客流管控指数分析的结果较为吻合，验证了客流管控指数计算的准确性，以及在客流管控方案调整时的实用性，表明客流管控指数能在日常客流管控方案调整时（包含客流管控车站选取和客流管控时长确定）提供决策参考。

7.4.3.3 昌平线编制方案评估

昌平线具有典型的市郊线特征，拥挤问题十分突出，与八通线有着很强的相似性。2018年10月客流管控车站为5个，客流管控时长700 min，如表7-14所示。昌平线客流管控特点是整体客流管控时长较长，均超过2 h，对其高强度客流管控一是为保障本线客运安全，二是为保障13号线西段客运安全。

表7-14 昌平线客流管控方案

编号	客流管控站	时间	起始时间	截止时间	客流管控时长/min	时段
1	西二旗	2018/10	7:00	9:00	120	早高峰
2	朱辛庄	2018/10	7:00	9:00	120	早高峰
3	生命科学园	2018/10	6:40	9:00	140	早高峰
4	沙河	2018/10	6:40	9:30	170	早高峰
5	沙河高教园	2018/10	6:30	9:00	150	早高峰

(1) 客流特征及运力运量匹配

图 7-42 给出昌平线进站量分布情况（7:30—8:00），可以看出：昌平线车站的进站量相对均衡，未出现个别车站进站量畸高情形。

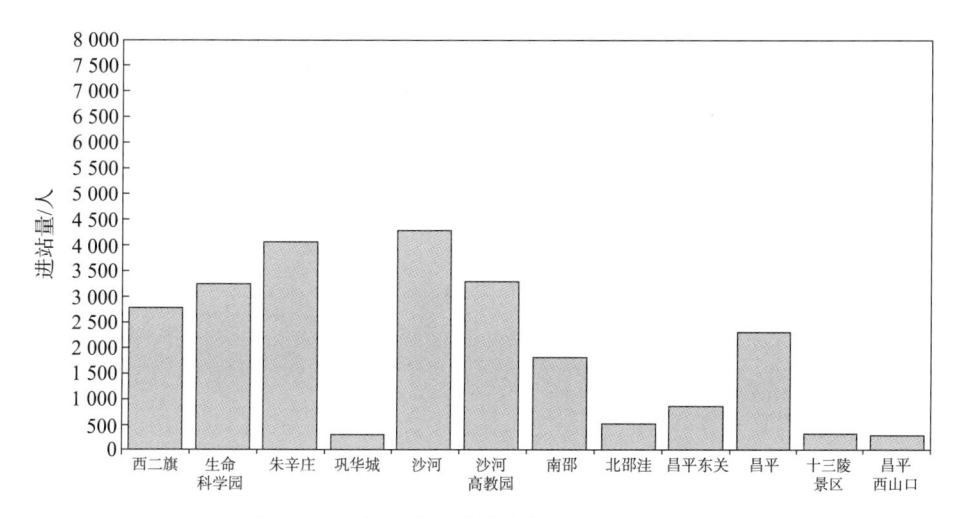

图 7-42　昌平线进站量分布（7:30—8:00）

图 7-43 给出昌平线分时运力运量匹配结果，可看出在 7:00—9:00 下行方向西二旗→巩华城间均出现较为严重的拥挤。但昌平线的运力并不高，小时运力仅为市区线的一半，因此，导致昌平线客流拥挤的原因并不在本线，更多的是为保障 13 号线西段的客运安全。

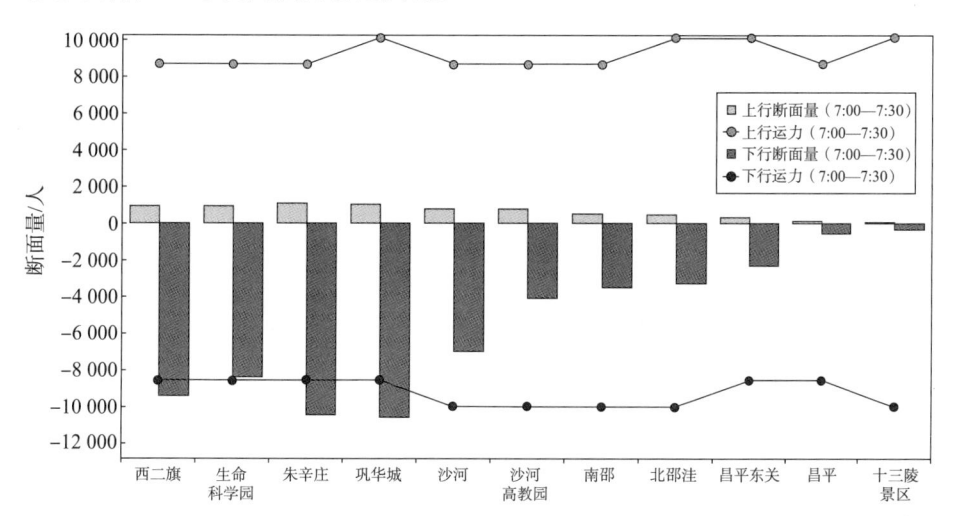

图 7-43　昌平线分时运力运量匹配情况

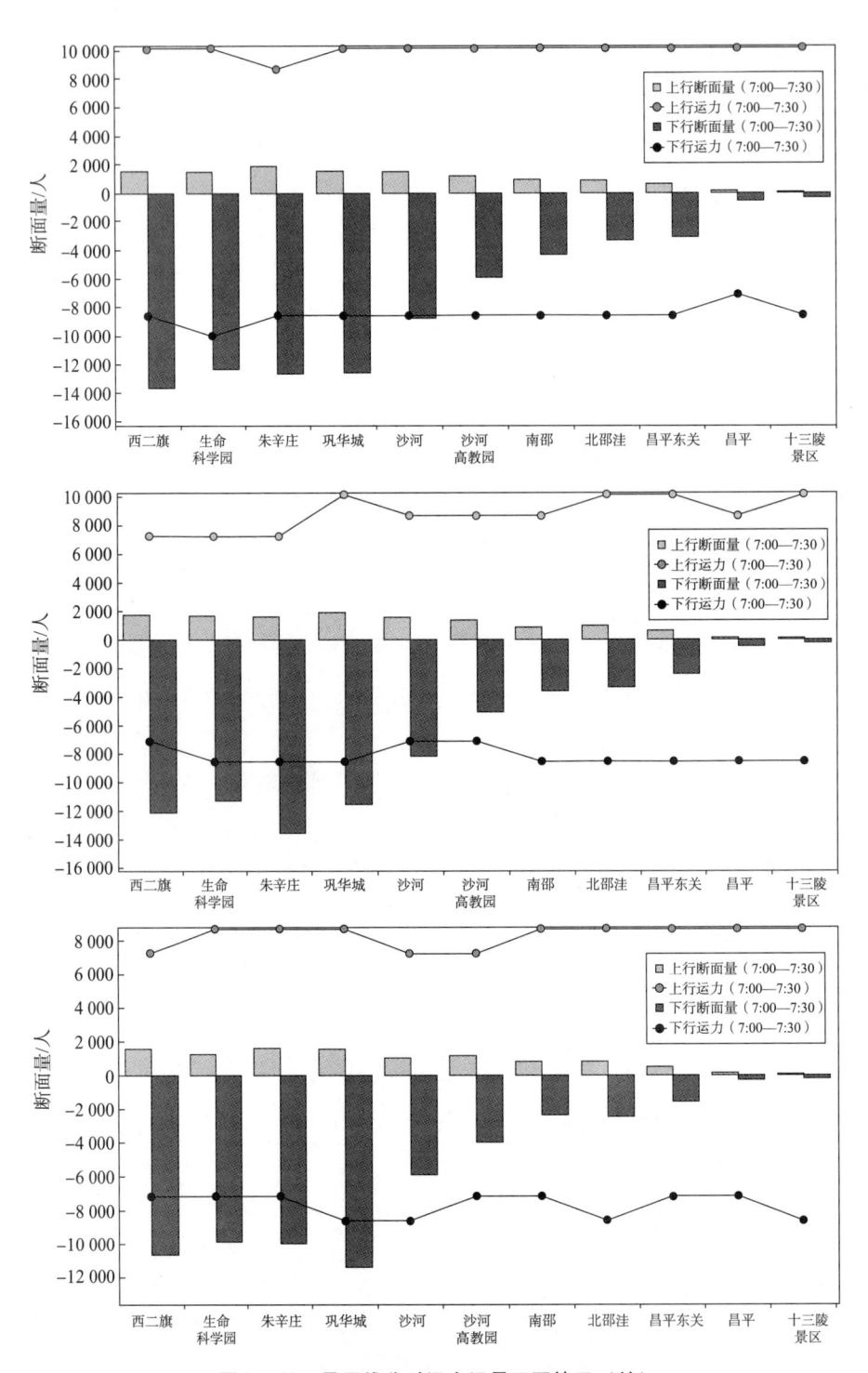

图 7-43 昌平线分时运力运量匹配情况（续）

（2）客流管控指数评估

从客流管控指数来看，如图 7-44 所示，目前沙河站客运风险较大，其他车站均处于可控范围之内。南邵站客流管控指数大于 0，但不足 0.3，因此无须对其进行客流管控。综合分析来看，目前昌平线的客流管控方案保持不变即可。

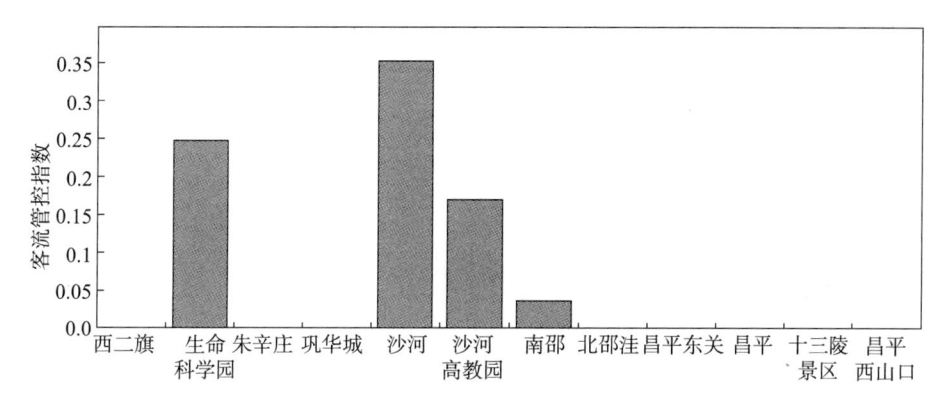

图 7-44 昌平线早高峰车站客流管控指数

（3）评估结论

昌平线早高峰时段客流管控方案实施的目的不仅在于缓解本线客流拥挤，而在于保障 13 号线西段客运安全。从综合运力运量匹配分析及客流管控指数计算结果来看，当前客流管控方案暂不调整。

7.5 小　　结

结合客流管控方案制定原则，从路网全局层面综合考虑车站客流管控组织评估要素，构建客流管控组织评估指标体系，通过北京地铁全网的客流分析，从路网到线路再到具体的车站进行递进式分析，具体从进出站量、换乘量、断面流量、客流的时间特性等角度进行深层次的挖掘，形成一套路网客流管控方案评估方法体系，评估现有路网客流管控方案，并针对重点线路、重点车站提出相应的客流管控建议措施。

8　城市轨道交通路网协同管控决策支持系统

根据本书构建的客流管控方案编制算法及客流管控指数计算方法，作者利用 Visual studio 2015 开发工具，基于 C#编程语言开发了相应的协同客流管控优化系统。本章将对该系统进行简要介绍。

8.1　系统架构及数据需求

8.1.1　系统架构设计

该系统主要包含两大核心功能模块：

①客流管控方案编制——以路网客流分布规律为基础，根据路网能力瓶颈分布及拥挤严峻程度，从车站协同视角编制客流管控方案。

②客流管控方案评估——针对已实施的客流管控方案，基于客流清分结果构建客流管控指数计算方法，并对客流管控效果进行量化评估，为下一阶段客流管控方案优化提供趋势性指导意见。

考虑到两个模块所针对的客流管控组织的时间范围不同，且基础数据存在差异，系统设计时将其分为两个不同入口，不同入口对应不同的功能。系统界面如图8-1所示。

图8-2给出了北京地铁路网协同客流管控优化系统的总体架构。

8　城市轨道交通路网协同管控决策支持系统

图 8-1　系统主界面

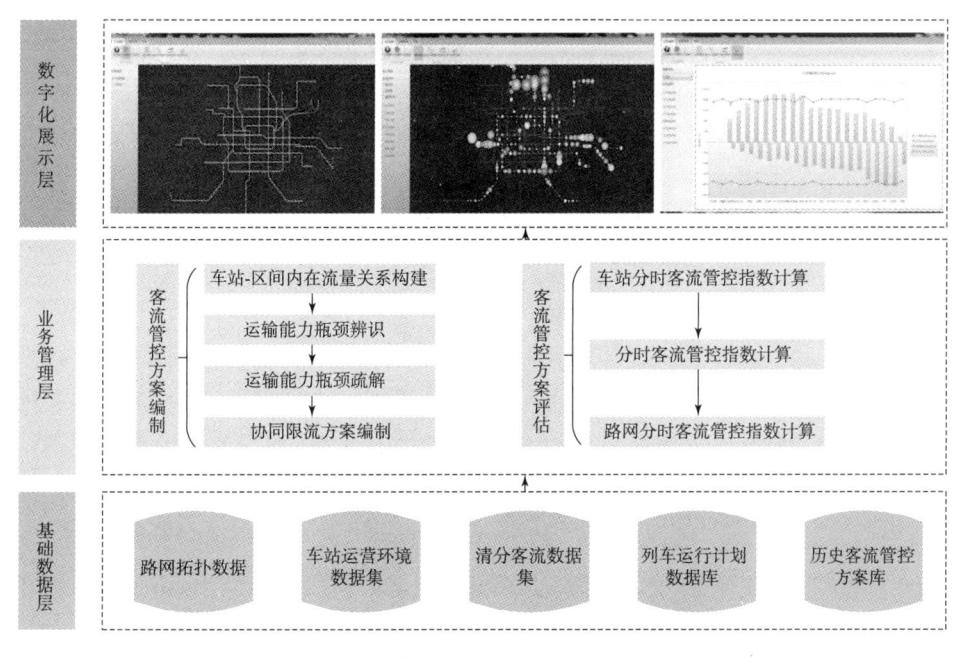

图 8-2　北京地铁路网协同客流管控优化系统架构

8.1.2　基础数据需求

该系统所需基础数据主要包含四大类：路网基础数据、客流数据、运力数据、客流管控方案数据，具体包含的数据源如表 8-1 所示。考虑到路网基础

城市轨道交通路网客流协同管控理论与应用

数据构建的复杂性，暂不提供数据更新模块，当新线开通运行后，采用系统维护的方式对其统一更新，以保证系统的稳定性。

表8-1 数据列表

编号	类型	名称	说明	数据来源	更新方式
1	路网基础数据	区间信息表	用于构建路网拓扑结构	运营公司获取	统一更新
2		车站信息表	用于构建路网拓扑结构	运营公司获取	统一更新
3		线路信息表	用于构建路网拓扑结构	运营公司获取	统一更新
4		车站站外面积信息	作为客流管控方案编制参数	调研获取	统一更新
5		车站站外公交接驳信息	作为客流管控方案编制参数	调研获取	统一更新
6		车站站台面积信息	作为客流管控方案编制参数	调研获取	统一更新
7	客流数据	客流OD矩阵	15 min粒度OD表	AFC数据统计	外部导入
8		线路分时进出站量统计表	客流清分结果	清分中心	外部导入
9		线路分时断面量统计表	客流清分结果	清分中心	外部导入
10		换乘车站分时客流量统计表	客流清分结果	清分中心	外部导入
11	运力数据	列车运行时刻表	计算线路客运输送能力	运营公司获取	外部导入
12		线路列车定员	计算线路客运输送能力	运营公司获取	外部导入
13	客流管控方案	既有客流管控方案	用于客流管控方案评估	运营公司获取	外部导入

（1）客流OD表记录

OD表记录时间粒度为15 min，共包含4个字段：起始车站名、终止车站名、起始时间点、客流量，如表8-2所示。考虑到全天OD记录超过100万条，常用办公软件（如Excel）难以承载，而且为便于不同系统间数据交换，在此采用txt文本存储形式。该数据为系统运行的核心输入数据，需保证较高的精度。

表8-2 OD记录信息

编号	字段名	字段类型	含义
1	OSTATION	String	起始站名
2	DSTATION	String	终到站名
3	PERIOD	DateTime	起始时间点
4	AMOUNT	Number	OD量

另外需要注意的是，客流管控方案的时间粒度不得小于 OD 信息的时间长度，且为 OD 信息时间长度的整数倍。

（2）线路列车时刻表信息

目前，实际中采用的时刻表主要包含车站时刻表、车次时刻表、车底时刻表三类，从运力计算视角以及时刻表的规则化程度来看，车站时刻表更易于处理，因此本系统采用车站时刻表作为运力计算的基础数据源。如图 8 - 3 所示。

车站名称	下行车次	始发站名	终到站名	到点	发点	停站时间
古段	631103	四惠东	古段	09:31:57	09:32:57	00:01:00
古段	171106	四惠东	古段	09:37:57	09:38:57	00:01:00
古段	411109	四惠东	古段	09:43:57	09:44:57	00:01:00
古段	671112	四惠东	古段	09:49:57	09:50:57	00:01:00
古段	681115	四惠东	古段	09:55:57	09:56:57	00:01:00
古段	691118	四惠东	古段	10:01:57	10:02:57	00:01:00
古段	221121	四惠东	古段	10:07:57	10:08:57	00:01:00
古段	451128	四惠东	古段	10:21:57	10:22:57	00:01:00
古段	071140	四惠东	古段	10:53:57	10:54:57	00:01:00
古段	601323	四惠东	古段	19:10:27	19:11:27	00:01:00
古段	031327	四惠东	古段	19:19:57	19:20:57	00:01:00
古段	261330	四惠东	古段	19:25:57	19:26:57	00:01:00
古段	491333	四惠东	古段	19:31:57	19:32:57	00:01:00
古段	521336	四惠东	古段	19:37:57	19:38:57	00:01:00
古段	051339	四惠东	古段	19:43:57	19:44:57	00:01:00
古段	551342	四惠东	古段	19:49:57	19:50:57	00:01:00
古段	021350	四惠东	古段	20:08:12	20:09:12	00:01:00
古段	721353	四惠东	古段	20:17:57	20:18:57	00:01:00
古段	481355	四惠东	古段	20:23:57	20:24:57	00:01:00
古段	731357	四惠东	古段	20:29:57	20:30:57	00:01:00
古段	041359	四惠东	古段	20:35:57	20:36:57	00:01:00
古段	531361	四惠东	古段	20:41:57	20:42:57	00:01:00
古段	061363	四惠东	古段	20:47:57	20:48:57	00:01:00
古段	571366	四惠东	古段	20:57:57	20:58:57	00:01:00
古段	1602	复兴门	古段	22:32:25	22:32:25	00:00:00
古段	23	洞口	古段	23:05:00	23:06:00	00:01:00

车站名称	上行车次	始发站名	终到站名	到点	发点	停站时间
古段	01	古段	洞口	04:35:45	04:36:45	00:01:00
古段	02	古段	洞口	04:39:45	04:40:45	00:01:00
古段	03	古段	洞口	04:43:45	04:44:45	00:01:00
古段	042006	古段	四惠东	04:50:00	04:50:00	00:00:00
古段	052008	古段	四惠东	04:53:00	04:54:00	00:01:00
古段	062009	古段	四惠东	04:56:30	04:57:30	00:01:00
古段	072010	古段	四惠东	05:00:00	05:01:00	00:01:00
古段	082011	古段	四惠东	05:04:00	05:05:00	00:01:00
古段	09	古段	洞口	05:07:45	05:08:45	00:01:00
古段	102013	古段	四惠东	05:11:50	05:12:50	00:01:00
古段	11	古段	洞口	05:15:45	05:16:45	00:01:00
古段	122015	古段	四惠东	05:19:50	05:20:50	00:01:00
古段	132016	古段	四惠东	05:23:20	05:24:20	00:01:00
古段	14	古段	洞口	05:28:15	05:29:15	00:01:00
古段	152019	古段	四惠东	05:32:20	05:33:20	00:01:00
古段	162021	古段	四惠东	05:37:50	05:38:50	00:01:00
古段	172022	古段	四惠东	05:41:50	05:42:50	00:01:00
古段	18	古段	洞口	05:48:00	05:49:00	00:01:00
古段	192025	古段	四惠东	05:52:20	05:53:20	00:01:00
古段	202027	古段	四惠东	05:58:50	05:59:50	00:01:00
古段	212029	古段	四惠东	06:05:20	06:06:20	00:01:00
古段	222031	古段	四惠东	06:11:40	06:12:40	00:01:00
古段	232033	古段	四惠东	06:17:37	06:18:37	00:01:00
古段	242035	古段	四惠东	06:23:00	06:24:00	00:01:00
古段	252037	古段	四惠东	06:28:30	06:29:30	00:01:00
古段	262039	古段	四惠东	06:33:37	06:34:37	00:01:00

四惠东 | 四惠 | 古段 | 四惠段二 | 四惠段一 | 五十三 | 五十二 | 苹果园 | 洞口 | 古城路 | 八角游乐园 | 八宝山 | 玉泉路…

图 8 - 3　车站时刻表数据形式

系统仅提供车站时刻表的规则化转换模块，并以车站时刻表为基础计算客运输送能力，尚不支持其他类型时刻表的转换。另外，10 号线列车运行图编制采用半自动化方式编制，其时刻表和其他线路存在很大区别（如图 8 - 4 所示），为此，系统针对 10 号线设计了独立的时刻表解析模块。

1	Train Number	Service Number	Vicos Trip ID	Train Type	Line	Trip Type	Station Track	Arrival Time	Departure Time	Nominal Dwell Time	Is Stop	Is Turning	Is Passengerstop
3163	138	138	2311	Beijing_L10_fa	M1	REGULAR	HQY_track_1	20:17:15	20:17:45	30	1	0	1
3164	138	138	2311	Beijing_L10_fa	M1	REGULAR	V98_track_1	20:18:14	20:18:14	0	0	0	0
3165	138	138	2311	Beijing_L10_fa	M1	REGULAR	CCQ_track_1	20:19:06	20:19:36	30	1	0	1
3166	138	138	2311	Beijing_L10_fa	M1	REGULAR	CDG_track_1	20:21:18	20:21:48	30	1	0	1
3167	138	138	2311	Beijing_L10_fa	M1	REGULAR	V93_track_1	20:22:37	20:22:37	0	0	0	0
3168	138	138	2311	Beijing_L10_fa	M1	REGULAR	CISS_track_1	20:23:40	20:24:25	45	1	0	1
3169	138	138	2311	Beijing_L10_fa	M1	REGULAR	WDYT_track_1	20:25:57	20:26:27	30	1	0	1
3170	138	138	2311	Beijing_L10_fa	M1	REGULAR	GZF_track_1	20:29:05	20:29:55	50	1	0	1
3171	138	138	2311	Beijing_L10_fa	M1	REGULAR	LHQ_track_1	20:31:19	20:31:54	35	1	0	1
3172	138	138	2311	Beijing_L10_fa	M1	REGULAR	LLQ_track_1	20:34:38	20:35:33	55	1	0	1
3173	138	138	2311	Beijing_L10_fa	M1	REGULAR	XJ_track_1	20:37:24	20:38:14	50	1	0	1
3174	138	138	2311	Beijing_L10_fa	M1	REGULAR	V88_track_1	20:38:44	20:38:44	0	0	0	0
3175	138	138	2311	Beijing_L10_fa	M1	REGULAR	QNW_track_1	20:39:24	20:39:54	30	1	0	1
3176	138	138	2311	Beijing_L10_fa	M1	REGULAR	FT_track_1	20:41:43	20:42:18	35	1	0	1
3177	138	138	2311	Beijing_L10_fa	M1	REGULAR	FJC_track_1	20:44:51	20:45:36	45	1	0	1
3178	138	138	2344	Beijing_L10_fa	M1	REGULAR							
3179	138	138	2344	Beijing_L10_fa	M1	REGULAR	JJM_track_1	20:47:04	20:47:34	30	1	0	1
3180	138	138	2344	Beijing_L10_fa	M1	REGULAR	CQ_track_1	20:49:24	20:49:54	30	1	0	1
3181	138	138	2344	Beijing_L10_fa	M1	REGULAR	JMX_track_1	20:52:34	20:53:19	45	1	0	1
3182	138	138	2344	Beijing_L10_fa	M1	REGULAR	JMD_track_1	20:54:53	20:55:23	30	1	0	1
3183	138	138	2344	Beijing_L10_fa	M1	REGULAR	DHM_track_1	20:56:52	20:57:27	35	1	0	1
3184	138	138	2344	Beijing_L10_fa	M1	REGULAR	SLZ_track_1	20:59:01	20:59:36	35	1	0	1
3185	138	138	2344	Beijing_L10_fa	M1	REGULAR	SJZ_track_1	21:01:16	21:02:03	47	1	0	1
3186	138	138	2344	Beijing_L10_fa	M1	REGULAR	V82_track_1	21:02:32	21:02:32	0	0	0	0
3187	138	138	2344	Beijing_L10_fa	M1	REGULAR	CSS_track_1	21:03:59	21:04:44	45	1	0	1
3188	138	138	2344	Beijing_L10_fa	M1	REGULAR	FSZ_track_1	21:06:11	21:06:41	30	1	0	1
3189	138	138	2344	Beijing_L10_fa	M1	REGULAR	SLH_track_1	21:09:00	21:09:30	30	1	0	1
3190	138	138	2344	Beijing_L10_fa	M1	REGULAR	PJY_track_1	21:10:59	21:11:34	35	1	0	1
3191	138	138	2344	Beijing_L10_fa	M1	REGULAR	JS_track_1	21:12:58	21:13:33	35	1	0	1
3192	138	138	2344	Beijing_L10_fa	M1	REGULAR	SJ_track_1	21:15:00	21:15:30	30	1	0	1

图 8 - 4　10 号线时刻表数据形式

(3) 既有客流管控方案

既有客流管控方案信息采用 Word 形式存储，系统内进行客流管控方案数据更新时需转换为 Excel 规则化形式，具体如表 8-3 所示。提供既有客流管控方案的导入数据模板，根据模板要求填充数据，然后完成客流管控方案的导入。

表 8-3 规则化客流管控方案结构

编号	字段名	字段类型	含义
1	LINE_NAME	String	线路名
2	STATION_NAME	String	车站名
3	START_TIME	ShortDateTime	开始时间
4	END_TIME	ShortDateTime	结束时间

(4) 清分客流

清分客流统计结果以 Excel 报表形式每日由清分中心发送至运营公司，主要包含 6 张报表，具体包含：分票种进出站量日统计表；换乘车站分时客流量统计表；客流信息汇总表；路网客运量日统计表；线路分时断面客流量统计表；线路分时进出站量统计表。其中，换乘车站分时客流量统计表、线路分时断面客流量统计表、线路分时进出站量统计表为本系统所需数据。由于不同数据表的格式差异较大，本系统针对每一类数据源提供转换接口，实现数据的规则化转换。以线路分时进出站量统计表为例进行说明，原始数据格式如图 8-5 所示。

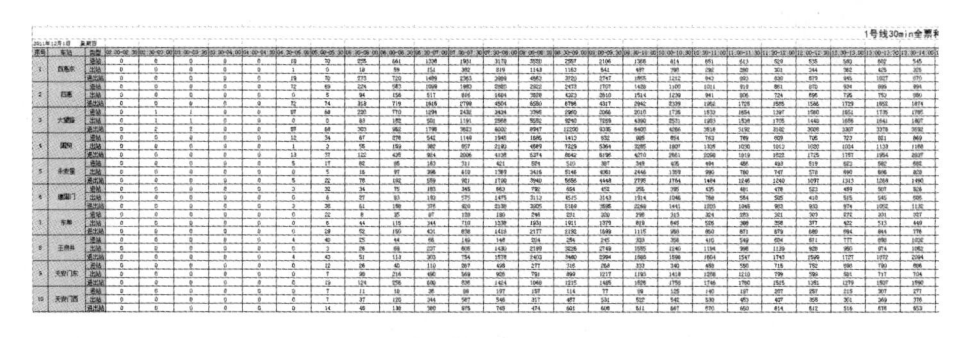

图 8-5 原始线路分时进出站量统计表

转换后数据格式如图 8-6 所示。

车站	线路	类型	0200-0230	0230-0300	0300-0330	0330-0400	0400-0430	0430-0500	0500-0530	0530-0600	0600-0630	0630-0700	0700-0730	0730-0800	0800-0830
1	四惠东	1号线	进站	0	0	0	0	0	21	72	172	270	340	314	392	543
2	四惠东	1号线	出站	0	0	0	0	0	4	1	21	44	64	117	199	322
3	四惠东	1号线	进出站	0	0	0	0	0	25	73	193	314	404	431	591	865
4	四惠	1号线	出站	0	0	0	0	0	24	33	107	176	212	228	252	383
5	四惠	1号线	进站	0	0	0	0	0	0	2	49	101	186	221	298	328
6	四惠	1号线	进出站	0	0	0	0	0	24	35	156	277	398	449	550	711
7	大望路	1号线	进站	0	0	0	0	0	17	46	139	321	361	436	433	600
8	大望路	1号线	出站	0	0	0	0	0	1	0	65	173	219	281	365	594
9	大望路	1号线	进出站	0	0	0	0	0	18	46	204	494	580	717	798	1194
10	国贸	1号线	进站	0	0	0	0	0	2	6	52	73	248	330	331	346	347
11	国贸	1号线	出站	0	0	0	0	0	0	1	35	83	182	267	376	546
12	国贸	1号线	进出站	0	0	0	0	0	2	6	53	108	331	512	598	722	893
13	永安里	1号线	进站	0	0	0	0	0	0	4	23	67	140	124	104	86	134
14	永安里	1号线	出站	0	0	0	0	0	0	0	15	27	79	141	162	264

图 8-6 规则化后线路分时进出站量统计表

8.2 系统功能介绍

本节主要从客流管控方案编制和客流管控方案评估两个模块来介绍系统的主要功能。

8.2.1 客流管控方案编制

客流管控方案编制所需基础数据主要包含：OD 表、清分客流、运输能力表、既有客流管控方案，其中 OD 表需从外部导入，另外三类数据在客流管控方案评估模块中已包含，这三类数据采用数据同步的方式获取，而无须重新导入。

客流管控方案编制过程充分考虑了用户的易用性，通过流程化的基础数据导入有效避免了数据操作不规范，且每一步数据导入后均提供数据检测机制，只有满足系统要求后才能进行下一步操作。

尽管所构建客流管控方案编制算法时充分考虑了多种影响因素，但实际中不同线路、不同车站均有其独特性，某些因素仍难以考虑。那么，客流管控方案编制时可能需结合管理者的经验来综合判断。客流分析模块的主要功能是对客流进行多层次分析，以便为管理者决策时提供参考。下面对客流分析的对象进行介绍。

(1) 客流可视化展示

客流可视化展示主要对进站量、区间断面量、区间拥挤度、能力瓶颈区间

城市轨道交通路网客流协同管控理论与应用

进行网络可视化展示，以便管理者快速确定路网高风险区间、需求旺盛车站等。

图 8-7 展示了车站进站量分布情况，通过圆圈大小及颜色深浅来显示进站量的大小，圆圈越大、颜色越红，则表示进站量越大。

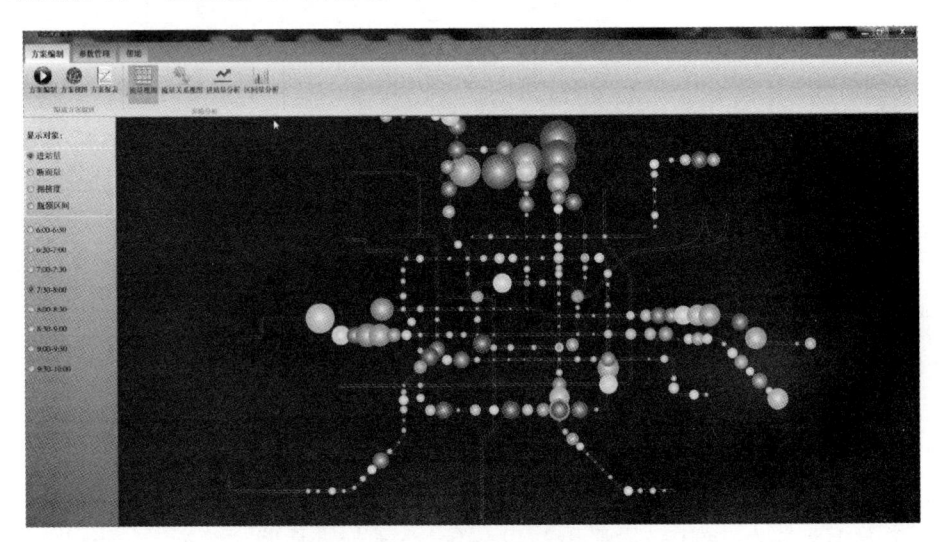

图 8-7　车站进站量可视化分析

图 8-8 展示了区间断面量的情况，通过区间粗细及颜色来显示区间量大小，区间线条越粗、颜色越红，则表示区间客流量越大。通过该视图分析即可快速确定路网上流量较大的区间。

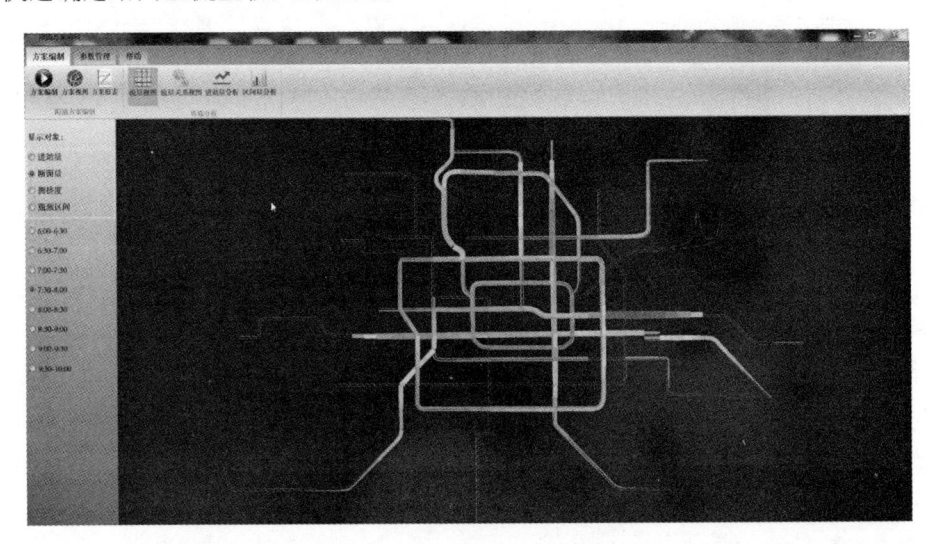

图 8-8　区间断面量可视化分析

8 城市轨道交通路网协同管控决策支持系统

区间断面量分布仅显示了区间客流量的大小，但尚未考虑各线路的客流输送能力，因此，进一步对区间拥挤度进行可视化分析。图 8-9 按照区间满载率的大小来确定不同区间的颜色，其中满载率≥1.2 时为白色，1.2＞满载率≥1.0 时为红色，1.0＞满载率≥0.8 时为黄色，满载率＜0.8 时为绿色。

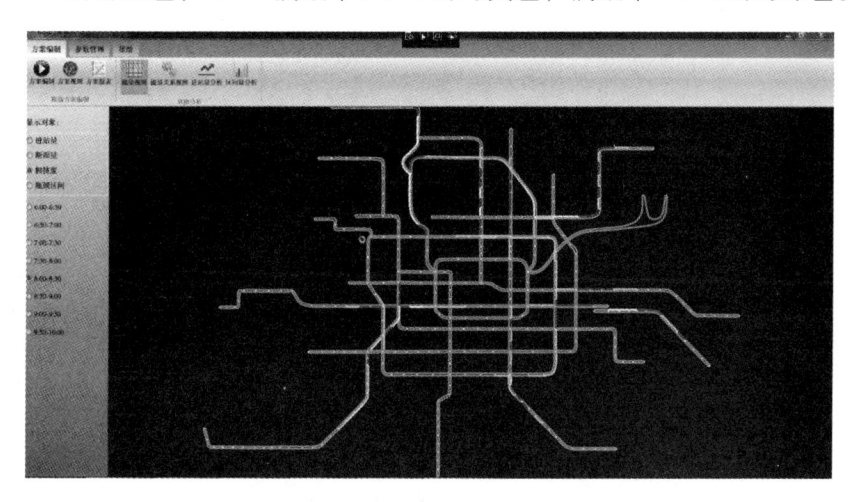

图 8-9 区间拥挤度可视化分析

（2）流量关系分析

在弄清路网客流分布及状态的基础上，有必要对车站-区间内在流量关系分析，以便快速找到缓解瓶颈区间拥挤的车站。车站-区间流量关系是进行能力瓶颈疏解的关键要素，系统提供可视化功能来直观展现流量关系。图 8-10 展示了车站进站客流流向分布情况，即客流去向站及去向流大小。

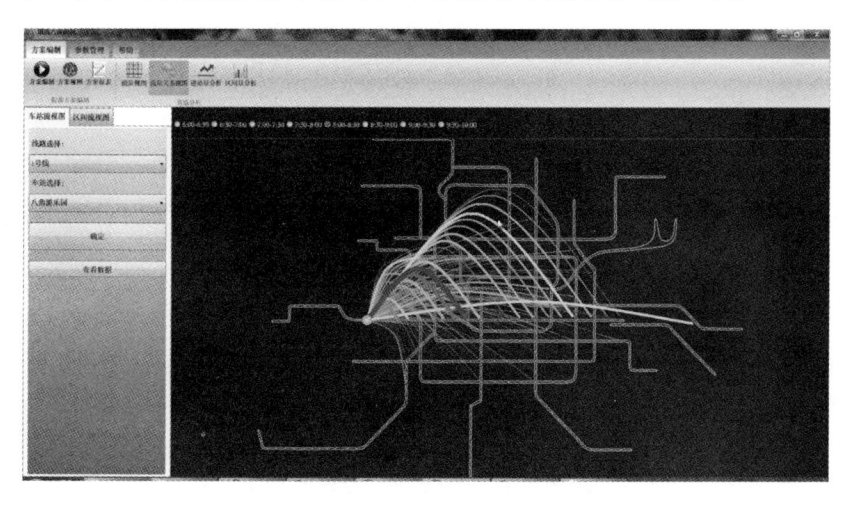

图 8-10 车站进站流流向分析

城市轨道交通路网客流协同管控理论与应用

图 8-11 则显示了区间客流的源头站及比例，采用线条粗细及颜色来区分，可以直观看出流经某区间的客流来自哪些车站。该结果可作为客流管控车站选取的重要参考。

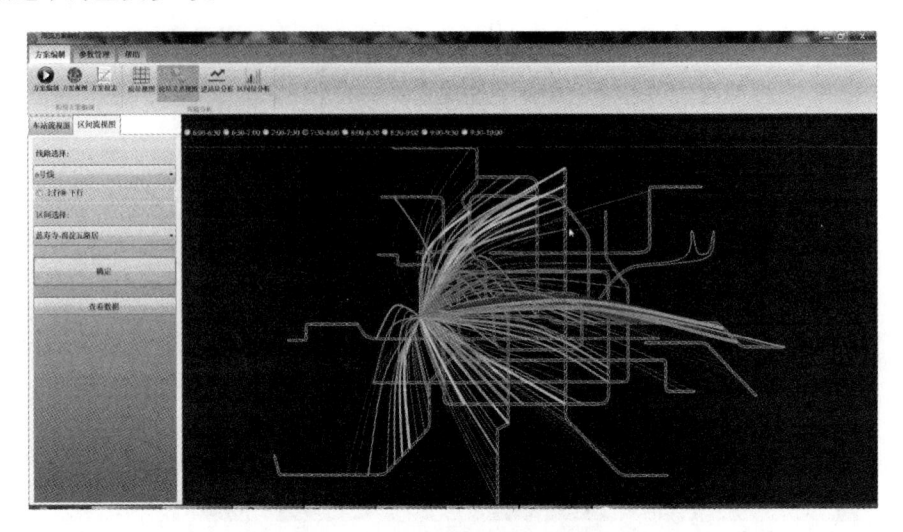

图 8-11　区间客流通过率显示

图 8-12 显示了车站进站量分析结果，可直观查看每一线路上各站分时段进站量情况，在进行线路层客流管控方案优化时，其能够作为车站必选的重要参考依据。同时，系统提供具体的客流量信息接口，可获取对应的客流信息，提供导出功能。

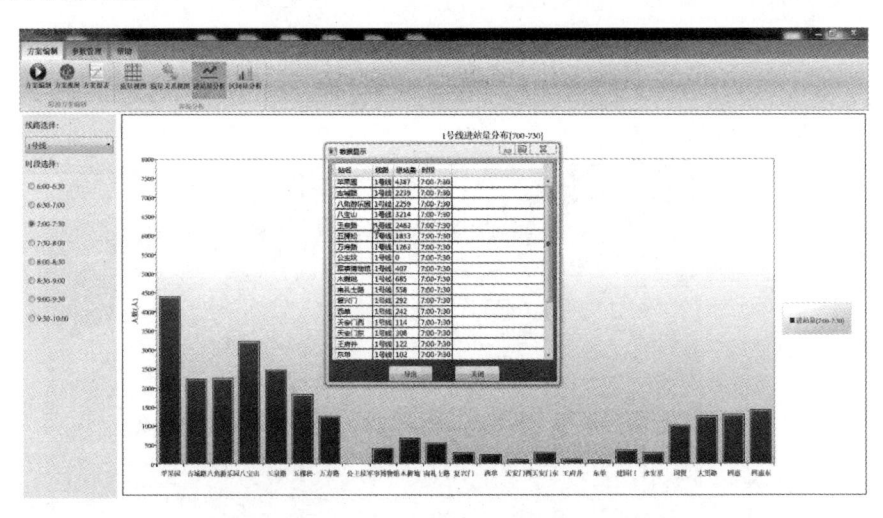

图 8-12　车站进站量分析

另外,区间运力运量匹配关系也是客流管控方案编制时重点考虑的因素,为此,提供区间的运力运量匹配结果,可快速判定瓶颈区间以及各区间的拥挤负荷情况,如图 8-13 所示。

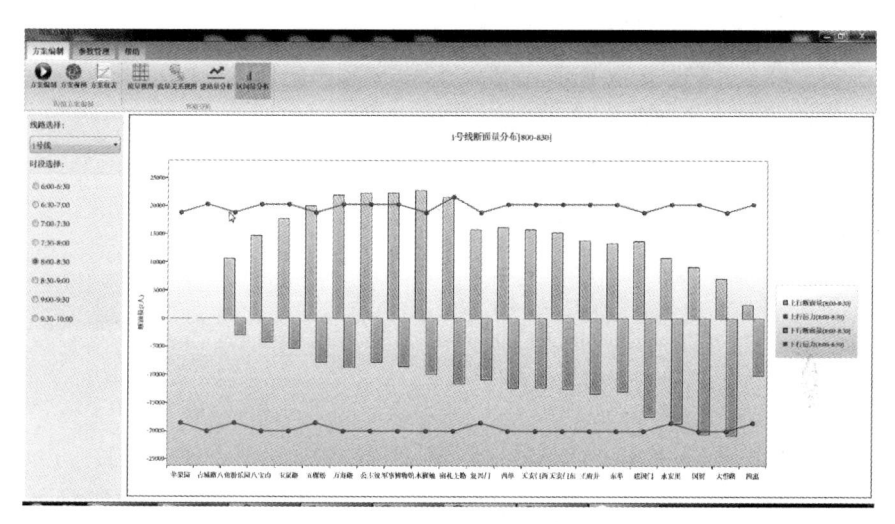

图 8-13　车站运力运量

8.2.2　客流管控方案评估

客流管控方案评估模块主要包含历史客流管控方案、客流管控指数评估两个核心子模块。

历史客流管控方案模块的主要目的是多维度对既有客流管控方案的变化趋势进行分析,并与客流进行趋势对比,直观上对客流管控方案的趋势进行总体把握;客流管控指数评估模块利用所构建的客流管控指数计算方法,对车站、线路、路网三个层次计算客流管控指数,从而辨识出当前客流管控方案实施后路网风险依旧较大的车站。

(1) 历史客流管控方案分析

该功能主要是对既有客流管控方案的可视化展示及分析,图 8-14 左侧显示了客流管控站在路网上的分布情况,右侧从线路、分公司层面,以及同比、环比视角对客流管控方案进行分析。

具体的功能介绍如下:

①详细方案。该功能是客流管控方案的详细报表信息,提供导出功能,可对前期任意时期客流管控方案的具体信息进行查询。

②路网趋势。如图 8-15 所示,该功能是从路网层面对客流管控方案在不

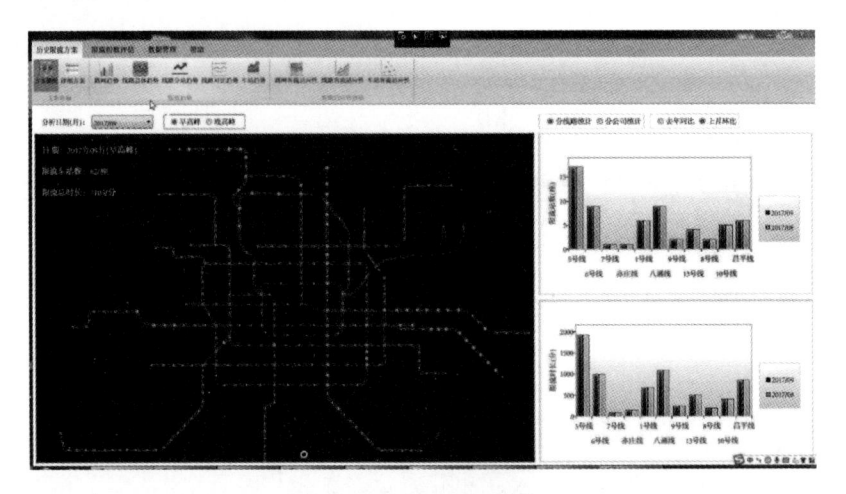

城市轨道交通路网客流协同管控理论与应用

图 8-14　方案视图界面

同时期的变化趋势进行分析，包含客流管控车站数、客流管控时长两个统计维度。

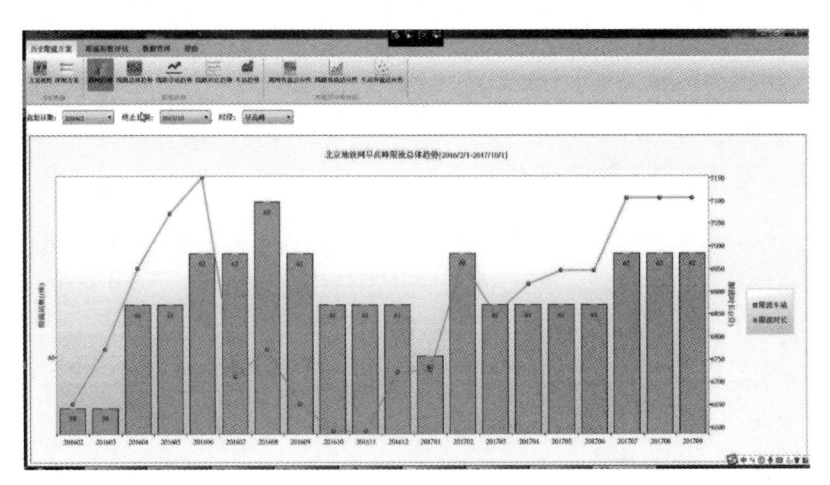

图 8-15　路网趋势

③线路总体趋势。该功能是在路网层趋势分析的基础上细化，可针对具体某一线路在一定时期内客流管控趋势进行分析，包含客流管控车站数、客流管控时长两个统计维度。线路分站趋势、线路对比趋势和车站趋势与此类似，在此不再赘述。

④路网客流适应性。如图 8-16 所示，路网客流适应性是指路网客流管控方案总时长（或客流管控站数）与高峰进线量（或客运周转量）间是否适应，从可视化视角直观判断客流管控方案与客流量间匹配程度。线路客流适应性、车站客流适应性与此类似，在此不再赘述。

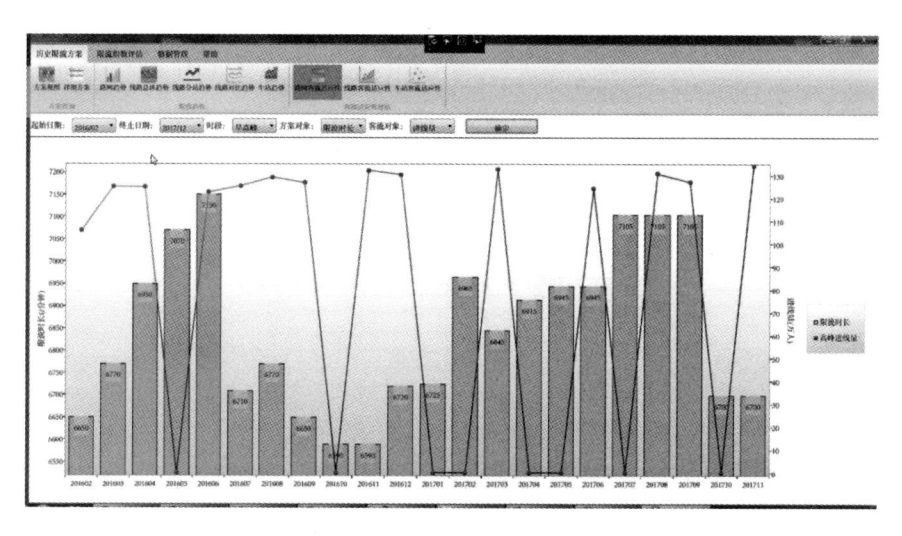

图 8-16　路网客流适应性

（2）客流管控指数评估

①车站客流管控指数。如图 8-17 所示，该模块对每一车站在任意日内的分时客流管控指数进行计算，从客流管控指数的时间分布角度可看出其在哪些时段内拥挤风险较大。同时还提供车站在较长时期内客流管控指数的变化趋势，如果客流管控指数呈下降趋势，则可考虑降低客流管控强度，反之则加强客流管控强度。该功能可为客流管控车站的选取、客流管控起终时间的确定提供依据。

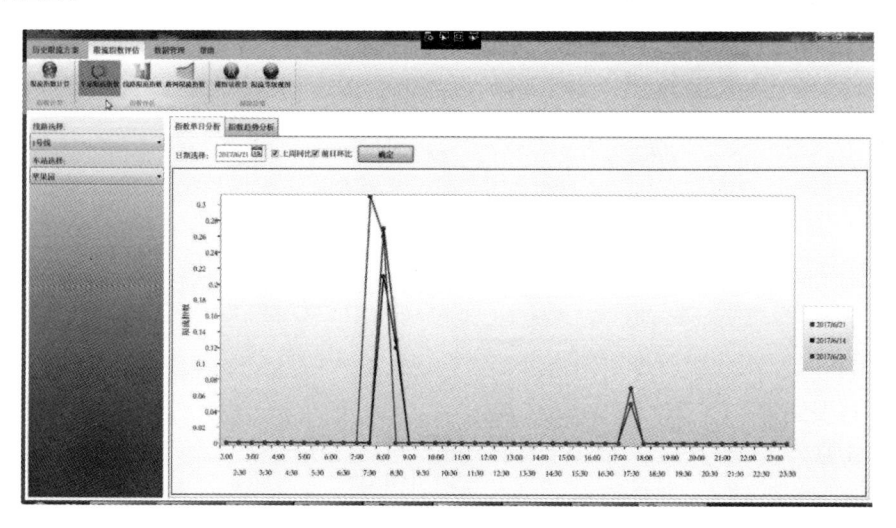

图 8-17　车站客流管控指数（分时）

②线路客流管控指数。如图 8-18 所示，该模块可对线路层客流管控指数进行分析，从线路整体视角分析客流管控方案的实施效果。同时，也提供线路客流管控指数在较长时期内的变化趋势，为线路客流管控方案的整体优化提供决策参考。

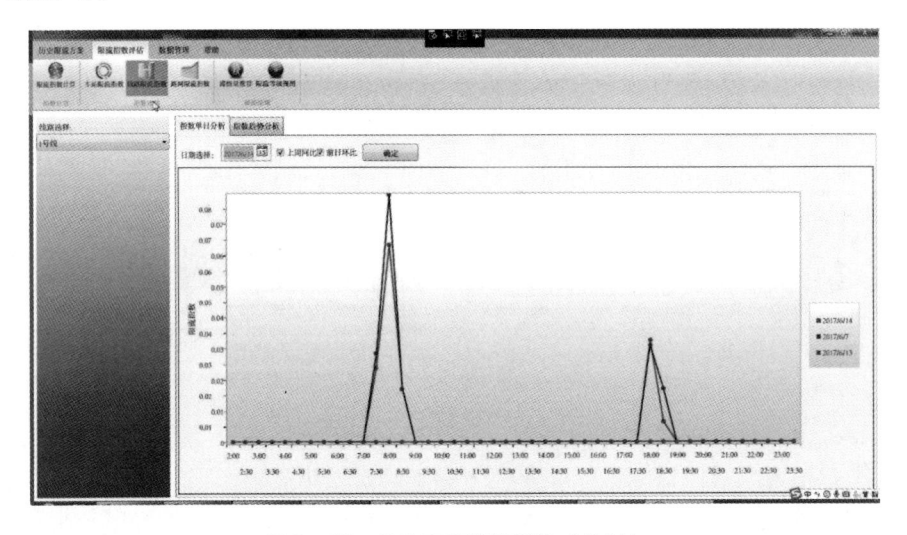

图 8-18　线路客流管控指数（分时）

③路网客流管控指数。如图 8-19 所示，该模块可对路网层客流管控指数进行分析，从路网整体视角分析客流管控方案的实施效果，为路网客流协同管控方案的整体优化提供决策参考。

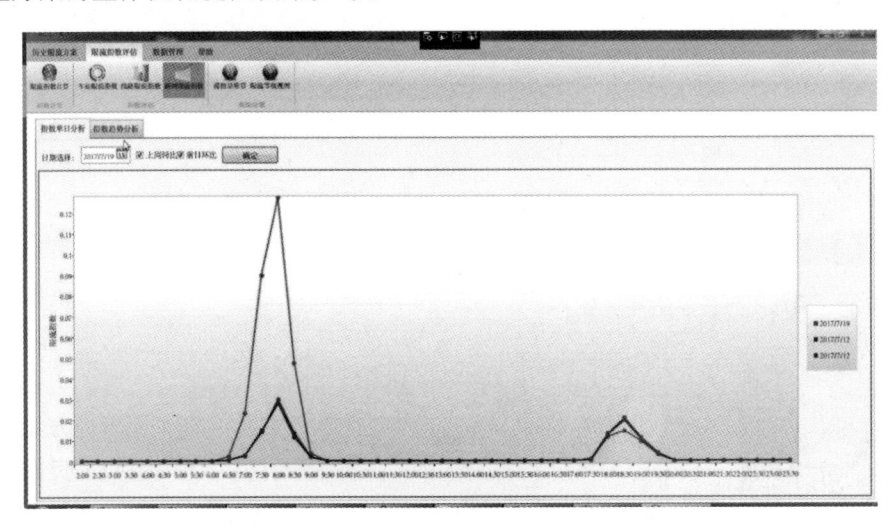

图 8-19　路网客流管控指数（分时）

④客流管控等级视图。如图 8-20 所示，客流管控指数可为下一阶段客流管控方案优化提供决策参考，例如，若客流管控指数降低则可减缓客流管控力度。需要注意的是：对于已实施客流管控的车站，客流管控指数指的是客流管控后车站的拥挤风险，对于未实施客流管控的车站，客流管控指数指的是实际拥挤风险。按照客流管控指数的大小对车站风险进行分级，以不同颜色表示，其中红色、黄色车站是下一阶段编制客流管控方案时需重点考虑的车站。

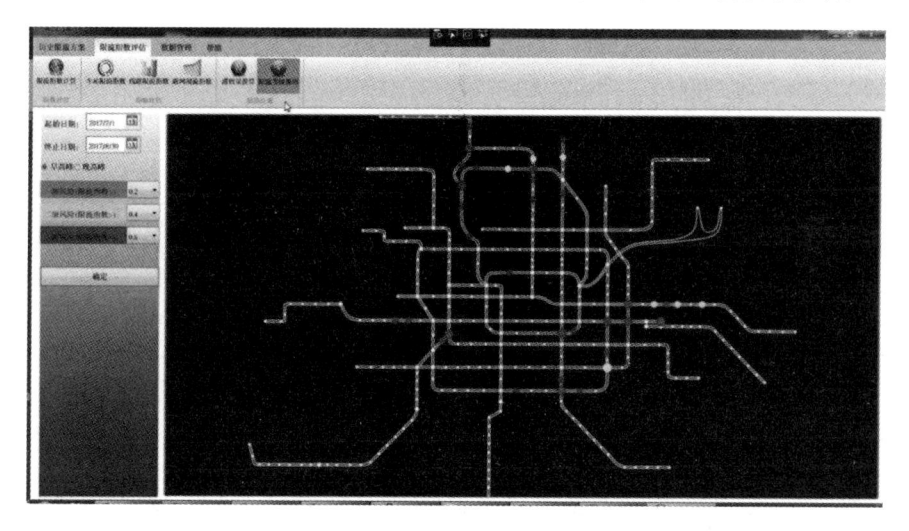

图 8-20　客流管控等级视图

8.3　小　　结

本章从系统架构设计、基础数据需求以及系统功能方面对城市轨道交通路网协同管控决策支持系统进行了介绍，该系统主要包含客流管控方案编制和客流管控方案评估两大功能，系统基于无能力约束客流分配建立车站客流与区间运能占用的内在关系，获取路网断面客流分布状态，然后结合区间客流运输能力辨识能力瓶颈区间，基于反馈管控策略疏解能力瓶颈，进而反向确定包含路网管控车站、管控时间以及管控强度的客流管控方案，并实现客流管控方案的评估。该系统适用于客流规律明显且相对稳定的情况，对高峰时段具有良好适用性，为高峰时段常态客流管控方案编制方法提供理论基础。

参 考 文 献

[1] 中国城市轨道交通协会. 城市轨道交通2014年度统计分析报告 [J]. 城市轨道交通研究. 2015 (2).

[2] 北京市交通委员会. DB11/T 647—2009 城市轨道交通运营安全管理规范 [S]. 北京：北京市质量技术监督局，2009.

[3] 姚向明，赵鹏，乔珂，等. 城市轨道交通网络客流协同控制模型 [J]. 中南大学学报（自然科学版），2015（1）：342-350.

[4] 赵鹏，姚向明，禹丹丹. 高峰时段城市轨道交通线路客流协调控制 [J]. 同济大学学报（自然科学版），2014（9）：1340-1346+1443.

[5] 杨贞桢. 上海轨道交通莘庄站常态客流分析及策略研究 [J]. 城市轨道交通研究，2014（5）：50-53.

[6] 康亚舒. 城市轨道交通车站客流管控方案的研究 [D]. 北京：北京交通大学，2014.

[7] 张毅. 城市轨道交通车站闸机运用优化研究 [J]. 中国铁路，2014（6）：106-110.

[8] 刘晓华，韩梅，陈超. 城市轨道交通车站联合客流管控研究 [J]. 城市轨道交通研究，2014（5）：106-108.

[9] 贺英松. 轨道交通车站乘客流量控制措施分析与研究 [D]. 北京：北京交通大学，2013.

[10] 张正，蒋熙，贺英松. 城市轨道交通高峰时段车站协同限流安全控制研究 [J]. 中国安全生产科学技术，2013（10）：5-9.

[11] 谢玮. 城市轨道交通换乘站客流管控方法研究 [D]. 北京：北京交通大学，2012.

[12] 刘莲花，蒋亮. 城市轨道交通网络客流管控方法研究 [J]. 铁道运输与经济，2011（05）：51-55.

[13] 李建琳. 上海轨道交通限流客运调整实践研究 [J]. 现代城市轨道交通，2011（4）：81-83.

［14］ LAM W H K, CHEUNG C Y. Pedestrian Speed/Flow Relationships for Walking Facilities in Hong Kong［J］. Journal of Transportation Engineering, 2000, 126 (4): 343-349.

［15］ CHEUNG C Y, LAM W H K. Pedestrian Route Choices Between Escalator And Stairway in MTR Stations［J］. Journal of Transportation Engineering, 1998, 124 (3): 277-285.

［16］ JODIE Y S L, LAM W H K, WONG S C. Pedestrian Simulation Model for Hong Kong Underground Stations［J］. IEEE Intelligent Transportation Systems Conference, 2001.

［17］ 王久亮. 城市轨道交通车站设施设备服务水平分级与能力计算方法研究［D］. 北京：北京交通大学，2011.

［18］ LI D L, MENG H J, SHI X M. Membership Clouds and Membership Cloud Generators［J］. Journal of Computer Research and Development, 1995, 32 (6): 15-20.

［19］ 李德毅，刘常昱. 论正态云模型的普适性［J］. 中国工程科学. 2004, 6 (8): 28-34.

［20］ 孟晖，王树良，李德毅. 基于云变换的概念提取及概念层次构建方法［J］. 吉林大学学报（工学版），2010, 40 (3): 782-787.

［21］ 周继彪，陈红，闫彬，等. 基于云模型的地铁换乘枢纽拥挤度辨识方法［J］. 吉林大学学报（工学版），2016 (46).

［22］ 张文. 地铁换乘枢纽拥挤度识别及预警调控研究［D］. 西安：长安大学. 2014.

［23］ 李悦，陆化普，张永波，等. 基于云模型的城市快速路交通状态评价方法研究［J］. 公路工程，2013, 38 (3): 57-60.

［24］ 万佳. 基于云模型的路网交通拥堵状态判别算法研究［D］. 哈尔滨：哈尔滨工业大学，2012.

［25］ 张霖，韩宝明，李得伟. 基于图像技术的城市轨道交通大客流辨识［J］. 都市快轨交通，2012, 25 (1): 72-77.

［26］ 唐巧梅. 城市轨道交通大客流运营组织方法研究［D］. 成都：西南交通大学，2013.

［27］ 史小俊. 地铁车站应对大客流的组织措施［J］. 城市轨道交通研究，2009 (10): 70-72.

[28] 费安萍. 大客流地铁运营组织 [J]. 现代城市轨道交通, 2005 (2): 33 - 35 + 65.

[29] 周艳芳, 周磊山, 乐逸祥. 城市轨道交通客流高峰传播影响研究 [J]. 综合运输, 2010 (6): 67 - 70.

[30] 王祎南. 突发特大客流城市轨道交通运营组织研究 [D]. 北京: 北京交通大学, 2008.

[31] 蒋玉琨. 奥运会期间北京地铁客流研究 [J]. 交通运输系统工程与信息, 2008 (6): 46 - 51.

[32] 刘智成, 史聪灵, 钟茂华. 地铁车站突发客流疏运能力的理论计算与分析 [J]. 中国安全科学学报, 2006 (9): 34 - 39.

[33] 洪玲, 高佳, 徐瑞华. 城市轨道交通网络突发事件影响客流量的计算 [J]. 同济大学学报, 2011, 39 (10): 1485 - 1489.

[34] 朱自刚, 张知青, 徐瑞华. 列车运行延误条件下的城市轨道交通客流研究 [J]. 城市轨道交通研究, 2006 (12): 81 - 84.

[35] 张知青, 吴强, 徐瑞华. 城市轨道交通系统故障时的客流动态分布仿真研究 [J]. 城市轨道交通研究, 2006 (4): 52 - 55.

[36] 李小霞. 城市轨道交通网络突发客流传播影响研究 [D]. 北京: 北京交通大学, 2011.

[37] 李得伟, 韩宝明, 鲁放. 城市轨道交通网络瓶颈分析 [J]. 城市轨道交通研究, 2011 (5): 49 - 54.

[38] 皇妍妍. 基于网络的城市轨道交通运输能力瓶颈问题研究 [D]. 北京: 北京交通大学, 2011.

[39] 杨维. 城市轨道交通路网承载能力计算方法研究 [D]. 北京: 北京交通大学, 2011.

[40] 王海丹, 李映红. 高峰期城市轨道交通线路通过能力的研究 [J]. 上海铁道科技, 2005 (3): 39 - 40.

[41] 禹丹丹, 豆飞, 芦毅, 等. 基于限流指数的城市轨道交通常态限流方案评估 [J]. 武汉理工大学学报 (交通科学与工程版), 2019, 43 (4): 646 - 651.

[42] 豆飞, 姚向明, 张文强, 等. 大规模城市轨道交通网常态限流方案编制 [J]. 北京工业大学学报, 2019, 45 (10): 988 - 997.

[43] 徐瑞华, 徐浩, 宋键. 城市交通列车共线运营的通过能力和延误 [J].

同济大学学报, 2005, 33 (3): 301-305.

[44] 徐鸣, 江志彬, 徐瑞华. 轨道交通列车运行延误仿真系统研究 [J]. 城市轨道交通研究, 2004 (6): 35-37.

[45] 饶雪平. 轨道交通车站楼梯和自动扶梯处客流延时分析 [J]. 交通与运输, 2005 (21): 13-15.

[46] 徐高. 人群疏散的仿真研究 [D]. 成都: 西南交通大学, 2003.

[47] 徐尉南, 吴正. 地铁候车厅客流运动的数学模型 [J]. 铁道科学与工程学报, 2005, 2 (2): 70-75.

[48] 张弛清. 城市轨道交通枢纽乘客交通设施服务水平研究 [D]. 北京: 北京交通大学, 2007.

[49] 邹晓磊, 高鹏, 徐瑞华. 城市轨道交通车站客流分布的仿真模型研究 [A]. 世界轨道交通论坛 2005 国际会议论文集 [C]. 2005: 139-145.

[50] 高鹏, 邹晓磊, 徐瑞华. 城市轨道交通客流分布仿真方法研究 [A]. 第三届中国同舟交通论坛论文集"公共交通与城市发展研究及实践" [C]. 上海: 2006.

[51] 康亚舒. 城市轨道交通车站客流管控方案的研究 [D]. 北京: 北京交通大学, 2014.

[52] Mitchell David. H, J. MacGregor Smith. Topological Network Design of Pedestrian Networks [J]. Transportation Research Part B, 2001 (35): 107-135.

[53] 冯树民, 陈勇, 辛梦薇. 突发大客流下地铁协调限流优化模型 [J]. 哈尔滨工业大学学报, 2019, 51 (2): 179-185.

[54] 周云娣. 南京地铁网络化运营条件下大客流管控的实践 [J]. 都市快轨交通, 2018, 31 (2): 53-57+65.

[55] 曾璐, 刘军, 秦勇, 王莉. 基于网络可控性的城市轨道交通客流网络限流优化控制方法 [J]. 铁道学报, 2018, 40 (4): 1-8.

[56] 潘寒川, 刘志钢, 邹承良, 陈颖斌. 城市轨道交通网络协调限流优化研究 [J]. 重庆交通大学学报（自然科学版）, 2018, 37 (5): 77-83.

[57] 鲁工圆, 马驷, 王坤, 邓念. 城市轨道交通线路客流管控整数规划模型 [J]. 西南交通大学学报, 2017, 52 (2): 319-325.

[58] 江志彬, 朱冰沁, 周明. 城市轨道交通网络限流方案的制定与评估及其应用 [J]. 城市轨道交通研究, 2017, 20 (3): 5-10.

[59] 蒋琦玮, 蔡适, 陈维亚, 宋晓东. 城市轨道交通车站客流管控决策模型

[J]. 系统工程, 2017, 35 (9): 94 - 102.

[60] 郑雪梅, 蒋熙. 基于系统动力学的地铁客村站客流管控研究 [J]. 铁道科学与工程学报, 2016, 13 (11): 2284 - 2289.

[61] 豆飞, 潘晓军, 秦勇, 等. 基于云模型的城市轨道交通车站客流管控触发判别方法 [J]. 东南大学学报（自然科学版）, 2016, 46 (6): 1318 - 1322.

[62] 叶丽文, 杨奎. 基于客票数据的城市轨道交通车站客流管控决策研究 [J]. 都市快轨交通, 2015, 28 (3): 16 - 19 + 41.

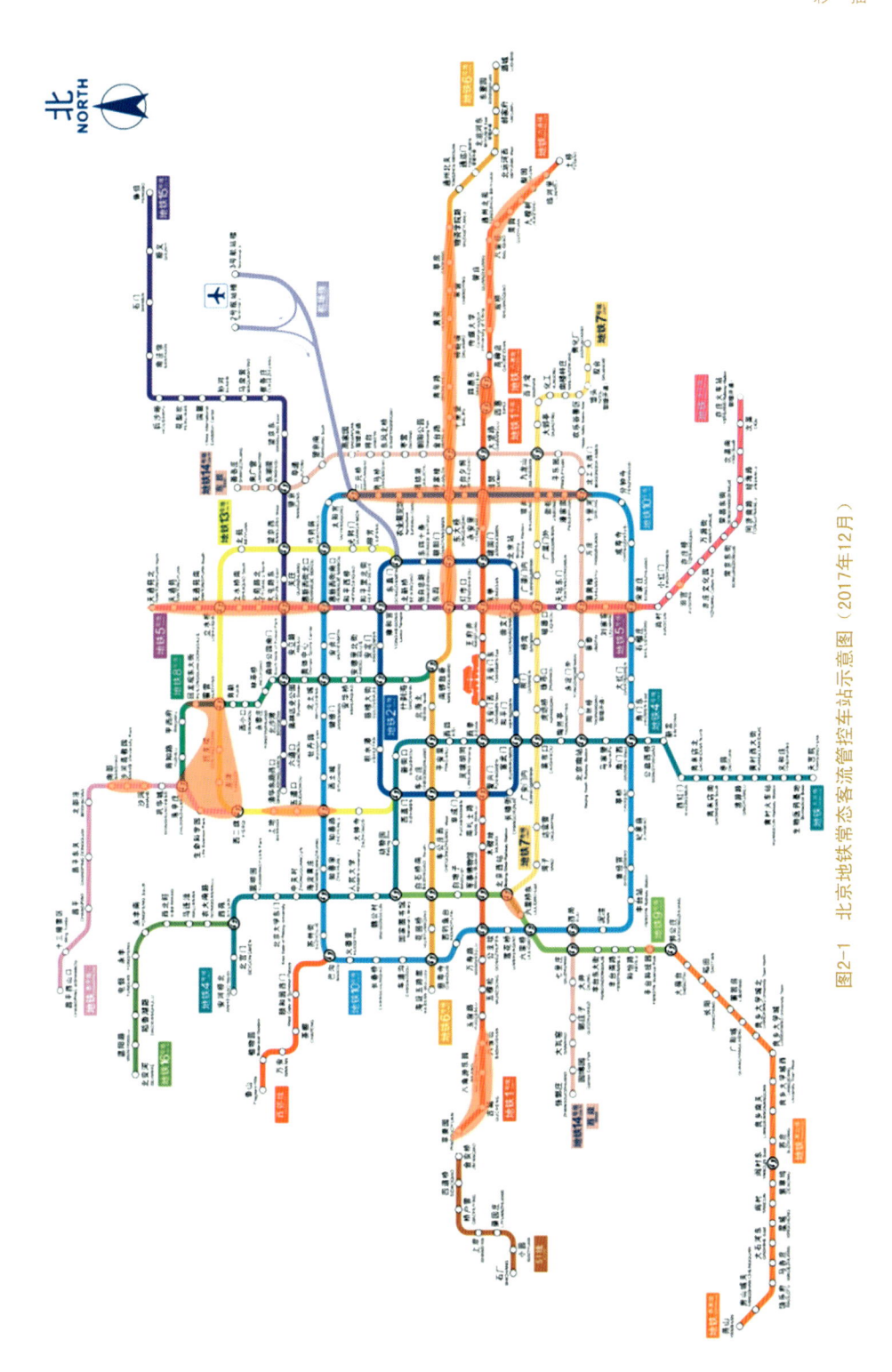

图2-1 北京地铁常态客流管控车站示意图（2017年12月）

城市轨道交通路网客流协同管控理论与应用

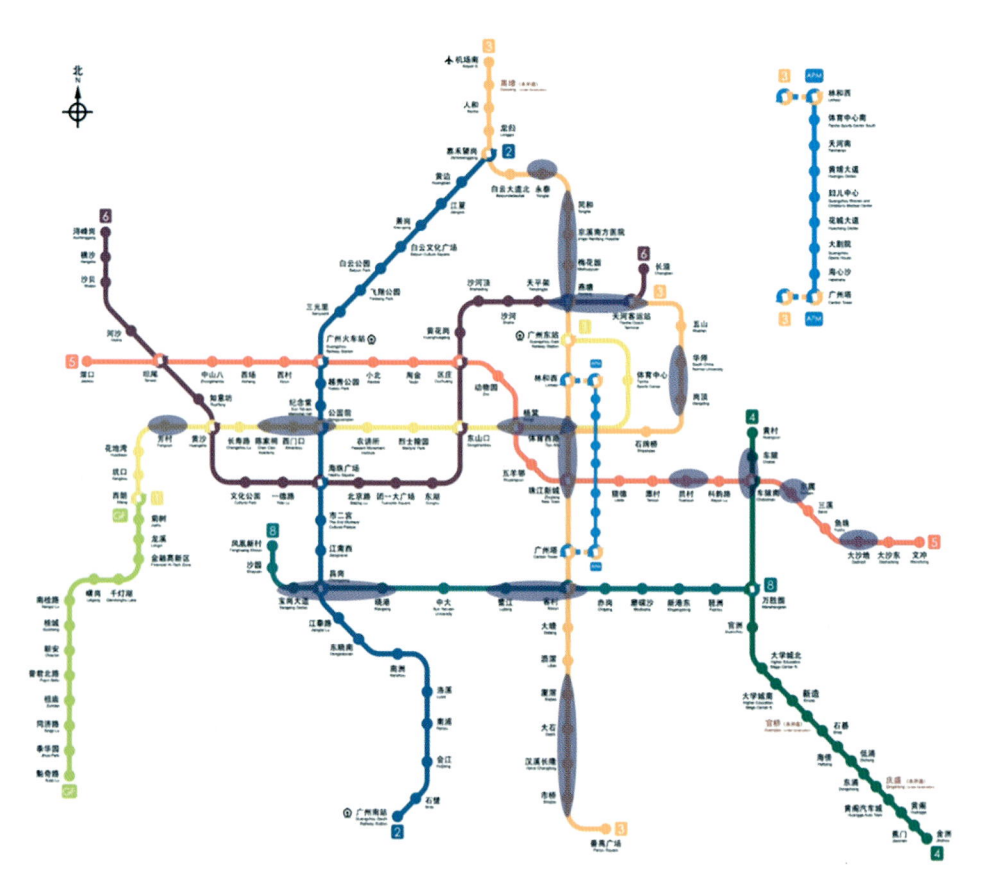

图 2-2　广州地铁常态限流车站分布图

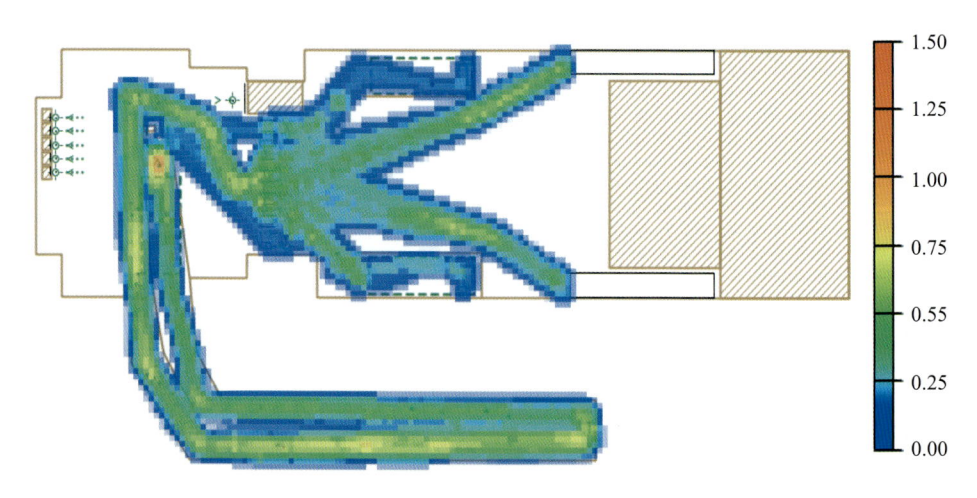

图 5-12　C 口进站乘客密度分布图

彩 插

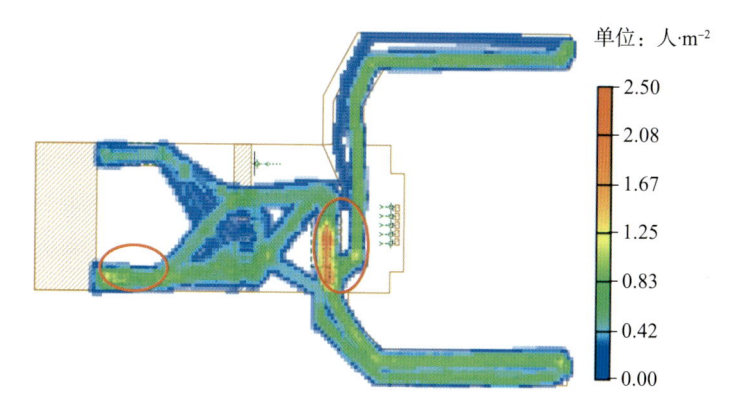

图 5-18　A、B 口进站乘客密度分布图

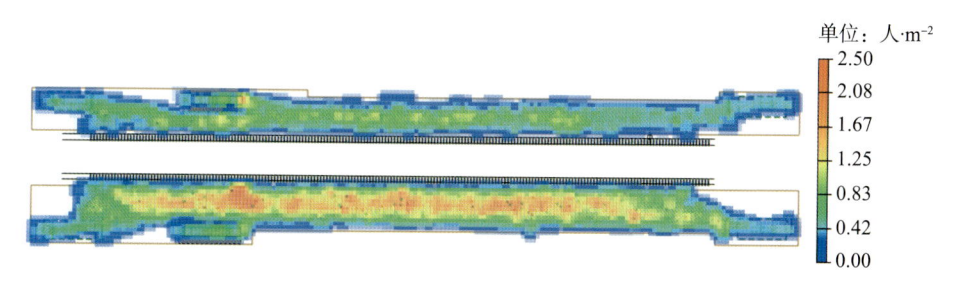

图 5-26　站台客流密度分布图

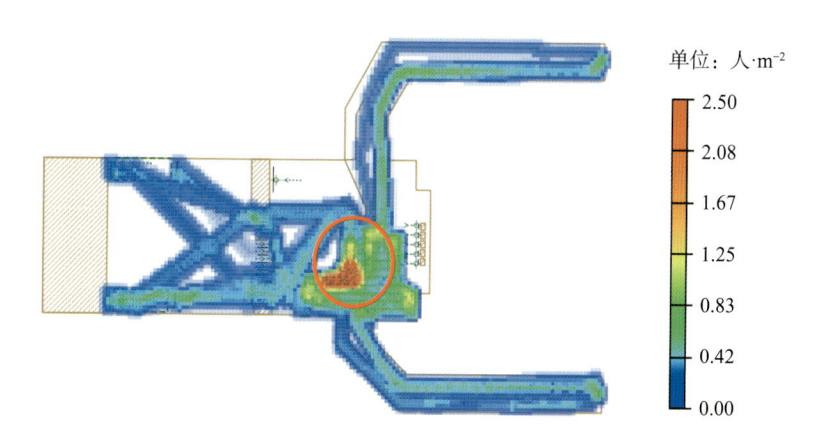

图 5-32　北站厅管控措施下 A、B 口进站乘客密度分布图

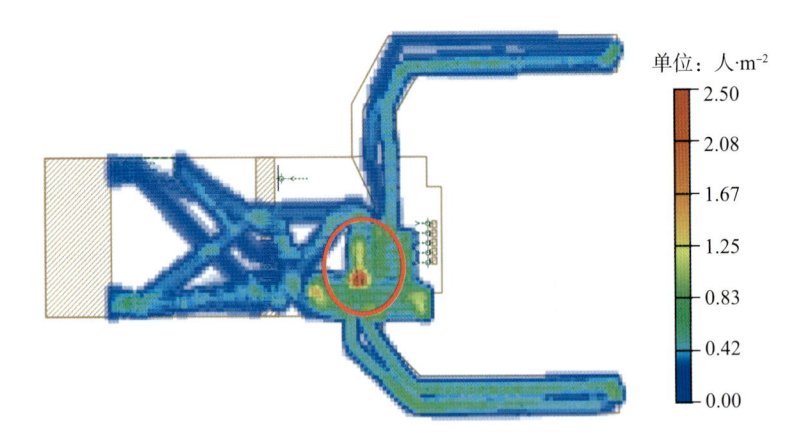

图 5-33　进站口管控措施下 A、B 口进站乘客密度分布图

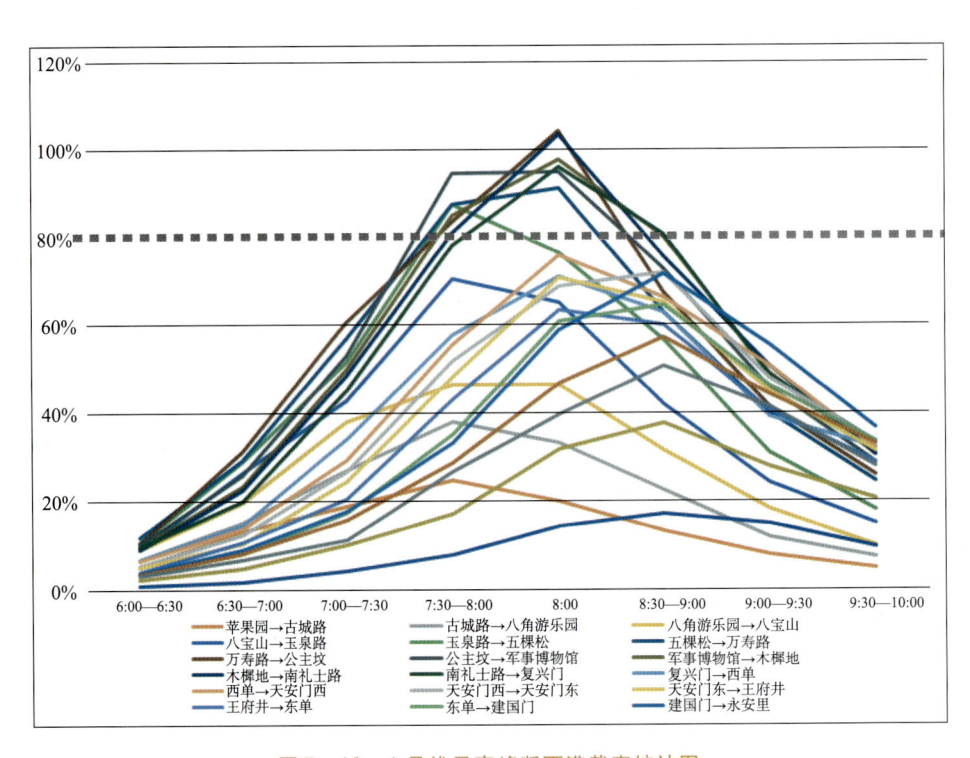

图 7-18　1号线早高峰断面满载率统计图